21世纪高等院校旅游管理类创新型应用人才培养规划教材

休闲学导论
（第2版）

主　编　李经龙
副主编　黄家美　张淑萍

北京大学出版社
PEKING UNIVERSITY PRESS

内 容 简 介

本书广泛汲取国内外有关休闲研究的最新成果，较为全面、系统地阐述了休闲学研究的基本理论和内容，并在体例构架和内容安排上有所创新。本书强调实践操作，具有图文并茂、内容翔实、信息量大的特点，具有较强的科学性、系统性、实用性和前瞻性。本书共15章，在内容体系上基本包含了休闲学研究的各个方面，同时又结合当前国内外休闲产业发展的特点，对休闲学研究的热点和前沿问题进行专题论述。

本书既可以作为旅游与休闲服务、休闲管理等专业的核心教材，也可作为从事休闲学研究和休闲管理人员的参考用书。

图书在版编目(CIP)数据

休闲学导论/李经龙主编．—2版．—北京：北京大学出版社，2019.1
（21世纪高等院校旅游管理类创新型应用人才培养规划教材）
ISBN 978-7-301-29946-3

Ⅰ．①休⋯ Ⅱ．①李⋯ Ⅲ．①闲暇社会学—高等学校—教材 Ⅳ．① C913.3

中国版本图书馆 CIP 数据核字(2018)第 229038 号

书　　　名	休闲学导论（第2版） XIUXIAN XUE DAOLUN（DI ER BAN）
著作责任者	李经龙　主编
策划编辑	刘国明
责任编辑	李瑞芳
标准书号	ISBN 978-7-301-29946-3
出版发行	北京大学出版社
地　　　址	北京市海淀区成府路205号　100871
网　　　址	http://www.pup.cn　　新浪微博：@北京大学出版社
电子邮箱	编辑部 pup6@pup.cn　　总编室 zpup@pup.cn
电　　　话	邮购部 010-62752015　　发行部 010-62750672　　编辑部 010-62750667
印　刷　者	三河市北燕印装有限公司
经　销　者	新华书店
	787毫米×1092毫米　16开本　16印张　369千字
	2013年6月第1版
	2019年1月第2版　2024年8月第6次印刷
定　　　价	40.00元

未经许可，不得以任何方式复制或抄袭本书之部分或全部内容。
版权所有，侵权必究
举报电话：010-62752024　电子邮箱：fd@pup.cn
图书如有印装质量问题，请与出版部联系，电话：010-62756370

第 2 版前言

党的十九大报告提出"永远把人民对美好生活的向往作为奋斗目标",党的二十大报告提出"坚持把实现人民对美好生活的向往作为现代化建设的出发点和落脚点",那么人民对美好生活的向往不免需要有充足的闲暇时间,有可以自由支配的收入,有能够尽情享受的休闲。

随着社会经济的发展,我国城乡居民的可自由支配收入和闲暇时间不断增加,与此同时,人们面临的身心压力也由于生活节奏的加快而增大。因此,出于对享受生活、放松身心等目的的考虑,人们的休闲需求越来越强烈,各种各样的休闲活动应运而生。休闲业的发展和休闲产业地位的不断提高,使相应的休闲专业知识和专业人才的需求量也越来越大,因此各大高校在这方面的人才培养规模也不断扩大,专业的设置也不断增加。

随着休闲业的发展,休闲市场对休闲专门人才、专业理论、专业知识和专业技能的要求将越来越高。作为一门休闲专业的基础课,应在阐述基础理论的同时,激发学生的学习兴趣,这样才能达到教育的目的。

本书充分考虑了创新型应用人才培养目标的要求:在内容选择上,力求系统地阐述本学科的基础知识,而且穿插了大量的案例分析于理论知识的介绍之中,帮助学生掌握所学习的内容;在结构编排上,注重结构的层次性和逻辑性,力求做到脉络清晰;在文字表述上,坚持深入浅出和通俗易懂的基本原则,努力使其符合学生的认知能力。

本书共 15 章,分别是休闲概论、休闲权利、休闲需求、休闲供给、休闲制约、休闲资源、休闲产品、休闲经济、休闲产业、休闲文化、休闲规划、休闲政策、休闲教育、休闲管理和休闲时代。

本书由安徽大学旅游管理系主任李经龙主编,由扬州大学旅游烹饪学院黄家美和马鞍山师范高等专科学校旅游与外语系张淑萍担任副主编。具体分工如下:李经龙编写第 1 章、第 2 章、第 11 章、第 12 章;李经龙、黄家美共同编写第 3 章、第 6～9 章;李经龙、张淑萍共同编写第 4 章、第 5 章、第 10 章、第 14 章、第 15 章;李经龙、贾姗姗编写第 13 章。全书由李经龙统稿。

本书第 1 版荣获 2015 年国家旅游局优秀研究成果奖教材类三等奖。本次修订在第 1 版的基础上,对部分章节的内容进行了完善,对部分分析案例和统计数据进行了更新,以使教材内容与休闲产业发展与时俱进。

由于我国休闲产业和休闲教育才刚刚起步,编者的认识还有待进一步完善。因此,书中疏漏或不足之处在所难免,恳请广大读者批评指正。

编　者

目 录

第1章 休闲概论 — 1

1.1 休闲的概念 /3
    1.1.1 休闲时间 /3
    1.1.2 休闲活动 /3
    1.1.3 休闲状态 /4
    1.1.4 休闲心态 /4
    1.1.5 休闲制度 /5

1.2 休闲的发展 /5

1.3 休闲的特征 /6
    1.3.1 解脱感 /6
    1.3.2 自由性 /6
    1.3.3 娱乐性 /6
    1.3.4 建设性 /6

1.4 休闲的功能 /7
    1.4.1 政治功能 /7
    1.4.2 经济功能 /7
    1.4.3 社会功能 /7
    1.4.4 环保功能 /7
    1.4.5 炫耀功能 /8
    1.4.6 身心功能 /8

本章小结 /9
课后习题 /9

第2章 休闲权利 — 13

2.1 人权 /15
    2.1.1 权利和人权 /15
    2.1.2 人权斗争的历史 /15
    2.1.3 有关休闲的人权宣言 /16

2.2 休闲的权利 /17

2.3 旅游的权利 /19

2.4 体育运动的权利 /19

2.5 艺术和文化的权利 /20

2.6 权利与制约 /21
    2.6.1 休闲课税 /21
    2.6.2 道德问题 /22
    2.6.3 动物保护 /24
    2.6.4 可持续发展 /25

本章小结 /25
课后习题 /26

第3章　休闲需求　29

- **3.1　休闲需求的概念** /30
- **3.2　休闲需求的特点** /31
  - 3.2.1　高层次性 /31
  - 3.2.2　主导性 /32
  - 3.2.3　多样性 /32
  - 3.2.4　复杂性 /32
- **3.3　休闲需求的影响因素** /32
  - 3.3.1　闲暇时间 /33
  - 3.3.2　价格因素 /33
  - 3.3.3　收入因素 /34
  - 3.3.4　社会环境 /34
  - 3.3.5　个性特征 /36
- **本章小结** /37
- **课后习题** /38

第4章　休闲供给　41

- **4.1　休闲供给的概念** /43
- **4.2　休闲供给的类型** /43
  - 4.2.1　自我休闲供给 /43
  - 4.2.2　政府休闲供给 /44
  - 4.2.3　商业休闲供给 /46
  - 4.2.4　非营利或志愿者机构休闲供给 /47
- **4.3　休闲供给的影响因素** /51
  - 4.3.1　国家和地方政策 /51
  - 4.3.2　社会经济发展水平 /51
  - 4.3.3　休闲产品与服务价格 /51
  - 4.3.4　休闲生产要素的价格 /52
  - 4.3.5　休闲容量与可进入性 /52
  - 4.3.6　休闲资源管理与产品特色 /52
- **4.4　休闲供给存在的问题** /53
  - 4.4.1　休闲供给严重不足，且休闲消费内容单调、形式单一 /53
  - 4.4.2　社区建设不能充分适应居民的休闲生活，尤其是文化精神生活需要 /53
  - 4.4.3　重视项目建设，忽视游客体验 /53
  - 4.4.4　同质休闲产品过剩，企业形象定位模糊 /54
- **本章小结** /55
- **课后习题** /56

第5章　休闲制约　59

- **5.1　休闲的制约因素** /61
- **5.2　休闲制约的类型** /64
  - 5.2.1　个人内在制约 /64
  - 5.2.2　人际交往制约 /65
  - 5.2.3　结构性制约 /65
- **5.3　弱势群体的休闲制约** /65
  - 5.3.1　青少年的休闲制约 /65
  - 5.3.2　女性的休闲制约 /66
  - 5.3.3　老年人的休闲制约 /67
  - 5.3.4　残障人的休闲制约 /69
- **5.4　休闲制约与休闲动机的平衡** /70
- **本章小结** /70
- **课后习题** /71

第6章 休闲资源 — 73

6.1 休闲资源的概念与特征 /75
- 6.1.1 休闲资源的概念 /75
- 6.1.2 休闲资源的特征 /76

6.2 休闲资源的分类 /79
- 6.2.1 休闲资源的分类原则与分类依据 /80
- 6.2.2 休闲资源的分类方法 /80

6.3 休闲资源的开发 /83
- 6.3.1 休闲资源开发的概念 /83
- 6.3.2 休闲资源开发的原则 /84
- 6.3.3 休闲资源开发的内容 /85
- 6.3.4 休闲资源开发的程序 /86

本章小结 /86
课后习题 /87

第7章 休闲产品 — 89

7.1 休闲产品的概念 /91

7.2 休闲产品的层次与构成要素 /92
- 7.2.1 休闲产品的层次 /92
- 7.2.2 休闲产品的构成要素 /92

7.3 休闲产品的分类 /93
- 7.3.1 依据休闲产品形式的分类 /93
- 7.3.2 依据是否具有非排他性和非竞争性的分类 /93
- 7.3.3 依据人类休闲活动种类的分类 /94
- 7.3.4 依据人文文化功能的分类 /95
- 7.3.5 其他分类 /95

7.4 休闲产品开发的指导思想 /96
- 7.4.1 实行多样化开发 /96
- 7.4.2 体现文化内涵 /96
- 7.4.3 不断创新升级 /97

7.5 休闲产品开发的趋势 /98
- 7.5.1 产品主题形象化 /98
- 7.5.2 产品内涵特色化 /98
- 7.5.3 产品个性时尚化 /98
- 7.5.4 产品优势品牌化 /99
- 7.5.5 产品体验情境化 /99

本章小结 /101
课后习题 /102

第8章 休闲经济 — 105

8.1 休闲经济的概念内涵 /107
- 8.1.1 休闲经济是建立在物质文明基础上的经济 /107
- 8.1.2 休闲经济是消费活动，也包括生产活动 /107
- 8.1.3 休闲经济是体验经济，也是创意经济 /107
- 8.1.4 休闲经济与休闲时间密切相关 /108

8.2 休闲经济的基本特征 /108
- 8.2.1 休闲经济参与经济创造 /108
- 8.2.2 休闲经济带动消费、调节再分配 /108

8.2.3 休闲经济是物质与精神的统一 /110

8.2.4 休闲经济注重人与自然的协调 /110

8.2.5 休闲经济是发展生产力高级阶段的合理形式 /110

8.2.6 休闲经济引导一种新的"进步观" /111

8.3 休闲经济的形成条件 /111

8.3.1 高度的物质文明是休闲经济形成的物质条件 /111

8.3.2 休闲成为一种普遍现象是休闲经济形成的社会基础 /111

8.3.3 现代休闲消费观念的确立是休闲经济形成的理念基础 /112

8.3.4 休闲供给条件的改善是休闲经济形成的必要条件 /113

8.3.5 科学技术的进步和劳动生产率的提高是休闲经济形成的前提条件 /113

8.3.6 各种社会保障制度及消费信贷制度的确立是休闲经济形成的重要保障 /113

8.4 我国发展休闲经济的重要意义 /114

8.4.1 发展休闲经济是促进两型社会消费转型和节能降耗的现实需要 /114

8.4.2 发展休闲经济有利于培育新的消费热点 /114

8.4.3 发展休闲产业有利于促进就业 /115

8.4.4 发展休闲经济有利于促进人的全面发展 /116

8.5 我国发展休闲经济的制约因素 /116

8.5.1 对休闲观的误解 /116

8.5.2 限制某些休闲产业的发展 /116

8.5.3 消费率过低影响休闲支出 /116

8.5.4 休闲企业管理体制比较单一 /117

8.5.5 休闲企业间的约束协调机制不够 /117

8.5.6 假日制度和休假制度不完善 /117

8.5.7 企业提供的休闲品种较为单一,经营管理水平参差不齐 /117

8.5.8 休闲方式过于单调 /117

8.5.9 消费者尚未成熟 /118

8.6 休闲经济的发展趋势 /118

8.6.1 休闲消费发展的五大趋势 /118

8.6.2 国民生活轴心由劳动转向休闲 /118

8.7 休闲经济的发展战略 /119

8.7.1 制定休闲产业政策,实施宏观调控 /119

8.7.2 推动休闲产业结构升级换代 /119

8.7.3 提高服务和管理水平 /119

8.7.4 促进我国休闲产业的区域协作 /119

8.7.5 大力发展休闲教育 /120

8.7.6 设立研究机构 /120

本章小结 /120

课后习题 /121

第9章 休闲产业 — 123

9.1 休闲产业的概念 /125
9.2 休闲产业的类型 /126
    9.2.1 休闲基础产业 /126
    9.2.2 休闲延伸产业 /127
    9.2.3 休闲支撑产业 /129
9.3 休闲产业的作用 /133
    9.3.1 增加消费,促进经济增长 /133
    9.3.2 刺激生产,增加就业机会 /133
    9.3.3 丰富精神产品,推进人类文明 /133
    9.3.4 减轻心理压力,提高劳动者素质和工作效率 /133
    9.3.5 改善投资环境,促进地区经济发展 /134
9.4 休闲产业的发展趋势 /134
9.5 休闲产业的发展对策 /135
    9.5.1 转变休闲产业发展的思想观念 /135
    9.5.2 做好休闲产业理论研究和教育工作 /135
    9.5.3 形成合理的休闲产业发展格局 /136
    9.5.4 促进休闲产业的健康发展 /136
    9.5.5 开发特色休闲新产品 /136
本章小结 /137
课后习题 /137

第10章 休闲文化 — 141

10.1 休闲文化的概念 /143
    10.1.1 休闲文化的内涵 /143
    10.1.2 休闲与文化的关系 /144
10.2 休闲文化的影响因素 /144
    10.2.1 价值取向 /144
    10.2.2 地域文化 /145
    10.2.3 经济发展水平 /147
    10.2.4 社会环境 /147
    10.2.5 政治环境 /147
10.3 休闲文化的类型 /147
    10.3.1 社会公共休闲文化 /148
    10.3.2 高雅休闲文化 /148
    10.3.3 大众休闲娱乐文化 /148
10.4 休闲文化的特征 /150
    10.4.1 休闲文化的时尚性 /150
    10.4.2 休闲文化的传播性 /150
    10.4.3 休闲文化的塑造性 /150
    10.4.4 休闲文化的凝聚性 /150
10.5 休闲文化的作用 /151
    10.5.1 休闲文化有利于发挥人的主体性 /151
    10.5.2 休闲文化有利于增强人的开创性 /151
    10.5.3 休闲文化有利于陶冶人的情操 /151
    10.5.4 休闲文化有利于增强社会的和谐性 /152
10.6 休闲文化的构建 /152
    10.6.1 培养健康的休闲意识 /152
    10.6.2 培养科学的休闲价值观 /152
    10.6.3 培养良好的休闲习惯 /153
本章小结 /153
课后习题 /154

第11章 休闲规划 — 157

- 11.1 休闲规划的特点 /159
- 11.2 休闲规划的意义和作用 /160
  - 11.2.1 休闲规划的意义 /160
  - 11.2.2 休闲规划的作用 /160
- 11.3 休闲规划的要求 /160
- 11.4 休闲规划的类型 /161
  - 11.4.1 区域规划 /161
  - 11.4.2 产业规划 /162
  - 11.4.3 项目规划 /163
- 11.5 休闲规划的构成 /164
  - 11.5.1 活动项目 /164
  - 11.5.2 环境和设施 /164
  - 11.5.3 服务 /164
  - 11.5.4 人员 /165
  - 11.5.5 资金 /165
- 11.6 休闲规划的主要机构 /165
  - 11.6.1 商业部门 /165
  - 11.6.2 公共部门 /165
  - 11.6.3 非政府部门 /165
  - 11.6.4 当地政府部门 /166
- 11.7 休闲设施及定量标准 /166
  - 11.7.1 室内休闲设施及定量标准 /166
  - 11.7.2 陆地运动设施及定量标准 /167
  - 11.7.3 陆地游憩设施及定量标准 /172
  - 11.7.4 水上游憩设施及定量标准 /175
- **本章小结** /177
- **课后习题** /178

第12章 休闲政策 — 181

- 12.1 休闲政策的概念 /183
- 12.2 休闲政策的主体 /183
  - 12.2.1 公共部门 /183
  - 12.2.2 公共团体 /184
  - 12.2.3 民间组织 /184
- 12.3 休闲政策的类型 /184
  - 12.3.1 广外游憩政策 /184
  - 12.3.2 运动政策 /184
  - 12.3.3 艺术和娱乐政策 /185
  - 12.3.4 旅游政策 /186
  - 12.3.5 针对特殊人群的休闲政策 /186
  - 12.3.6 休闲服务业的人力资源管理政策 /187
- 12.4 休闲政策的作用 /187
- 12.5 休闲政策的发展趋势 /190
- 12.6 国民旅游休闲纲要 /191
  - 12.6.1 保障国民旅游休闲时间 /191
  - 12.6.2 改善国民旅游休闲环境 /191
  - 12.6.3 推进国民旅游休闲基础设施建设 /192
  - 12.6.4 加强国民旅游休闲产品开发与活动组织 /192
  - 12.6.5 完善国民旅游休闲公共服务 /192

12.6.6 提升国民旅游休闲服务质量 /192

12.7 地方政府的旅游休闲政策 /193

12.8 中国旅游日 /193

本章小结 /194

课后习题 /195

第13章 休闲教育 —— 197

13.1 休闲教育的概念 /199

13.2 休闲教育的目标 /200
  13.2.1 培养人们科学的休闲观 /200
  13.2.2 强化人们正确的休闲伦理 /201
  13.2.3 培养人们良好的休闲技能 /201
  13.2.4 促进人的自由全面发展 /202

13.3 休闲教育的内容 /202
  13.3.1 认识模块 /203
  13.3.2 活动模块 /204

本章小结 /208

课后习题 /208

第14章 休闲管理 —— 211

14.1 休闲管理的内容 /213

14.2 休闲管理的组织 /216
  14.2.1 休闲组织的分类 /216
  14.2.2 休闲组织的职能 /216
  14.2.3 国际性休闲组织 /218
  14.2.4 我国主要的休闲组织 /218

14.3 休闲管理的法规 /219
  14.3.1 旅游管理相关法规 /220
  14.3.2 体育运动相关法规 /221
  14.3.3 文化艺术相关法规 /221

本章小结 /222

课后习题 /222

第15章 休闲时代 —— 225

15.1 休闲时代的临近 /227
  15.1.1 休闲时代的第一阶梯——个人收入提高了 /227
  15.1.2 休闲时代的第二阶梯——闲暇时间增加了 /227
  15.1.3 休闲时代的第三阶梯——休闲意识觉醒了 /228
  15.1.4 休闲时代的第四阶梯——休闲政策出台了 /228

15.2 休闲时代的挑战 /228
  15.2.1 人口爆炸 /229
  15.2.2 人口老龄化 /229
  15.2.3 环境恶化 /231
  15.2.4 全球变暖 /231
  15.2.5 快速城市化 /232
  15.2.6 技术发展 /234
  15.2.7 贫富差距悬殊 /234

15.3 休闲时代的特征 /235
  15.3.1 休闲与工作的界限逐渐消失 /235
  15.3.2 休闲资源的可利用性大大提高 /235

15.3.3 休闲方式选择的日益
多元化 /236
15.3.4 休闲经历日益故事化 /236
15.3.5 休闲的地位越来越重要 /238
15.3.6 休闲的权利得以实现 /238

15.4 休闲时代的愿景 /238
15.4.1 个人的全面发展 /238
15.4.2 社会的全面进步 /239
本章小结 /239
课后习题 /240

参考文献 /243

第1章 休闲概论

知识目标	技能目标
① 理解休闲的概念内涵； ② 了解休闲发展的历程； ③ 了解休闲活动的特征； ④ 掌握休闲活动的功能	① 辨析休闲的不同概念； ② 了解休闲的发展阶段； ③ 举例阐述休闲的功能

导入案例

名人论休闲

自由时间、可以支配的时间就是财富本身。

财富就是可以自由支配的时间,如此而已。

一个国家只有在劳动6小时而不是劳动12小时的时候,才是真正富裕的。

——马克思(德国政治学家、哲学家、经济学家、社会学家、革命理论家)

劳作是为了休闲。

休闲是一切事务环绕的中心,是哲学艺术和科学诞生的基本条件之一。

真正休闲的人,才是真正幸福的。

——亚里士多德(古希腊哲学家、科学家、教育家)

能否聪明地用"闲"是对文明的最终考验。

——罗素(英国哲学家、数学家、逻辑学家)

我们对于一切,除了爱情和美酒;对于一切,除了闲暇本身,都懒得去管。

——莱辛(德国戏剧家、戏剧理论家)

未来社会将以休闲为中心。

——杰弗瑞·戈比(美国著名休闲学者)

当人是完全意义上的人时,他肯定是在玩;人也只有在玩的时候才是完整的人。

——席勒(德国著名诗人、哲学家、历史学家、剧作家)

一个人成就怎样,往往靠他怎样利用他的闲暇时间。

——胡适(中国著名学者、诗人、历史学家、哲学家、文学家)

文化本身的进步有赖于闲暇的合理利用。

倘不知道日常的娱乐方法,便不能认识一个民族,好像对于个人,吾们倘非知道他怎样消遣闲暇的方法,吾们便不算熟悉了这个人。

——林语堂(中国著名学者、文学家、语言学家)

人之初,性本玩。

一个人要活到老,玩到老。在玩中学,在学中玩。

玩是人类的基本需要之一,要玩得有文化,要有玩的文化,要研究玩的学术,要掌握玩的技术,要发展玩的艺术。

——于光远(中国经济学家、哲学家、社会活动家、革命家)

第一,十闲:从容人生。得闲空,蓄闲心,做闲事,学闲技,交闲友,聊闲天,处闲境,读闲书,养闲趣,用闲钱。

第二,十养:品质生活。山水养生,森林养眼,宗教养心,修炼养气,文化养神,运动养性,物产养形,气候养颜,教育养成,生活养情。

第三,十玩:快乐经济。适应玩的心态,研究玩的学问,建设玩的项目,开拓玩的市场,培育玩的氛围,追求玩的艺术,丰富玩的功能,创新玩的产品,创造玩的文化,谋求玩的财富。

——魏小安(中国著名旅游经济和管理专家)

> 思考：
> (1) 古今中外的这些名人为什么都如此重视休闲？
> (2) 在日常生活中，休闲有什么作用与功能？

随着休闲时代的到来，社会上有关"休闲"的事物逐渐流行，如休闲服、休闲鞋、休闲包、休闲食品、休闲餐饮、休闲娱乐、休闲洗浴、休闲游戏、休闲旅游、休闲度假、休闲养生、休闲运动、休闲活动、休闲影视等，但到底什么才是真正的休闲呢？

1.1 休闲的概念

休闲是一个非常时髦但又难以确切定义的术语。对不同的人而言，休闲意味着不同的事情。然而，大多数休闲的定义都有个十分重要的概念，即"自由"。休闲就是要自由地追求个人的兴趣。"休闲"源自拉丁语"licere"，其含义是"获得自由"。这个词又派生出法语"loisir"，含义为"自由时间"。希腊人用"scole"或者"skole"来定义"休闲"。这个词又派生出了拉丁语的"scola"和英语的"school"。因此，可以这样认为，对希腊人而言，休闲与智力、身体和精神发展存在紧密的联系。休闲与经济、管理等名词一样，是一个非常复杂的概念，从不同的学科、不同的角度就会得到不同的理解。现在学术界关于休闲的概念就有二百多种。概括而言，休闲的概念主要体现为以下几个方面。

1.1.1 休闲时间

人们的生活时间大体上可以分为生活必需时间、工作时间和自由时间三部分。从时间的角度看，休闲是人们在生活必需时间和工作时间之余所拥有的自由时间。

 知识链接 1.1

名人从休闲时间角度论休闲

查尔斯·K.布莱特比尔（美国著名休闲学者）：休闲是去掉生理必需的时间和维持生计所必需的时间之后，自己可以判断和选择的自由支配时间。

伦敦城市研究所：休闲是除了工作时间之外，自己能自主参与活动的机会和时间。

1.1.2 休闲活动

从活动角度看，休闲是在自由时间内的活动或体验。休闲活动包括休养生息、自我娱乐、增加知识和技能、主动参与社团活动等一系列在尽到职业、家庭与社会职责后，让自由意志得以尽情发挥的活动。

 **知识链接 1.2**

名人从休闲活动角度论休闲

乔弗里·杜马泽迪尔（法国社会学家）：休闲是指人们从工作、家庭、社会的义务中摆脱出来，为了休息、转换心情、增长知识而自发性地参与可以自由发挥创造力的任何社会活动的总称。他指出休闲包括三个密不可分的部分：一是放松，因为人需要克服疲劳；二是娱乐，娱乐使人们超然忘我；三是个性发展，它使人们作为个体得以发展，使视野开阔，生命更有意义。

马惠娣（中国休闲文化研究中心主任）：休闲就是"以欣然之态做心爱之事"。

1.1.3 休闲状态

从存在状态看，休闲常被人形容为平静或不计时间流速的状态。

 知识链接 1.3

名人从休闲状态角度论休闲

亚里士多德（古希腊哲学家）：休闲是一种沉思的状态，是一种不需要考虑生存问题的心无羁绊的状态，即哲学家所推崇的沉思、从容、宁静、忘我等人生的最高境界。

乔斯·皮珀（瑞典天主教哲学家）：休闲不仅仅是心灵上的，更应该是精神上的态度和灵魂上的态度；休闲是身体、心理、灵魂的自我开发机会。他相信休闲是一种欣喜感，这样的人能够欣然接受这个世界和自己在这个世界的位置。这样，休闲作为一种优雅的存在状态，被赐予那些赞美生活的人。

1.1.4 休闲心态

心态学考察了休闲的心理或精神基础。休闲是一种观念，如果个人感觉到某种东西是休闲，那么它就是休闲。无论外部环境如何，具有休闲心态的人都会相信，他是自由的，是他在控制局面，而不是被环境所控制。

 知识链接 1.4

名人从休闲心态角度论休闲

约翰·纽林格（美国心理学家）：休闲是为了达到自己的目的而进行的、从中得到幸福与满足的、与个人内心世界密切相关的体验与心态。他认为心态自由感是判定有无休闲感的唯一依据。去休闲，意味着人们作为一个自由的主体可以自由选择，投身于某一项活动之中。

葛拉齐亚（法国学者）：他认为不存在客观的休闲，虽然他承认工作的反义词是自由时间，但他不认为自由时间就是休闲。他指出，休闲应是指一种感觉的品质。如果一个人看似有闲，但却为无事可做而烦恼，此时就不能称为休闲。休闲与否是由个人的感知决定的。

1.1.5 休闲制度

从制度角度来定义休闲，旨在揭示休闲的本质与工作等社会制度和价值观之间的关系。一方面，休闲是人类在生存过程中从劳动的疲劳、倦怠、压迫感中解放出来，补充能源以进行再生产的手段；另一方面，在越来越追求享乐化的现代社会中，休闲成为生活的目的，而劳动则把休闲生活变为现实。

 知识链接 1.5

名人从休闲制度角度论休闲

托斯丹·邦德·凡勃伦（美国制度经济学鼻祖）：历史上被压迫阶级所从事的物质生产劳动是辛苦而又低效的，而统治阶级所从事的精神劳动却创造了更有效、更有意义的人生价值。由此形成的资产阶级生活方式被充分地体现在休闲行为中，并且得到了被统治阶级的认可。休闲是显示社会身份的经济象征，是区分上流社会与工人阶级生活方式的尺度，用金钱消费来显示人们的优越地位。

1.2 休闲的发展

在史前社会，人们最为关心的事情是生存问题。人们的主要活动是狩猎和采集，这些活动提供维持生命所需的资源。那时候，人们很少拥有我们今天所说的"自由时间"。劳作、生存及休息构成了人们生活的全部内容，所有活动都以谋生为目的。当生活在史前社会的人能够制造工具，大脑容量增大时，他们可利用的自由时间就增加了。史前社会的人将自由时间用于仪式或礼仪活动。这些活动主要是庆祝狩猎成功、大获丰收或者祈祷神灵的眷顾。

随着部落的形成，人们认为类似玩耍的活动也很重要。这些游戏活动体现在历史事件、交通活动、战争游戏及对农具的使用方面。游戏可以让儿童为长大成人后要肩负的责任做好准备，因而，游戏已成为培养儿童的团结及美德的一种方法。此外，游戏还能令人放松、为人们提供互相沟通的机会，并能让人感觉到快乐和幸福。随着各社会群体的出现，游戏活动也成为人们在工作之余放松的一种手段。这些社会群体的出现形成了社会结构，使人们有机会专注于具体的社会角色。例如，某些人专司狩猎，而另外一些人则专司建筑。有了这些社会分工之后，通过增强彼此之间的合作，人们才有机会从事谋生之外的活动。因此，社会分工的出现让人类第一次拥有了较多的休闲机会。今天也同样如此，人们从事社会所需要的某种特定职业的同时，也依赖于其他人赖以谋生的专长。

著名经济学家成思危认为，大约一万年前，当进入农耕时代时，人类只有10%的时间用于休闲；当工匠和手工业者出现时，则省下了17%的时间用于休闲；到了蒸汽机时代，由于生产力水平的提高，人类将休闲时间增加到23%；而到了20世纪90年代，电子化的动力机器提高了每一项工作的速度，如从做饭到交通……因而使得人们能将生活中41%的时间用于追求娱乐休闲。

1.3 休闲的特征

一般而言,休闲具有解脱感、自由性、娱乐性和建设性四大特征。

1.3.1 解脱感

休闲是生存以外的活动,具有从人类所处的各种各样的义务和约束中解脱出来的属性。从时间意义上看,休闲是从维持生计和心理压迫中解放出来的时间。对于休闲的解脱感,杜马泽迪尔评价道:"休闲一般具有从形式的、制度的义务中摆脱出来得到自由的特性。"

1.3.2 自由性

人类一旦摆脱义务和制约,休闲时间的使用将处于完全自发的状态。休闲是自发的活动,是人们自己乐于参与的各种活动。个人所从事的休闲活动是依据自由意愿来选择的,人们任意的兴趣的追求都具有主动性,没有强迫性。被迫参与的休闲活动属于准休闲状态,也就是说这些休闲行为中包括义务性、商业性等非休闲因素。另外,也不能说所有的休闲都是完全自由的,在享受休闲的过程中还应该受到社会基本规范的制约,遵守人和人之间的关系和大众的基本价值取向。

1.3.3 娱乐性

休闲是为了获得纯粹的快乐而进行的活动。纯粹的快乐是指行为的目的即是快乐本身。休闲活动要具有乐趣、轻松与消遣的特性,必须使参与者愿意付出热情,并感到愉快和满足。人类在实现自己的兴趣等内在追求时会感到满足和快乐,这是因为人类在参与休闲活动中感受到了生活的意义,丰富了人生的体验并得到了精神上的极大满足。

1.3.4 建设性

休闲活动有助于个人的全面发展与完善,它使人身体强健、理智清醒。在现实社会中,通过休闲获得的满足和快乐能使人们从社会责任的压迫中解放出来,满足人们对内在价值的追求和情感的需要。杜马泽迪尔认为,休闲能使人通过摆脱日常生活的单调和乏味,在超越现实的世界里自由地补偿自己命运的价值,这些价值包括自我尊重、挑战、自由、支配、成就以及地位等。如果它们不能通过休闲得到满足,那么人类将会在高度工业化和城市化社会的劳动环境、家庭环境的制约中备受挫折和磨难。

1.4 休闲的功能

休闲具有一系列重要的个人、家庭、社会功能。对个人而言，它可以净化心灵，松弛身心，获得快乐；认识自我，发展自我，实现自我；满足需要，增加知识，培养自治。对家庭而言，它可以增进家人的情谊、培养家庭的社交能力、促进家人团结。对社会而言，它可以稳定社会生活、促进经济繁荣、提高国民的生活品质。概括而言，休闲具有以下功能。

1.4.1 政治功能

古希腊思想家、哲学家柏拉图认为，不受现实生活困扰的统治阶级，应该把所有闲暇时间用于深思真、善、美等问题，使其本身更加完美，从而巩固和加强其统治地位。柏拉图的这种政治性休闲思想，强调休闲是为了巩固政治制度和为统治阶级服务的，而不是为个体服务的。在当今社会，休闲是基本的人权，赋予公民合法的休闲权，能够让他们消除疲劳、转换心情、以高昂的姿态投入新的生活之中，从而可以减少他们对生活的不满、对社会的抵触，有利于社会的稳定与和谐。

1.4.2 经济功能

休闲是人们在自由时间内进行的自由活动，这些活动不仅是对闲暇时间积极有效的利用，而且常常也伴随着对休闲产品、设施和服务的消费。从某种意义上说，所有的休闲活动都会牵涉到我们对消费的体验。因为休闲活动的目的大多在于消费某些物质（如在外面吃饭）或与消费有关的某些活动（如商场购物）。因而，可以说，休闲首先是一项消费活动。另外，从时间形态来看，休闲是不生产的消费时间。人在不生产时，需要文化、食品、旅游、娱乐及体育活动等方面的消费。闲暇时间与劳动时间的分离，促使社会做出一系列新的调整和适应，以把闲暇时间转变为消费时间。因此，休闲是推动区域经济发展的生力军。

1.4.3 社会功能

休闲是自由、幸福、快乐等人类发展目的的源泉。休闲活动有助于增强个人的自尊感，有助于建立社区精神，有助于促进社会交往，有助于改进人们的健康状况，有助于在创造就业机会的同时给人们一个有意义的活动方式，有助于减少危害社会行为的发生。

1.4.4 环保功能

美国1964年的《荒野保护法案》是为了保护自然休闲的机会而产生的，因此，创造和保护休闲机会的行为就是保护自然环境（包括森林、草地、沙漠、山岳、湿地、海洋、冰川等)和文化、历史及传统遗址的关键驱动力量。而且,人们在自然和人文环境中的休闲活动,以及对这些环境的相关研究与评价促进了其对环境的了解,培养了与可持续发展一致的环境理念,甚至还有助于形成环保行为,如废品回收习惯,这些环境效益促进了社会的发展。

1.4.5 炫耀功能

美国经济学家托斯丹·邦德·凡勃伦认为(1899年《有闲阶级论》),休闲是与炫耀性消费和悠闲相联系的,只有那些富有者方可称为有闲的人。休闲就是用于炫耀性消费的时间,就是有意追求那些没有结果的事物。这些人的休闲就是以炫耀财富的方式告诉世界自己比邻居和朋友更有钱。

1.4.6 身心功能

休闲活动是个人依其意愿选择参加的,不受约束与控制,所以人们在活动中较易获得心理上的满足感,如成就感、好奇心、自我肯定或发泄侵略欲望等。休闲可使人们摆脱工作的疲乏与压力,尽情地发挥个人的创造力,有助于健全人格的发展。人们参与运动或游憩方面的休闲活动,能促进血液循环,消除精神紧张,使身体均衡发展,保持具有协调性的体魄,减少机能退化性疾病的危害。

休闲的治疗功能

2002年6月5日凌晨,年仅14岁的美丽小姑娘伊丽莎白·斯马特在其盐湖城的家中被劫走。9个月以后,伊丽莎白·斯马特在犹他州的桑迪市被奇迹般地发现,并被成功解救出来。她回来后,人们立即让她参加游憩和休闲活动:①帮助伊丽莎白·斯马特和其家庭愈合创伤,重新返回正常的生活;②组织了一次社区庆祝活动。

《盐湖城论坛报》详细描述了伊丽莎白·斯马特用休闲的手段治疗心理创伤的过程:"伊丽莎白·斯马特在山上、沙漠里、盐湖城和圣迭戈的街道上及其他一些叫不出名字的地方待了9个月。在回到家的第一个24小时,她轻松地做着她以前经常做的事情。她悠闲地弹着竖琴,忘记了几个音符;她观看自己喜爱的电影;她与兄弟姐妹们嬉闹;她睡在自己的床上。"伊丽莎白·斯马特还提出,她希望骑马。在返回家几天以后,社区在自由公园举行了一次大型的庆祝活动,欢迎伊丽莎白·斯马特回家,并对维吉兰特社区的成员表示感谢。庆祝活动包括很多休闲活动,如乐队表演、食物品尝和焰火等。

(资料来源:[美]克里斯托弗·埃金顿,等.休闲项目策划:以服务为中心的利益方法[M].4版.李昕,译.重庆:重庆大学出版社,2010.)

本 章 小 结

休闲的概念可以从休闲时间、休闲活动、休闲状态、休闲心态、休闲制度等方面进行理解。

休闲是社会发展的产物,休闲的发展又促进了社会的发展。

休闲的基本特征有四个:解脱感、自由性、娱乐性、建设性。

休闲的主要功能有六个:政治功能、经济功能、社会功能、环保功能、炫耀功能、身心功能。

关键术语

休闲时间 (leisure time)

休闲活动 (leisure activities)

休闲状态 (leisure status)

休闲心态 (leisure attitude)

休闲制度 (leisure system)

知识链接

1. [美] 奥萨利文,等. 休闲与游憩:一个多层级的供递系统 [M]. 张梦,译. 北京:中国旅游出版社,2010.

2. [美] 托马斯·古德尔,杰弗瑞·戈比. 人类思想史中的休闲 [M]. 成素梅,等译. 昆明:云南人民出版社,2000.

3. [美] 杰弗瑞·戈比. 你生命中的休闲 [M]. 康筝,译. 昆明:云南人民出版社,2000.

4. 李仲广,卢昌崇. 基础休闲学 [M]. 北京:社会科学文献出版社,2004.

5. 章海荣,方起东. 休闲学概论 [M]. 昆明:云南大学出版社,2005.

6. 刘嘉龙,郑胜华. 休闲概论 [M]. 天津:南开大学出版社,2008.

课 后 习 题

一、单项选择题

1.(   )指出:休闲是一切事务环绕的中心,是哲学艺术和科学诞生的基本条件之一。

    A. 马克思   B. 恩格斯   C. 亚里士多德   D. 罗素

2.《有闲阶级论》是围绕富人因自己的财富而产生的优越感,以及他们为了炫耀自己的优越而采取的种种行动而写的，其作者是（　　）。
  A. 杜马泽迪尔　　　B. 凡勃伦　　　C. 布莱特比尔　　　D. 葛拉齐亚

3. 杜马泽迪尔认为休闲具有三个要素，下列不属于这三要素的是（　　）。
  A. 休息　　　　　B. 放松　　　　C. 娱乐　　　　　D. 个性发展

4. 根据国外学者的预测，到2018年前后，随着知识经济和新技术的迅猛发展，人类将有（　　）的时间用于休闲。
  A. 17%　　　　　B. 23%　　　　C. 41%　　　　　D. 50%

5. 下列不属于休闲特性的是（　　）。
  A. 制度性　　　　B. 自由性　　　C. 娱乐性　　　　D. 建设性

二、填空题

1. ＿＿＿＿认为，自由时间、可以支配的时间就是财富本身。

2. 人们的生活时间大体上可以分为＿＿＿、＿＿＿和＿＿＿三部分。

3. 20世纪90年代，电子化的动力机器提高了每一件工作的速度，因而使得人们能将生活中＿＿＿%的时间用于追求娱乐休闲。

4. 目前，我国国民法定节假日为＿＿＿天。

5. 休闲的主要功能有六个：＿＿＿、＿＿＿、＿＿＿、＿＿＿、＿＿＿、＿＿＿。

三、思考题

1. 谈谈你对休闲的理解。
2. 休闲的特征是什么？
3. 休闲具有哪些功能？

四、案例分析题

全国年节及纪念日放假办法

  《全国年节及纪念日放假办法》于1949年12月23日由国务院发布，根据1999年9月18日《国务院关于修改〈全国年节及纪念日放假办法〉的决定》进行第一次修订，根据2007年12月14日《国务院关于修改〈全国年节及纪念日放假办法〉的决定》进行第二次修订，根据2013年12月11日《国务院关于修改〈全国年节及纪念日放假办法〉的决定》进行第三次修订。

《全国年节及纪念日放假办法》修订历程

1949年12月23日	1999年9月18日	2007年12月14日	2013年12月11日
① 新年，放假1天(1月1日)； ② 春节，放假3天(农历正月初一、初二、初三)； ③ 劳动节，放假1天(5月1日)； ④ 国庆纪念日，放假2天(10月1日、2日)	① 新年，放假1天(1月1日)； ② 春节，放假3天(农历正月初一、初二、初三)； ③ 劳动节，放假3天(5月1日、2日、3日)； ④ 国庆节，放假3天(10月1日、2日、3日)	① 新年，放假1天(1月1日)； ② 春节，放假3天(农历除夕、正月初一、初二)； ③ 清明节，放假1天(农历清明当日)； ④ 劳动节，放假1天(5月1日)； ⑤ 端午节，放假1天(农历端午当日)； ⑥ 中秋节，放假1天(农历中秋当日)； ⑦ 国庆节，放假3天(10月1日、2日、3日)	① 新年，放假1天(1月1日)； ② 春节，放假3天(农历正月初一、初二、初三)； ③ 清明节，放假1天(农历清明当日)； ④ 劳动节，放假1天(5月1日)； ⑤ 端午节，放假1天(农历端午当日)； ⑥ 中秋节，放假1天(农历中秋当日)； ⑦ 国庆节，放假3天(10月1日、2日、3日)

根据上述材料，回答下列问题：

(1) 分析《全国年节及纪念日放假办法》的三次修订有什么变化？

(2) 2007年年底修订的《全国年节及纪念日放假办法》对休闲旅游业有什么影响？

(3) 2013年12月修订的《全国年节及纪念日放假办法》将农历除夕排除在法定假日之外，你认为是否合理，会有哪些方面的影响？

(4) 从2015年开始，春节假期再次进行了调整，还是放假3天（农历除夕、正月初一、初二），除夕又恢复到法定假日之中，这反映了什么问题？

第 2 章　休闲权利

知识目标	技能目标
① 了解有关休闲权利的法规条文； ② 理解《国际休闲宪章》的具体内容； ③ 熟悉有关旅游权利的法规条文； ④ 熟悉有关体育运动权利的法规条文； ⑤ 熟悉艺术和文化权利的法规条文	① 能够引证阐述休闲是人的一项基本权利； ② 可以举例分析休闲权利的制约因素

是谁剥夺了孩子们休闲的权利

对于孩子们来说,主要的休闲方式就是娱乐、游戏和玩耍。"玩"对孩子的成长意义重大。但记者在采访中发现,由于缺乏随意玩耍的时间和场地,对很多孩子来说,"玩"可望而不可即。

天津市少年宫少儿咨询热线中,许多孩子反映:"娱乐太少,学业太重。"一名五年级的小学生在电话中说:"我觉得每天除了学习之外,几乎没有玩的时间。到了学校,老师一遍遍地说,要好好学习,不能贪玩。回到家里,爸爸、妈妈更是唠叨没完,我该怎么办呢?"还有小朋友反映:"作业太多,不仅老师留了大量的作业,家长还准备了许多习题,每天晚上要写到很晚。"

中国青少年研究中心在全国6个大城市2 500名中小学生中进行的一项调查显示,能够让孩子在户外进行安全游戏的场所越来越少。参与此项调查的天津市社科院副研究员王小波告诉记者,目前随着城市建设的发展,户外活动场地被侵占的现象屡见不鲜。另外,出于对城市治安状况与交通等问题的考虑,很多父母为了安全而阻止孩子在外玩耍。王小波表示,这些不仅影响了少年儿童的休闲质量,也导致了其身体素质的下降,现在城市少年儿童中除了"豆芽菜"就是"小胖墩",应该引起全社会的重视。当许多大人已经能通过各种方式释放工作压力的时候,孩子们为何仍然背负着沉重的负担,不能尽享休闲的乐趣呢?记者在采访中发现,影响少年儿童休闲的有三个"紧箍咒"。

第一个"紧箍咒"来自学习的负担。"学生的本职工作就是学习""学生的天职就是把功课学好",类似的话经常成为老师和父母的口头禅。天津市社科院研究员关颖说:"许多时候,大人忘记了学生仅仅是孩子的一个角色,而不是全部,就像工人、教师、白领等也只是大人们承担的一个角色一样。但是,父母往往以学习的重要性来否定孩子其他的正当需要,包括休闲的需要。"另外,许多学校对于教师的评价往往以学生的成绩为标准,这就使得教师为了获得校方认可,为了拿奖金、评先进而以孩子作为竞争的筹码,不断加大孩子的作业量。学生及其父母则不得不委曲求全,听之任之。王小波指出,在这种种表象之后,我们在教育观念上的偏颇,即"以考试论胜负、以成绩定英雄"的教育观念是导致孩子不能享有充分闲暇权利的重要原因。

第二个"紧箍咒"来自父母的态度与行为。是否允许、鼓励孩子进行休闲活动,培养多种爱好,与父母具有何种教育观密切相关。现在的许多父母只是想着让孩子成为神童,而没有想到如何使孩子享受幸福,成为一个全面的人,每天逼着孩子学这学那,而毫不顾及孩子自己的感受。结果,天才没能造就,反而让孩子失去了许多快乐时光。

第三个"紧箍咒"来自孩子的自我约束。当学校不断以成绩作为衡量一个孩子是否优秀的唯一指标,当孩子总是处在父母、教师、社会的殷殷期望之下时,孩子会逐渐将外界的价值观与期望加以内化,转化为自己的态度,并对自己的休闲活动加以自我约束。

王小波说,在我国,强调保护儿童的发展权中,更多人关注的是儿童接受教育的权利,而不重视保护儿童玩耍的权利。喜好玩耍是儿童的天性,但是在一种否定、忽视儿童天性的社会环境下，孩子也渐渐泯灭了自己的天性——被社会与大人同化，这不仅是孩子的悲哀，也是社会的悲哀。

（资料来源：周润健. 是谁剥夺了孩子们休闲的权利. 新华网 [2007-06-01].）

思考：
(1) 休闲娱乐是否是人人应该享有的权利？
(2) 儿童休闲娱乐的权利如何才能得以实现？

很多国家都以宪法的形式规定了公民休息的权利。我国宪法也规定：公民有工作的权利，也有休息的权利。一直以来，我们不太强调"国民休闲"，那是因为我们还没有意识到它其实是人的一项基本权利。它和作为主体的人如影随形，既不可强力剥夺，也不可骤然强加。

2.1 人　权

2.1.1 权利和人权

根据《简明牛津英语词典》的解释，权利是一种"符合法律或道德、旨在能够拥有或得到某物，或者旨在能够以某种方式行事的合理要求"。因而，权利可被看作个人或集体要求得到，继而这一要求又为他人承认合理的东西。所谓人权，就是人们认为所有人类都有资格享有的那些权利。在 20 世纪，有一系列的人权已经为全世界所普遍认可，特别是已经通过各种国内和国际的立法手段，为很多国家的政府所承认。

2.1.2 人权斗争的历史

关于人们享有休闲权利的早期例证，可见于 16 世纪的英格兰。当时的英格兰女王伊丽莎白一世虽然自己身为新教教徒，但并不赞成那些极端的新教教徒的主张。这些极端的新教教徒即后来所称的清教徒。他们试图通过自己对市议会及国会的影响，按照清教徒的道德规范去限制公众的休闲活动。

案例分析 2.1

伊丽莎白女王对其子民休闲权的维护

1585 年，伊丽莎白女王废除了一项旨在禁止在礼拜天开展各种文体活动的清教徒法案。女王认为其子民有权按照自己的意愿度过其一周中唯一的休息日，而不受他人干涉。当时，有些城市的清教徒当局非常憎恶剧场。他们极力地查禁演出活动，因为这些演出活动会把人们从教堂中拉走，而伊丽莎白女王则同情这些去剧场看戏的民众。1575年，当她得知著名的考文垂剧团的神秘演出遭到该市清教徒当局取缔的消息之后，便下令该市当局予以恢复。紧接着，伦敦的清教徒开始抱怨说，人们去剧场看戏助长了该地区每年夏季发生的一种瘟疫的蔓延。1583年，伦敦当局关闭了地处萨利海滨的各个剧场。伊丽莎白女王针锋相对，马上组建了她自己的演出团体，当时被人们称为"女王的队伍"。虽然此后伦敦当局的行为有所收敛，但到了1597年，他们最终还是说服市议会关闭了这些剧场，理由是这些剧场是进行反政府宣传的温床。伊丽莎白女王听说此事后大怒，伦敦市议会急忙废除了该项命令。此后，在伊丽莎白女王在位期间，再也没有出现过威胁剧场的情况。发生于16世纪的这些事情，可解释为"人类享有休闲权利"这一思想的拥护者与特定利益集团之间的斗争。

（资料来源：[澳]维尔. 休闲和旅游供给：政策与规划 [M]. 李天元，徐虹，译. 北京：中国旅游出版社，2010.）

休闲权利斗争最突出的表现莫过于资本家与工人之间关于劳动时间的争夺。这些运动爆发于19世纪的欧洲，是工人阶级面对资本家无度地要求工人延长劳动时间而做出的回应。虽然当时人们在要求缩短工作时间方面所提出的理由往往是健康、恢复体力和家庭生活等，而非休闲活动本身，但最终如加里·克劳斯所谈到的那样："工人们不再认为有必要从家庭生活或精神生活方面证明其休闲需要的正当性。当时美国出现的'8小时用于我们愿为之事'这一口号清楚地表达了人们的这一态度，即休闲是一种无须解释的权利。"

近代人权思想产生于17世纪的欧洲，是对统治者滥用权力的一种回应，同时也是思想解放的一项内容。1776年的《美国独立宣言》中有一段关于人权的经典宣言："我们认为这些真理不言而喻，所有的人都生来平等；造物主赋予了他们某些生而有之的权利，其中包括生命、自由及对幸福的追求。"

"对幸福的追求"一语是正式承认休闲为一种人权的最早表述之一，当然，休闲只是人们追求幸福的一种手段。在此后，更多的宣言都更加坚定地将休闲和旅游纳入了人权的范围。

2.1.3 有关休闲的人权宣言

《美国独立宣言》中有关休闲思想的当代继承者是1948年12月10日为联合国大会批准通过的《世界人权宣言》。该宣言的第24条和第27条中明确承认，人类享有休闲权利，并且外出旅行的权利也在第13条中得以承认。1966年，《经济、社会和文化权利国际公约》中明确提到了带薪假期。1979年，《消除对妇女一切形式歧视公约》指出要确保妇女参与娱乐生活、运动和文化生活各个方面的权利。1989年，《联合国儿童权利公约》中明确承认，儿童有权享有休息和闲暇。鉴于联合国的所有成员国都是这些宣言的签约国，所以人们可能会认为，所有国家的政府都会承认休闲、旅行和游戏属于人的权利，都会担负起维护这些权利的责任。但是，正如康奈利所指出的："不幸的事实是，在当代世界上，故意侵犯国际人权的情况普遍存在。"事实上，这些宣言的实施并非具有世界性，而主要是限于在资源上有条件执行的发达国家。

> **知识链接 2.1**

有关休闲权利的相关法规

1948 年：联合国《世界人权宣言》

第 24 条　人人享有休息和闲暇的权利，包括工作时间有合理限制和定期给薪休假的权利。

第 27 条　人人有权自由参加社会文化生活，欣赏艺术，并分享科学进步及其产生的福利。

1966 年：联合国《经济、社会及文化权利国际公约》

第 7 条　人人有权享受公正或良好的工作条件，特别要保证休息、闲暇和工作时间的合理限制，定期给薪休假及公共假日报酬。

1979 年：联合国《消除对妇女一切形式歧视公约》

第 13 条　缔约各国应采取一切适当措施以消除在经济和社会生活的其他方面对妇女的歧视，保证她们在男女平等的基础上有相同权利，特别是参与娱乐生活、运动和文化生活各个方面的权利。

1989 年：联合国《儿童权利公约》

第 31 条　缔约国确认儿童有权享有休息和闲暇，从事与儿童年龄相宜的游戏和娱乐活动，以及自由参加文化生活和艺术活动。缔约国应尊重并促进儿童充分参加文化和艺术生活的权利，并应鼓励、提供从事文化、艺术、娱乐和休闲活动的适当和均等的机会。

1991 年：联合国《联合国老年人原则》

第 16 条　老年人应能享用社会的教育、文化、精神和文娱资源。

1993 年：联合国《残疾人机会均等标准规则》

第 10 条　各国将确保促进残疾人得以在平等基础上参与或能够参加各种文化活动。

第 11 条　各国将采取措施，确保残疾人享有进行娱乐和体育活动的同等机会。

1982 年：中华人民共和国《中华人民共和国宪法》

第 43 条　中华人民共和国劳动者有休息的权利。国家发展劳动者休息和休养的设施，规定职工的工作时间和休假制度。

2.2　休闲的权利

目前，世界上已经有了一些较为详细的与休闲各方面活动相关的宣言。同时，也涌现了专门的休闲宣言——《国际休闲宪章》。《国际休闲宪章》于 1970 年由世界休闲组织的前身国际娱乐协会通过。该宪章 1979 年曾被修改，2000 年 7 月由世界休闲理事会正式批准通过。《国际休闲宪章》明文规定：休闲同健康、教育一样对人们生活至关重要；任何人都享有从事休闲活动的权利；各国政府必须承认和保护公民的这种权利。

1998 年，世界休闲组织联合拉丁美洲休闲与娱乐协会、圣保罗服务组织在巴西圣保罗召开了第五届世界休闲大会，会议主题是"全球化社会中的休闲"。来自世界各地的会议代表在全球化、多样化发展背景下就休闲与自由时间的各个领域展开了讨论，并最终通过了《圣保罗宣言》。

 **知识链接 2.2**

休 闲 宣 言

1979年：世界休闲组织《国际休闲宪章》

(1) 所有的人都拥有参与符合其所在社会的规范和价值标准的休闲活动的基本人权，所有的政府都有义务承认并保证其公民的休闲权利。

(2) 在保证生活质量方面，休闲同健康、教育同等重要，各国政府应当确保公民得到丰富多彩的高质量的休闲与娱乐机会。

(3) 每个个体都是自己最好的休闲与娱乐资源，因此政府应当确保提供获得这些必要的休闲技术和知识的途径，使得人们得以优化自己的休闲经验。

(4) 个体可以利用休闲机会来实现自我，发展人际关系，增进社会团结，发展社团和文化特征，促进国际的了解和合作，提高生命质量。

(5) 政府应当通过维护本国自然、社会和文化环境来确保公民未来开展休闲活动的可行性。

(6) 政府应当确保训练专业人员来帮助个人获得休闲技能，开发和提高其素质，拓宽其休闲与娱乐机会的范围。

(7) 公民必须获得所有关于休闲本质及其机会的信息，凭借这些信息，丰富其知识，并影响地方和国家政策的制定。

(8) 教育机构必须尽最大的努力，促使人们了解休闲的本质及其重要性，以及如何将休闲知识融入个人的生活之中。

1998年：世界休闲组织《圣保罗宣言》

(1) 所有人都拥有通过公平和稳定的经济、政治和社会政策获得休闲的权利。

(2) 所有人都有在休闲中举行及分享多样性活动的机会和需要。

(3) 所有的政府和机构都应该保护及创造文化的、艺术的、自然的环境，使人们从中获得举行和分享休闲的时间、空间、设施和表达的机会。

(4) 集体与个人的努力应该被允许用来保持休闲的自由和完整性。

(5) 所有政府应当制定和实施向所有人提供休闲的法律和政策。

(6) 所有的公私部门都应该考虑由全球化带来的地方性、全国性、国际性后果所引起的威胁休闲多样化和休闲质量的因素。

(7) 所有的公私部门都应该考虑威胁个人滥用和误用休闲的因素。例如，由地方性、全国性和国际性势力所导致的异常行为和犯罪行为。

(8) 所有的公私部门都应该确保那些向学校和社区系统提供休闲教育课程（或项目），以及培训相关志愿者和专业人力资源的项目的政策得到贯彻实施。

(9) 致力于实施一项持续的、一致的研究计划，使人们对全球化影响休闲的后果有更深入的理解。

(10) 致力于传播全球化某些影响深远的因素给休闲带来的代价与好处的信息。

2.3 旅游的权利

在旅游领域中，享有带薪休假的权利及享有不论任何目的而自由旅行的权利，都已经明确地载入了《世界人权宣言》，并在此后一系列的有关宣言中得到重申。尤其是世界旅游组织于 1999 年发布的《全球旅游伦理规范》，其中将这一领域中的权利概念延伸至"发现和享用这一星球的资源"，对旅游业工作的要求，以及旅游接待地区居民不为旅游业所剥削的权利。

知识链接 2.3

关于旅游权利的相关法规

1999 年：世界旅游组织《全球旅游伦理规范》

第 7 条 旅游的权利。

(1) 能够个人直接地拥有发现与享受地球资源的愿望是人世间所有人都平等享有的权利；日益广泛地参与国内和国际旅游应当视为自由时间持续增长的最好体现之一，对此不应当设置障碍。

(2) 普遍的旅游权利必须视为休息与休闲权利的必然结果，这种休息和休闲的权利包括《世界人权宣言》第 24 条和《经济、社会和文化权利公约》第 7 条中所保证的工作时间和周期性带薪假期的合理限制。

(3) 社会旅游，特别是社团性的旅游，有助于人们广泛参加休闲、旅行和度假活动，应当在公共机构的支持下予以发展。

(4) 应当鼓励和促进家庭、学生和老年人旅游及为残疾人组织的旅游活动。

2.4 体育运动的权利

包括国际奥林匹克委员会、联合国教科文组织、欧洲议会在内的很多组织团体都宣称，参与体育运动是人的一项基本权利。同《国际休闲宪章》一样，这些组织在宣言中也都提出，政府在协调、规划和筹备体育运动方面需扮演主要角色。目前，《全民体育运动宪章》已得到欧洲议会各成员国政府的正式签署，并且各成员国基本上也都采纳了全民体育政策。在体育运动与人权这一领域中，人们的关注点一直主要集中在与精英体育有关的种族歧视和性别歧视等问题上。但是，如果人们认为，拒绝某些社会群体参与体育运动是一种违反人权的行为，那么这也意味着人们赞成参与体育运动是人的一项基本权利。

知识链接 2.4

关于体育运动权利的相关法规

1996 年：国际奥林匹克委员会《奥林匹克宪章》

第 8 条　参与体育运动是人的权利，每一个人都应有按照自己的需要从事体育活动的自由。

1978 年：联合国教科文组织《体育运动国际宪章》

第 1 条　参加体育运动是所有人的一项基本权利。

(1) 每个人具有从事体育运动的基本权利，这是为充分发展其个性所必需的。通过体育运动发展身体、心智与道德力量的自由必须从教育体制和从社会生活的其他方面加以保证。

(2) 每个人必须有充分的机会按照其民族运动传统从事体育运动，增强体质并获得与其天赋相适应的运动成就。

(3) 必须为年轻人（包括学龄前儿童）、老年人和残疾人提供特别的机会。通过适合其需要的体育运动计划来充分发展他们的个性。

1976 年：欧洲体育内阁首脑会议《全民体育运动宪章》

第 1 条　每个人都享有参加体育运动的权利。

2.5　艺术和文化的权利

《世界人权宣言》第 27 条明文规定，这一权利是指公民"参与社会文化生活"和"欣赏艺术"的权利。唐纳德·霍恩在《公众文化》中曾有一段关于"文化权"的阐述，其中包括观赏人类文化遗产的权利、观赏新艺术的权利及参与社区艺术活动的权利。与休闲权利相比，有些关于"自由参与社区文化生活"和"欣赏艺术"的权利的阐述则显得更为模糊。如果文化之中包括通俗文化，那么这一阐述几乎不值得去做，因为通俗文化，顾名思义，本身就意味着一种为全民大众所欣赏的文化。如果文化和艺术所指的是高雅文化，那么世界上大多数国家普遍都侵犯了这些权利，因为这类文化的参与和欣赏活动在很大程度上是社会中家境较好的群体参与。虽然大多数政府都会采取补贴政策去提供某些免费使用的服务，如提供公共广播，但结果往往仍会是少数人所参与和欣赏的这样一种格局。随着公共服务领域中"谁使用，谁支付"政策的推行，这种格局目前已变得越来越明显。同时，这类情况也从来未被认为是违反人权。

知识链接 2.5

关于艺术和文化权利的相关法规

1966 年：联合国《经济、社会及文化权利国际公约》第 15 条

一、本公约缔约各国承认人人有权：

(甲) 参加文化生活；

(乙) 享受科学进步及其应用所产生的利益;

(丙) 对其本人的任何科学、文学或艺术作品所产生的精神上和物质上的利益,享受被保护之权利。

二、本公约缔约各国承担尊重进行科学研究和创造性活动所不可缺少的自由。

2001 年:联合国教科文组织《世界文化多样性宣言》

第 5 条 文化权利——文化多样性的有利条件

文化权利是人权的一个组成部分,它们是一致的、不可分割的和相互依存的。富有创造力的、多样性的发展,要求充分地实现《世界人权宣言》第 27 条和《经济、社会及文化权利国际公约》第 13 条和第 15 条所规定的文化权利。因此,每个人都应当能够用其选择的语言,特别是用自己的母语来表达自己的思想、进行创作和传播自己的作品;每个人都有权接受充分尊重其文化特性的优质教育和培训;每个人都应当能够参加其选择的文化生活和从事自己所特有的文化活动,但必须在尊重人权和基本自由的范围内。

2.6 权利与制约

休闲是人人应该享有的一项基本权利,但休闲权利的享有并非是无拘无束的,它也要受到诸多因素直接的或间接的制约。

2.6.1 休闲课税

课税,亦称"征税",是指国家凭借政治权力,按照法律规定对有纳税义务的单位和个人征收货币或实物的行为。在休闲权利涉及有关实物或服务供给(如涉及提供教育或场地)的情况下,任何公共供给都是从税收中支付的。强制征税可看作一种对个人休闲消费权利的侵犯。因而,那些赞成这一权利的政治人物往往会反对增加公共服务的供给,因为他们认为这将导致课税加重,从而会加重对个人休闲权利的侵犯。下面我们以旅游税为例,来具体探讨其对旅游权利的影响。

旅游税主要是指由旅游目的地国家或地区向来访的旅游者征收的税金。广义上也可以指国家在正常税收之外向旅游企业征收的旅游管理费。世界各国之所以把旅游业作为理想的征税对象,理论上的一个主要原因是旅游产业的特殊性,即向旅游者征税操作相对简单。旅游者在购买机票、搭机离港或到港、旅店结账时,几乎没有丝毫逃避税收的机会;而且旅游者通常不是所在国家或地区的公民,没有有效反馈意见和建议的途径,对政府当局的权威、地位不构成威胁,更无法动摇国家的行政基石。唯一的反应只能通过旅游市场显现,即旅游者选择"用脚投票",一走了之,取消旅游计划、改变旅游决策或实现消费转向,向其他旅游目的地或休闲方式转移。例如,据英国《独立报》报道,为了发展可持续旅游业,西班牙政府计划从 2016 年 7 月 1 日开始向到访巴利阿里群岛的游客征收"旅游税",游客每人每天将支付 2 欧元(约合人民币 14.6 元)左右的费用,费用根据季节、住宿类型和个人年龄的不同而不同。许多早已计划好行程的旅客对此抱怨不已。

威尼斯对过夜游客开征"住宿税"

从2011年8月底起,意大利威尼斯市开始对过夜的游客征收"住宿税"。根据入住酒店的档次不同,税费有所区别,少的要几欧分,多的可能要每晚每个房间加收5欧元。

威尼斯市政府称,征收这一税款的目的是"维持威尼斯的美丽"。威尼斯市议会认为,在一个游客人数3倍于居民人数的地方,征税对于维持良好的旅游环境而言是一种有效手段。

据了解,这项新税种按照游客住宿地的等级档次征收:市中心以外的露营地,将额外收取3欧分;市中心的五星级酒店则可能每晚每个房间多收5欧元,最多收取5个晚上。此税种对10岁以下儿童免除,对10~16岁的少年减半。

据估算,2011年威尼斯政府将征收800万欧元的住宿税,以后两年此项收入将达到2 300万欧元。

威尼斯每年要接待2 000万游客,不过只有20%~30%的游客会在威尼斯住宿,其中很重要的一个原因是威尼斯酒店的费用要比周边地区高出不少。

对于出台"住宿税",当地也有一些不同的看法。威尼斯酒店业协会负责人维托里奥·博纳奇尼表示:"我们不完全反对旅游税,但是我们也不想充当政府的收税人。"此外,已经有一些酒店表示将自行消化客人应承担的缴税支出。

(资料来源:安莎.威尼斯对过夜游客开征"住宿税".新华网[2011-08-26].)

2.6.2 道德问题

日常生活中,有很多休闲活动有损道德或健康,所以被认定为不合法的活动,如赌博、嫖娼、酗酒及吸毒等。在旅游领域,这方面的例子则是来访游客与当地居民在价值标准和行为规范方面的文化冲突。

"中国游客",请停下来等等你的文明

近年来,旅游"闹剧"频频发生,泼面条,刀叉互殴,甚至扬言"炸飞机",中国游客还要现眼到何时?我国年出境游已突破1亿人次,"文明旅游"也已升至法律层面,但中国游客为何一再被打上不文明烙印?罚款管用吗?设立"黑名单"又是否有效?

国人不文明旅游屡遭曝光

2014年12月11日晚至12日凌晨,4名中国游客在亚洲航空曼谷至南京的航班上,与空乘发生冲突,导致飞机返航。

这起中国游客在航班上侮辱空乘人员，向空乘人员泼方便面甚至扬言"炸飞机"的闹剧，不禁让人联想到此前种种国人在航班上的不文明行为。

　　2014年4月，在泰国飞北京航班上，3名中国乘客因嫌对方吃饭声大，持用餐的刀叉互殴；2012年9月，在苏黎世到北京的一架航班上，两名中国乘客在飞机上因座椅调整问题大打出手，甚至还打了来劝架的乘务长，导致飞机被迫返航……

　　除了这些在航班上发生的"闹剧"外，国人不文明出游的行为屡屡被曝光：在国内，各大景区经常上演游客随意拍、随手丢、随处毁的行为，而在国外诸如"在埃及3 000年历史神庙上刻上'到此一游'""在卢浮宫外的水池里洗脚"的事件也时有发生，国人习以为常的在公共场合大声喧闹、不排队、随地吐痰、乱扔垃圾等行为，引发了不少国家当地民众的反感。

　　法律难止"不文明"

　　随着我国国力增强和人们生活水平的提高，国内出游以及出境旅游的游客越来越多，文明出游就成为对国人素质和形象的一个重大考验。

　　2013年10月出台的《旅游法》明确规定："应当遵守社会公共秩序和社会公德，尊重当地的风俗习惯、文化传统和宗教信仰，爱护旅游资源，保护生态环境，遵守旅游文明行为规范。"

　　虽然文明旅游已经上升到了法律的高度，但现实仍然让人尴尬，舆论认为，首要原因是游客个人素质亟须提高，其次是整个社会还没有对公民旅游道德和行为形成良好的约束。

　　从文明古国到旅游大国有多远

　　截至2014年11月，中国内地公民当年出境游首破1亿人次，而亚洲，特别是周边国家和地区占据了这一庞大出境旅游市场的近九成份额。

　　中国自古就是礼仪之邦，如今屡受不文明旅游事件的影响，中国作为文明大国的形象大打折扣，公众也在不断呼吁要重塑国人的文明形象。

　　安徽大学旅游管理系主任李经龙表示，加大处罚力度虽然可以短时期提升管理效果，但是治标不治本，若要彻底改变这种不文明旅游现象，还是要从提升国民文明旅游意识开始。

　　旅游过程中的很多不文明行为往往是人们日常生活习惯的折射。李经龙认为，全社会需要形成一个文明旅游的氛围和共识，他建议旅游主管部门、旅行社、景区管理部门等多方位联动，形成宣传教育的氛围，让游客在出游的每个环节都能接受到文明教育。

　　也有专家表示，韩国、日本等邻国为提高本国游客的海外形象花了十几年的时间，中国如此庞大的游客群体要实现"文明旅游"也需要一个长期的过程。

　　(资料来源：周慧敏，马姝瑞."中国游客"，请停下来等等你的文明.中国旅游新闻网[2014-12-14].)

2.6.3 动物保护

在古罗马的圆形剧场中,为了娱乐公众,曾有数以万计的动物惨遭屠杀。在很多国家,人们早已宣布那些涉及残酷对待动物的休闲活动为不合法活动,其中包括斗熊、斗鸡及某些形式的狩猎活动等。但是,在世界上的很多地方,这类休闲活动至今仍在继续。西班牙的斗牛活动和英国的猎狐活动都属于因休闲和旅游目的而侵害动物权利的例子,虽然后者目前已成为英国的立法对象,但这些活动至今仍在继续。进一步而言,马戏团中的驯兽表演、动物园中囚禁动物以供参观、饭店中烹饪野生动物等行为也侵害了动物的权利。当然,禁止开展这些形式的活动有可能会被视为对那些乐于参加者权利的侵犯,当这类活动的开展受到威胁时,这种认识也会被这类活动的参加者用作口实。如何解决狩猎权的捍卫者和动物生存权的捍卫者之间的利益冲突,目前已成为一个政治问题。

案例分析 2.4

西班牙开始禁止斗牛表演

1. 血腥的斗牛表演争议不断

斗牛表演有着 2 千多年的历史,是闻名世界的西班牙国技。由于动物保护组织的反对,以及过于血腥的场面,斗牛表演近年来一直饱受争议。

在表演中,整个斗牛过程包括引逗、长矛穿刺、上花镖和正式斗杀 4 个部分。斗牛士会用长矛、花镖和剑等利器刺杀公牛。动物保护主义者认为,这种行为过于残忍。据不完全统计,西班牙每年约有 1.50 万头公牛在表演中被刺杀。西班牙政府已明令禁止 14 岁以下公民观看斗牛表演,也禁止 14 岁以下青少年成为斗牛士。西班牙的国家广播电视台早已不再播放斗牛比赛。

其实,西班牙各大城市对斗牛表演的态度有鲜明的划分,可以分为强烈支持和反对两大阵营。巴塞罗那是最为著名的"反斗牛中心"。此前,曾有 18 万名加泰罗尼亚人签名请愿取消斗牛表演。2004 年 4 月,巴塞罗那市议会通过决议谴责斗牛,并宣布成为第一个反对斗牛的西班牙城市。此外,西班牙还有 42 个城市宣布反对斗牛。

2010 年 7 月 28 日,西班牙加泰罗尼亚自治区议会就一项禁止斗牛的议案进行了辩论和表决。在激烈的唇枪舌剑之后,该议案以 68 票赞成、55 票反对、9 票弃权获得通过。根据规定,该议案于 2012 年 1 月 1 日生效,将在自治区范围内禁止斗牛。加泰罗尼亚由此成为西班牙第二个通过法律禁止斗牛的自治区。西班牙共有 17 个自治区,加那利自治区早在 1991 年就已禁止斗牛。

2. 历史悠久,许多粉丝舍不得

然而,并不是所有人都反对斗牛。2011 年 9 月 25 日的比赛就看得出,斗牛表演在西班牙有很深厚的文化根基,依旧很受欢迎。当日的斗牛赛"谢幕演出"吸引了 1.80 万名观众,此演出在著名的艾尔马尼曼陀斗牛场举行。作为巴塞罗那的"最后一场"斗牛赛,门票最高竟然被炒到了 3 500 欧元一张,这是平时票价的 10 倍还多。很多热爱斗牛赛的人都为这项古老运动在巴塞罗那的结束表示自己的惋惜。毕竟,这项流传了多年的运动已经成为西班牙的一张"名片",而如今"名片"丢了,他们认为就好像国家的象征丢了。

一位斗牛迷悲伤地说:"我对此感到悲伤。他们拿走了你的过去和部分未来。"当日现场,不少斗牛迷表示,将在西班牙其他地区继续宣传斗牛事业,他们希望征集到 50 万个签名,向议会请愿,把斗牛归类为"文化遗产"项目保留下来。

3. 斗牛士大部分改行当保安

其实,这两年来,由于反对的声音越来越大,西班牙的斗牛产业已经在不断萎缩。

据统计,西班牙全国的斗牛士只有 700 多人。而在加泰罗尼亚地区,除了极有名气的几名斗牛士被邀请去马德里和安达卢西亚的斗牛场外,其他的斗牛士全部改行,大部分人加入了保安公司到各家超市、银行、大公司门口当保安。

尽管当地没有了斗牛表演,西班牙人认为,斗牛士的精神依旧在。正如西班牙首相萨帕特罗所说:"斗牛之国的西班牙不管今后斗牛是否继续存在,斗牛精神都将永远是西班牙民众的精神支柱。"

(资料来源:陈甘露. 西班牙开始禁止斗牛表演 斗牛士无奈改行当保安 [N]. 华西都市报,2011-09-27.)

2.6.4 可持续发展

继 1987 年世界环境与发展委员会发表《我们共同的未来》之后,可持续发展已成为旅游研究领域中的一项重大主题。该报告中将可持续发展解释为一种"满足当代人的需要,而又不损害子孙后代满足其自身需要的能力的发展"。因而,必须明确的是开展休闲活动时,应尊重子孙后代的权利。

本 章 小 结

休闲是人的基本权利,任何人不得剥夺或侵犯。

国家政府部门要加大投入力度,增加休闲设施,提供休闲服务,开展休闲教育,培育休闲产业,极力确保国民休闲权利的实现。

休闲是人人应该享有的一项基本权利,但休闲权利的享有并非无拘无束的,它也要受到诸多因素直接的或间接的制约,如休闲课税、道德问题、动物保护、可持续发展等问题就在某种程度上制约着休闲的发展。

 关键术语

《世界人权宣言》(Universal Declaration of Human Rights)

《国际休闲宪章》(Leisure Charter)

《圣保罗宣言》(St Paul Declaration)

《全球旅游伦理规范》(Global Code of Ethics for Tourism)

知识链接

1. 李仲广，卢昌崇. 基础休闲学 [M]. 北京：社会科学文献出版社，2004.
2. [美] 伊夫·R. 西蒙. 劳动、社会与文化 [M]. 周国文，译. 北京：中国经济出版社，2009.
3. [澳] 维尔. 休闲和旅游供给：政策与规划 [M]. 李天元，徐虹，译. 北京：中国旅游出版社，2010.
4. 联合国人权委员会. 世界人权宣言 [R]，1948.

课 后 习 题

一、单项选择题

1. 《世界人权宣言》是联合国大会于（　）通过的一份旨在维护人类基本权利的文献。
   A. 1966 年 12 月 16 日　　　　B. 1979 年 12 月 18 日
   C. 1989 年 11 月 20 日　　　　D. 1948 年 12 月 10 日
2. 《国际休闲宪章》于 2000 年 7 月由（　）正式批准通过。
   A. 联合国大会　　　　　　　　B. 世界旅游组织
   C. 世界休闲组织　　　　　　　D. 世界人权组织
3. 世界旅游组织于（　）年发布了《全球旅游伦理规范》。
   A. 1960　　　　　　　　　　　B. 1980
   C. 1999　　　　　　　　　　　D. 2002

二、填空题

1. 《世界人权宣言》规定：人人有享有_____和_____的权利，包括工作时间有合理限制和定期给薪休假的权利。
2. 休闲权利的享有并非无拘无束的，它也要受到诸多因素直接的或间接的制约，如_____、_____、_____、_____等问题。

三、思考题

1. 人们依法享有哪些休闲的权利？
2. 2007 年 12 月 7 日，国务院第 198 次常务会议已经通过《职工带薪年休假条例》，自 2008 年 1 月 1 日起施行。《职工带薪年休假条例》第 3 条规定：职工累计工作已满 1 年不满 10 年的，年休假 5 天；已满 10 年不满 20 年的，年休假 10 天；已满 20 年的，年休假 15 天。但相关调查显示，目前我国只有不足三成的"上班族"可享受到带薪年休假的权利。你认为带薪休假的好处是什么？落实的难处在哪里？应该如何保障公民的这一合法权益？

四、案例分析题

材料一

景区涨价：别剥夺群众"看风景的权利"

观赏美景，寻求亲近，回归自然，是人的本能需要，也是人人享有的一项基本权利。这一点已写进世界旅游领域的纲领性文件——《马尼拉世界旅游宣言》。保障人们的旅游权利，满足人们的旅游需要，也是政府的一项基本职责。但不断飙升的景点门票，正在侵害百姓的旅游权利和游憩权利。

我国一些风景名胜区门票价格之高，已经超过群众的承受能力。例如，以黄山为例，调价前旺季门票已经高达 200 元，自 2009 年 5 月 1 日开始，又提高到 230 元。一家 3 口游一次黄山，不包括路费、食宿费等，仅"进山费"就要花费近 700 元。这样的价格和涨幅，事实上已经无情剥夺了众多低收入群众看风景的权利。

把门票价格定得远远超过保护景区所需费用，借此敛财，明显违背了自然和文化遗产的设定初衷。更有甚者，一些地方"利"字当头，只要是境内稍有山水秀色的地方，就以"旅游开发"等各种名义圈起来。老百姓的自由观光几乎成了奢望。

只有从维护人民利益的理念出发开发旅游资源，才能更好地保障人民的基本文化权益，实现美丽山水的真正价值。

材料二

美国：公园涨价要国会批

截至 2016 年年底，美国共有 59 座国家公园及 23 项"世界遗产"景点，而被纳入国家公园体系的各类不同规模的公园达到 417 个。管理这些公园的主管部门是美国国家公园管理局，隶属于美国内政部，有 2.20 万名工作人员，还有 24.60 万名志愿者。作为非营利机构，美国国家公园管理局的职能定位于维护公园及提供服务，而不是业主，没有任何经济创收的指标。国家公园日常开支由联邦政府拨款，该局 2015 年的预算为 26.15 亿美元。

美国现行的公园门票标准是国会 1996 年通过立法制定的。法案明确规定哪些公园不收费，哪些公园可以收费及门票的最高限额。按规定，美国收费的国家公园门票最高不超过 20 美元，年度公园卡的最高额为 50 美元。各公园的门票与娱乐项目收费的 80% 用于支付公园的维护和管理开支，其余的 20% 上交国家公园管理局统一支配，用于补贴不收费公园的维护与管理。

大多数美国国家公园都不是按人头，而是按车辆收费的。例如，以著名的黄石公园为例，该公园 1872 年成为美国历史上第一个由政府开辟的国家公园。1916 年，该公园的门票为每辆 5 座小轿车收费 10 美元，直到 1996 年才调整为 25 美元，持有该景区门票还可游览附近的大提顿国家公园。如果步行进入该公园，每人收费 12 美元，16 岁以下的未成年人免费。另外，公园门票的有效期为一周，也就是说，一个家庭三四个人驾车游览公园，买一张票就可在一周内自由进出这个景区。

在美国各地还有众多的城市公园或纪念公园，都没有围墙和铁栅栏，人们可以免费自由出入。例如，纽约中央公园、首都的华盛顿纪念碑、旧金山的金门公园和加州的红木公园等均属于此类。此外，像费城的独立厅和纽约的自由女神像等世界遗产景点也免费开放。记者不久前在采访亚太经济合作组织峰会之余，前往夏威夷活火山国家公园参观。这个占地面积为22万英亩的国家公园不仅有多处观望站，还有火山博物馆。参观者在游客中心还能观看有关当地火山活动的纪录片，所有的参观全部免费。

美国国会通过的法案对收费公园门票的提价有非常严格的规定。按规定，各公园每年可以向国家公园管理局申请对门票进行微调，但需理由充分。如获批准，新门票价格在公布一年后才生效。另外，热门公园或景点也不能为了控制参观人数而擅自提高门票价格。美国的做法主要是通过限制门票数量、规定参观时间段等措施来限制游客数量。例如，纽约的自由女神像、费城的独立厅和华盛顿的国会山就是采用这些办法；华盛顿纪念碑的管理人员则采取每天早上免费发放一定数量的参观票，来控制登高人数。

(资料来源：①姜琳.景区涨价：别剥夺群众"看风景的权利"[N].新京报，2009-08-28.②徐启生.美国：公园涨价要国会批[N].光明日报，2011-12-08.)

根据上述两则材料，分析下列问题：

(1) 我国公民的旅游权利是否得以充分实现？

(2) 美国公民的旅游权利是如何得以保障的？

(3) 如何才能保障我国公民的旅游权利？

第 3 章 休闲需求

知识目标	技能目标
① 理解休闲需求的概念内涵; ② 掌握休闲需求的特点; ③ 了解休闲需求的影响因素	① 调查休闲需求的特点; ② 举例分析休闲需求的影响因素

我国国民休闲需求逐步多样

《2012年中国休闲发展报告》指出，2011年，随着国家战略逐步转到以"民生"为主轴的发展方向，一系列惠及休闲发展的新政策陆续出台；受政策的有力支撑，我国休闲发展正在走向内生性转型、机制性增长、资本性驱动、科技性引领和持续性发展的新路径；随着收入增长，我国国民休闲需求逐步多样，休闲消费呈现新高。

在政策层面，在国家旅游局等部门推动下，《国民旅游休闲纲要》已于2013年颁布，在全国掀起了一场有关科学认识休闲、大力发展休闲的大讨论，休闲是公民的基本权利初步成为共识，为以后休闲大发展奠定了政策前提。"中国旅游日"的设立及其主题活动，在全社会广泛营造了关注旅游、参与旅游、支持旅游、推动旅游的良好氛围。

在产业层面，2011年，休闲领域成为投资热点，对文化、旅游、体育等休闲领域百亿以上的投资屡见不鲜，相关投资呈排浪性增长。特别是地方及民间投资层面，休闲领域投资异常蓬勃，涉及投资金额超过1万亿人民币，包括上海迪士尼乐园项目等在内的超过200亿的大型休闲投资项目数量众多。

在消费层面，随着国民收入的稳步提高，包括旅游消费、文化娱乐消费、体育消费等在内的休闲相关消费持续增长，新的休闲方式正成规模。小型豪华酒店、租车自驾、"微旅游"、虚拟旅游、房车旅行、做周末农夫、微博、团购、在线视频、在线社交等每一种新的休闲方式的背后，都是全新的生产方式、供应体系和对新休闲纷至沓来的海量人群。据测算，2011年，我国居民休闲消费规模大致在28 568亿元，相当于社会消费品零售总额的15.53%、GDP(gross domestic product，国内生产总值)的6.05%。

(资料来源：钱春弦. 我国国民休闲需求逐步多样 休闲消费呈现新高. 新华网[2012-06-28].)

思考：

(1) 休闲需求有什么特点？

(2) 休闲需求受到哪些因素的影响？

休闲需求是休闲经济活动中最基本的因素之一，它与休闲供给的矛盾运动构成了休闲经济活动的主要内容。当人类的休闲意识从思想层面上升到实践层面，休闲从欲望发展到行为，由休闲而导致的经济行为便产生了。在市场经济体制下，休闲经济行为的运行与发展就受制于最基本的市场机制的作用，即需求与供给的运作。

3.1 休闲需求的概念

从经济学意义上说，需求是指在某一特定时期内，对应于某一商品的各种价格，人们愿意而且能够购买的数量。它反映的是人们想要购买产品的数量与愿意支付的价格之间的关系，是经济上可以实现的需要。站在这个视角上看休闲需求，似乎可以将其定义为"在特定时期内，对应于休闲产品的各种价格，人们愿意且能够购买的数量"。如果休闲如同大米、青菜、台灯等简单产品或理发、足疗等单一劳务，上述的解释无可非议。但是，很多情况下，休闲不是简单产品，也不是单一劳务。如果按照目前大多数人认可的休闲的概念——自由时间里通过自由活动，实现放松愉悦、满足自我的状态，那么，休闲是主体利用简单产品和劳务集合的一种状态。这种状态有时候不是在市场经济中直接交易而得的，而是通过使用可能产生或激发这种状态的简单产品和劳务来实现的，甚至无须购买这些简单产品和劳务就可以实现。因此，将经济学上需求的概念直接运用到休闲活动研究中就产生了困难。

休闲作为一种文化现象伴随着人类的诞生而诞生，并且随着人类文化的发展而发展。休闲是人的基本需要之一，这种需要的满足随着社会生产力的发展出现了多种形式和手段，并呈现出从非消费支出形式向消费支出形式发展的趋势。当休闲需要是通过对某些产品、设施和服务进行消费，即以消费支出的形式来得到满足时，休闲活动就产生了休闲经济，也就有了休闲需求与供给的矛盾运动。

因而，休闲需求的概念是在休闲需要的满足以消费支出形式来实现的时候出现的。人类自古以来就创造出了丰富多彩的休闲娱乐形式，如放风筝、踢毽子、猜谜语、踏青、琴棋书画等，而此时休闲需要的满足仅仅是一种文化满足，并且这种休闲文化的满足形式在现代社会依然广为存在。随着社会必要劳动时间的缩短和物质财富的丰富，以消费支出形式来满足休闲需要这一观点逐渐被接受，并日益成为潮流。稀缺的休闲资源与无穷的休闲欲望之间矛盾的解决必然产生休闲经济。所以，在现代社会中，当休闲需要的满足以消费支出形式来实现时，休闲需求的概念就产生了。当休闲主体以消费支出形式来满足休闲需要时，它的支出在很多时候，换来的不是一件单一的产品或服务，而是由多种产品和服务所构成的集合体，那么所谓的休闲产品的价格，实际上很多时候是由多个价格所构成的。所以，针对以消费支出形式来满足的休闲而言，休闲需求是指在可能的消费支出水平下，也即休闲产品复合价格水平下，愿意并且能够参与的休闲主体的数量。

3.2 休闲需求的特点

人们以消费支出形式来满足休闲需要就是休闲消费，它是人类社会经济进入一个较高阶段才出现的一种行为，是人类休闲需要的高级形式。休闲需求是人类需求的重要组成部分，休闲需求区别于人类的其他需求，具有如下几个特点。

3.2.1 高层次性

从休闲的本质特征来看，休闲是在闲暇时间里进行的放松愉悦、满足自我的自由活动。这种活动或者对这种活动的追求，在人类社会的早期就已存在。所以休闲需要是人类的一种基本需要，这种基本需要在社会发展的不同阶段得到的满足并不相同。在物质匮乏的社会阶段，人类更多地被要求参与到劳动创造中，并且通过各种法律制度及思想意识约束，休闲需要很少能够得到满足，以消费支出形式来满足的休闲需求只是少数有钱和有闲阶级特有的。随着社会必要劳动时间的缩短和社会物质的丰富，尤其是经历了工业社会之后，休闲需求日渐在广大民众中萌发。休闲需求源于人们的游戏和娱乐的需要,休闲并不必然意味着消费,由休闲活动到休闲消费的转变是有条件的。首先,当家庭可支配收入较低或减少的时候,人们往往会取消或减少休闲消费;其次,当人们工作繁忙的时候,常常会牺牲或减少休闲时间,以保证工作任务的完成;最后,当休闲供应不足,即缺乏所需的休闲产品、设施或服务的时候,人们往往取消休闲消费,而以非消费方式进行休闲活动。所以休闲需求并非必不可少,它具有很大的弹性和可替代性,是一种高层次的需求。

3.2.2 主导性

休闲需求是在外部刺激的影响下,经过人的内在心理作用而产生的。它的形成受到社会政治、经济、文化和环境等多种因子的影响,最终由人的心理所决定。人的价值观、生活方式、生活习惯、消费特点等都会直接影响和决定休闲需求的产生,因而休闲需求是一种主导性的需求。

3.2.3 多样性

休闲是满足自我的一种活动。首先,休闲主体因性别、年龄、职业、受教育程度、居住地等因素的差异,对休闲的偏好有不同的表现。例如,青年人可能喜欢刺激性、冒险性的休闲活动,而老年人则喜欢有利于身体健康的休闲活动。其次,休闲主体经济状况的差异直接影响到对休闲活动的选择。最后,休闲主体的个性心理差异也会影响到对休闲活动的选择。总之,休闲需求是一种多样性的需求。

3.2.4 复杂性

休闲需求不仅是一种多样性需求,而且是一种复杂性需求。休闲需求的复杂性,一方面是由人的心理活动的复杂性所决定的,即人们对购买和消费休闲产品的认知、态度、情绪、偏好及学习过程是复杂的。例如,有的休闲消费者喜欢舒适高档、豪华体面的娱乐消费场所,而有的休闲消费者则喜欢价廉物美、自由自在的大众化消费场所;有的消费者喜欢刺激、冒险的探险旅游活动,而有的休闲消费者则更喜欢安全、轻松的度假消遣旅游项目。另一方面受休闲环境的复杂性所影响,通常休闲消费者的活动是不断变化的,随着休闲活动的进行和休闲环境的变化,必然对休闲消费者的心理和行为产生重要影响,从而导致休闲需求也处于动态的变化之中,并表现出复杂性的特点。

3.3 休闲需求的影响因素

经济学上的"需求"描述的是价格和需求量之间的关系。休闲需求是一种高层次的休闲需要,休闲主体在进行休闲消费时还需要花费一定的时间来完成。所以,休闲需求除了受休闲设施、服务和某些产品等休闲组分价格的影响,还受到人们的收入、闲暇时间、个性特征及社会环境等因素的影响。《2014 年国内旅游者意愿调查报告》显示，影响旅游信心的主要因素依次为"是否有足够的假期和时间"(88%)、"经济收入"(50%)、"旅游安全问题"(23%)、"旅游市场秩序和质量"(18%) 等。

3.3.1 闲暇时间

闲暇时间直接制约着休闲需求的产生。休闲活动的开展必须以闲暇时间的存在为前提，闲暇时间越多，休闲需求越可能产生，休闲活动越能够得以进行。从人的时间分配来看，生理活动的时间，即吃饭睡觉的时间基本是固定的；社会分工的细化逐渐社会化，则家务劳动的时间就会缩短；工作、学习的时间越长，则闲暇时间就越短，整个社会的休闲需求就受到抑制，工作、学习的时间越短，则闲暇时间就越长，休闲需求就会被激发。

3.3.2 价格因素

1. 休闲产品的价格因素

对于一般的产品或服务来说，消费者只要提供其价格数量的支出，就可以获得该产品或服务。但是休闲产品不同于一般的产品，它往往由多个组分构成，消费者在购买该产品时要提供的是多个组分的价格或费用，如入场费、交通费、停车费、设备设施费、住宿费及餐饮费等。例如，人们去海滨浴场进行休闲活动。首先，人们要支付交通费用到达目的地；其次，要缴纳停车费和住宿费，还需要购买或租用专门的服装和设备；再次，进入该浴场还必须支付一定的入场费；最后，在休闲的过程中可能还需要支付一定的食物、饮料等费用。即便是观看一场演出这样简单的休闲经历，也可能包括旅行费、入场费和随意的零售费。而且对不同的消费者而言，同样休闲需求的满足，要支付的费用可能并不完全相同，即便是同样的支出，但构成也不完全相同，这将直接影响到消费者的决策。例如，同样是去旅行，支出相同的情况下，一种构成中 70% 花费在交通费上，而另一种构成中 30% 花费在交通费上，消费者可能因此会有不同的决策。所以，休闲产品价格因素对休闲需求产生的影响主要来自两个方面，一方面通过价格总额，另一方面通过休闲产品的价格构成。

2. 其他商品和劳务的价格因素

休闲消费支出是非必需支出，是在人们的生活必需品得到满足之后才可能产生的消费支出。因而，休闲需求还受到其他商品和劳务价格的影响。如果其他商品和劳务是生活必需品，在人们收入不变时，当其他商品和劳务价格上升，可能会限制在休闲活动上的潜在消费。例如，食品、燃料、交通工具和住房等方面的价格上升，意味着家庭预算中生活必需品的开支将增加，可以用在休闲活动上的消费可能会减少。如果其他商品和劳务也是休闲享受方面的产品，则价格上升的休闲产品会导致价格不变的休闲产品的需求量增加。

3.3.3 收入因素

收入水平与休闲时间一样，是休闲活动参与率的决定性因素。国家的宏观经济状况在很大程度上影响国民休闲活动的数量、形式及休闲意识。个人收入直接影响休闲支出的情况。如果经济发展使家庭可支配收入增加，那么家庭消费能力也会提高。家庭可支配收入的增加自然会促进更高层次的文化生活的消费活动，而逐渐形成的新的休闲价值观也会进一步促进更加丰富多彩的文化休闲活动。在收入水平较低的阶段，如果休闲活动的主体满足基础休闲的需求，那么人们关心的是重复消费，而不是选择更高级的消费需求。一般情况下，教育水平主要影响休闲的参与和选择，而收入水平则主要影响休闲活动的参与率。随着收入水平的提高，一方面休闲需求的数量会增加，另一方面休闲需求的种类也会增加，并且将出现从低消费的休闲需求向高消费的休闲需求发展的趋势。在 20 世纪六七十年代的英国，当人们收入大幅度提高的时候，去英国海滨旅游胜地度假的人数减少了，但人们并没有放弃度假而是转向去地中海进行国外度假了。

3.3.4 社会环境

1. 政策环境

政策环境会极大地影响国民的休闲活动。例如，国家以政策法令的形式来保障国民的休闲空间、缩短劳动时间、实行带薪年休假制度等，这都会在一定程度上促进休闲需求的增加；反之，如果国家政策不允许，甚至禁止休闲娱乐活动的开展，那么休闲需求就会受到一定的抑制。

案例分析 3.1

钓鱼岛争端重创日本旅游业

在中日因钓鱼岛问题而僵持的当下，日本除汽车制造业的新车销售急速下滑以外，旅游业遭受的重创更加触目惊心。日本政府观光局于 2012 年 11 月 29 日发布的数据显示，10 月赴日的中国游客为 7.1 万人，同比去年减少 33.1%。

自 2012 年 9 月 11 日日本政府将钓鱼岛进行所谓的"国有化"以来，中国游客在日本出现的频率大幅度减少。原本在银座出现的大批中国旅游团，如今已销声匿迹。而中国游客最爱去的北海道，如今也很难再见到中国人的踪影。

旅游业是日本政府作为经济增长战略的重要一环，为此日本于 2008 年设立观光局，试图以旅游振兴日本。其中促进外国游客到日本旅游是战略重心，期望 2019 年可以吸引 2 500 万名外国游客到日本旅游，其中中国游客是最重要的目标人群。2010 年赴日旅游的中国游客达到 141 万人，成为除韩国以外的日本第二大外国游客来源。另外，据调查显示，2010 年，赴日旅游的外国游客住宿人数达到 2 602 万人，人数最多的是来自中国大陆、韩国和中国台湾分别排在第二位和第三位。为此日本政府近两年来数次推出各种签证优惠措施以吸引中国游客，但却在这次中日关系低谷后陷入了停滞。

中国游客是最受日本欢迎的外国游客，因为中国游客拥有惊人的消费能力。2012 年第二季度，每名中国游客在日本的平均消费在 17 万日元左右（约合 1.32 万元人民币）。一家面向中国游客的大型免税店 LAOX 公司，以热销的电饭煲为例，在 2012 年 9 月以前的高峰时期，每天都能卖给中国游客 40 台，如今每天只能卖出 2 台。

而遭受损失最严重的要数酒店业，自 2012 年 9 月 11 日以来，日本各地的酒店业不断接到来自中国游客取消预订的消息。富士山曾是中国游客最喜欢的旅游线路。在 9 月上旬，每天承载中国游客的旅游巴士多达五六十辆，附近商店消费的也半数皆为中国游客，可这样的情形自 9 月 11 日后大幅度改变。一份针对富士山区域酒店业的调查显示，自 9 月 11 日后，中国游客取消预订的人数达到了 1.28 万人，而整个 11 月几乎没有来自中国游客的预订。中国国庆节和春节时期，本来都是中国游客到来的高峰期，然而按照当下的形势，中国游客缺席的趋势将会延续。

（资料来源：孙冉. 媒体称中国游客赴日意兴阑珊　日本旅游遭重创触目惊心. 中国新闻网 [2012-11-30].）

2. 社会文化环境

各国各地区的传统、习俗、生活方式及价值观等差异，引起休闲空间、休闲设施及享受休闲的形式等方面的差异，进而影响休闲需求。在文化比较发达的地区，民众参与休闲的比重就会比较高，对休闲的需求也会比较高；文化落后的地区，休闲的参与比重比较低。在比较民主开化的社会，女性在休闲需求中占有的比重比较高。

3. 安全环境

对休闲业及休闲企业来说，安全问题是十分敏感的话题，不仅影响到行业的形象和信誉，也关系到休闲企业的生存与发展。没有安全，就没有休闲旅游业的发展。

"9·11"事件使世界旅游大受影响

总部设在西班牙首都马德里的世界旅游组织 2011 年 12 月 22 日公布的一份统计报告显示，2011 年全世界跨国旅游人数预计将达 7.05 亿，比 2000 年增加 1%，但远远低于年初预计的 3% 的增长率。美国发生的"9·11"恐怖袭击事件使到美洲、中东和北非旅游的人数大为减少。

报告说，一直到 2011 年 8 月份，全世界跨国游客总人数的同比增长率还在 3%～4% 之间。但是"9·11"事件后的 10 月份，全世界民航机票预订率平均下跌了 12%～15%。受影响最大的地区是北美洲、加勒比地区、南美洲、中东和北非，这些地区的航空业、旅馆业和旅游业受到沉重打击。但与此同时,"9·11"事件对欧洲和亚太地区的旅游却没有造成很大影响。另外,各国国内旅游、体育旅游和文化旅游并没有受到太大的影响。

"9·11"事件的短期影响使访问美国的游客人数锐减。从长期来看,由于美国实施了严格的边防检查控制措施,这种入境旅游的低迷状态可能还会持续下去。"9·11"事件发生后的一年时间里,美国旅游业共失去了34.5万个就业机会。而另一个受恐怖袭击的城市华盛顿,"9·11"事件后的三个月内,酒店入住率下降了61%,过夜游客减少了40万人,损失了2.7万个就业机会,该市的主要景区在事件之后关闭了五个月。这些影响主要来自消费者因担心类似事件再度发生,担心乘飞机的安全性而决定不再出游,或者重新调整自己的旅行。

(资料来源:刘瑞常."9·11"事件使世界旅游大受影响.新华网[2001-12-24].)

思考:

"9·11"事件对我国旅游业的发展是否造成一定的影响?主要体现在哪些方面?

4. 生态环境

生产的发展导致自然环境受到破坏;城市化引起人口向城市集中,城市急剧扩张带来各种城市病,城市生态环境逐步恶化……这些生态环境的变化迫使人们渴望得到休息和放松,在可能的条件下,休闲需求就会增加。

5. 科学技术

科学技术的发展保证了现代休闲活动的开展。交通条件的改善、交通设施的更新,提高了休闲空间的可进入性;现代科学技术的应用保证了新的休闲设施的运营及休闲方式的更新;现代传媒和信息技术的发展,提供了快捷而又丰富的信息传递方式,这些都保障了潜在休闲需求的实现。

3.3.5 个性特征

1. 性别

性别对休闲行为有重要作用。男、女在休闲行为中所消耗的时间和能量等存在差异,对社会活动的熟练程度和兴趣等也有很大差异。与男性相比,家庭和子女这两个休闲障碍更限制女性参加野外活动和运动型娱乐活动。女性一般依照内在动机参加休闲,因此,参加有氧健身、外食、教养讲座等的频率较高;而男性的休闲活动更多由外在动机产生,因此,对饮酒、棋牌、运动竞技等的参与度较高。

2. 年龄

年龄与休闲需求有密切的关系。年轻人追求新的体验和活动型的休闲形式;老年人则追求熟悉、亲近的空间和静态的休闲形式。年轻人一般参加体育、野营、登山、游泳等休闲活动;而老年人则较多参与看电视、与人接触、去附近公园散步、宗教活动等。

3. 教育水平

教育水平与个人的社会经济地位及收入等有密切联系。尤其是具有不同教育水平的人，其休闲观念、参与频率、希望体验的类型等都有很大的差异。教育水平还影响休闲的参与形式。教育水平越高，休闲意识越肯定；休闲反映越积极，参与率越高。高学历人士休闲活动的高参与率是由教育、见识和好奇心等促使的。

4. 职业

职业的特点也在很大程度上影响休闲的参与率和活动形式。调查发现，在参加休闲活动的次数方面，专业人员和管理人员远远超过半熟练工、非熟练工、农民和服务业人员。这说明，从事专门职业的人喜爱参加各种休闲活动，喜爱参加体能消耗和运动型的活动。此外，职业上创造力的程度和数量也影响休闲类型。越是从事创造性的、脑力劳动型职业的人，越喜爱参加发散体能的运动型活动。而从事体力劳动职业的人一般以看电视或泡吧来消磨时间。

5. 居住地

居住地也影响休闲参与率和需求。休闲主体的居住地是决定休闲机会可能性的重要因素。根据美国学者的调查，各地区的休闲参与率情况：城市居民在野外游泳、开车兜风、野游的参与率更高；而农村居民在钓鱼、打猎、露营方面的参与率更高。

本 章 小 结

休闲需要是自有人类时就存在的，而休闲需求是在休闲需要的满足以消费支出形式来实现的时候出现的，所以对休闲需求的理解要站在经济消费支出的基础上。

休闲需求具有高层次性、多样性、主导性和复杂性等特点。

休闲需求受闲暇时间、价格因素、收入因素、社会环境及个性特征等因素的影响。

关键术语

休闲需要 (leisure needs)

休闲需求 (leisure demand)

知识链接

1. [英] 克里斯·布尔，杰恩·胡思，迈克·韦德. 休闲研究引论 [M]. 田里，等译. 昆明：云南大学出版社，2006.

2. 唐湘辉. 休闲经济学：经济学视野中的休闲研究 [M]. 北京：中国经济出版社，2009.

3. 马勇，周青. 休闲学概论 [M]. 重庆：重庆大学出版社，2008.

4. 章海荣，方起东. 休闲学概论 [M]. 昆明：云南大学出版社，2005.

5. 尹伯成. 西方经济学简明教程 [M].7 版. 上海：格致出版社，上海人民出版社，2011.

课 后 习 题

一、判断题

1. 休闲需求是在休闲需要的满足以消费支出形式来实现的时候出现的。（   ）
2. 休闲需求具有单一性的特点。（   ）
3. 对于观看演出这样的休闲活动，能够对其需求产生影响的价格因素仅仅是演出门票的价格。（   ）
4. 一般来说，教育水平越高，参与休闲的意识越强。（   ）

二、单项选择题

1. 从经济学的视角来看，下列休闲娱乐形式会产生休闲需求的是（   ）。
   A. 放风筝　　　　B. 踢毽子　　　　C. 做足疗　　　　D. 猜谜语
2. 休闲主体因性别、年龄、职业、受教育程度、居住地等因素的差异，对休闲的偏好有不同的表现，这直接导致了休闲需求具有（   ）。
   A. 高层次性　　　B. 多样性　　　　C. 主导性　　　　D. 复杂性

三、思考题

1. 如何理解休闲需求具有高层次性？
2. 如何理解价格对休闲需求的影响？

四、案例分析题

1. 休闲需求挑战农家乐

在休闲时，越来越多的人把视野投向乡村。在平静单纯的乡村生活中，寻求回归自然成为人们的一种心灵驿站。城市人对农家乐的休闲需求节节攀升，在这样的态势下，休闲农业应运而生。

但是，我们经常听到一些抱怨，说是在"吃农家饭、住农家屋、做农家活、看农家景"的过程中，"待着不舒服"，想找干净的厕所、清洁的被褥，洗个热水澡都不容易。内容也很单调，没什么项目。往往是吃喝一顿，溜达溜达，打打麻将，就算完成了一次乡村游。

一些地方缺乏对游客休闲需求的深度解读。把乡村游简单地理解为就是提供农家菜、农家院。农家乐处于同质化与粗放经营的自然生成状态，旅游者参与体验程度不高，产业价值链较低，大都在"吃农家饭、住农家屋"这样简单的链条中停滞不前。

人们不断成熟的休闲需求挑战着农家乐供给，休闲旅游农业产品面临着升级。

在休闲农业发展历史悠久的欧洲，休闲农业有严格的准入制度。为保障游客的合法权益，欧洲普遍推行乡村旅游品质认证制度。只有经检验合格者，才颁发度假农场认证标章，行会自律也是保证乡村旅游质量的重要原因。各国还建立了完善的预订系统，游客可通过乡村旅游网络预订系统、电话或旅行社预订行程，按要求预订并付款后，预订系统会为游客安排行程、活动计划、提出忠告，并提供农家的房间密码。

我国台湾地区发展休闲农业的思路宽阔。他们利用农业及农村丰富的自然资源，将乡村变成具有教育、游憩、文化等多种功能的生活空间，满足现代人对休闲生活日益丰富的需求。台湾加快推进农业产业升级转型，倡导以生产、生活、生态相互协调发展为目标的"三生"农业。

相形之下，从农家乐上升到休闲农业，这期间我们还有很长的路要走。我们应该把发展休闲农业纳入社会主义新农村建设的整体布局中，制定基本的乡村旅游设施标准和接待服务标准，帮助农民改善卫生条件和接待条件，提高经营管理水平。

（资料来源：万纬.休闲需求挑战农家乐[N].吉林日报，2010-11-16.）

根据上述材料，分析下列问题：
(1) 农家乐产生的市场原因是什么？
(2) 农家乐是否能够满足人们的休闲需求？
(3) 农家乐转型升级的方向是什么？

2.《我想去桂林》(作词：陈凯)
我想去桂林呀我想去桂林
可是有时间的时候我却没有钱
我想去桂林呀我想去桂林
可是有了钱的时候我却没时间
在校园的时候曾经梦想去桂林
到那山水甲天下的阳朔仙境
漓江的水呀常在我心里流
去那美丽的地方是我一生的祈望
有位老爷爷他退休有钱有时间
他给我描绘了那幅美妙画卷
刘三姐的歌声和动人的传说
亲临其境是老爷爷一生的心愿
我想去桂林呀我想去桂林
可是有时间的时候我却没有钱
我想去桂林呀我想去桂林
可是有了钱的时候我却没时间
我想去桂林呀我想去桂林
可是有时间的时候我却没有钱
我想去桂林呀我想去桂林
可是有了钱的时候我却没时间
有位老爷爷他退休有钱有时间

他给我描绘了那幅美妙画卷
刘三姐的歌声和动人的传说
亲临其境是老爷爷一生的心愿
我想去桂林呀我想去桂林
可是有时间的时候我却没有钱
我想去桂林呀我想去桂林
可是有了钱的时候我却没时间

根据上述歌词,分析下列问题:

(1) 你认为影响休闲需求最主要的因素是什么?

(2) 你认为制约休闲需求的这些因素是否能够克服?如何克服?

(3) 这首歌曲是否影响了你去桂林旅游的休闲需求?它是否属于休闲需求的影响因素?应该归为哪一类影响因素?

第 4 章 休闲供给

知识目标	技能目标
① 掌握休闲供给的概念; ② 理解休闲供给的类型; ③ 了解休闲供给的影响因素; ④ 了解休闲供给存在的主要问题	① 分析休闲供给不同类型的异同; ② 举例分析休闲供给的影响因素; ③ 分析休闲供给存在的主要问题

我国的旅游供给难以满足市场需求

2017年春节可能是旅游史上最火热的春节。记者在安徽、四川、湖南、北京等地走访发现,热门景区客流量爆棚导致拥堵现象频发,更有游客因景区饱和限客吃了闭门羹。每到长假就拥堵,一些热门景区的"拥堵病"怎么治?

景区超载拥堵频发

根据《旅游法》以及景区最大承载量核定导则要求,景区不得超最大承载量接待游客,应对节假日制定相应流量控制预案,及时疏导、分流游客。

记者春节期间采访发现,一些景区多次超载,导致游客拥堵现象频发。湖南张家界天门山景区、凤凰古城和安徽天柱山、九华山等热门景区再次"超而不限"。如天柱山继2016年春节接待量一度超标128%后,鸡年首日接待游客达到8.5万人次,远超最大承载量3.6万人次。

与"超而不限"不同,一些热门景区选择"超了就限","限客""截流"之下仍然难解游客扎堆拥堵难题。大年初三,从北京千里迢迢来到黄山的印先生,却连景区大门都没能进去。"乘坐的大巴在高速上被堵,我们只能下车步行,走了一小时到游客换乘中心,才听到广播通知'因景区饱和停止售票'。"

"限客令"难治拥堵病

为什么一些景区采取"限流"等措施,拥堵仍然难以缓解?

——信息发布渠道窄,游客难以及时获取准确的一手信息。黄山风景区管委会相关负责人告诉记者,目前游客能通过广播和高速路、售票口的电子显示屏获取景区客流量信息,网站和APP的实时播报目前还不能做到。

——公告客流量内容滞后、过于简单。以四川峨眉山的微信公号与微博账号为例,每天傍晚发布的春节客流量实时播报,实际上只是当日客流量总结。"这种信息参考价值小,游客需要的是实时动态流量播报和提前预警。"游客郝女士说。

——景区动态引导及应急能力不足。来自四川的陆女士告诉记者,1月30日,她与大批游客在天门山滞留近4个小时,晚上10点多还在山上挨冻,景区缺乏有效引导。

"动态监测+预约"缓解过载

对于"超载"导致的拥堵问题,中国社科院财经战略研究院副教授魏翔分析说,一些景区对于门票的高依赖度决定了其对高接待量的渴望,甚至会采取多种变通手法去超载接待。有关部门需要加强督查,对"超载"景区进行处罚与问责。

专家认为,要从根本上解决拥堵问题,景区还应采取措施动态监测客流量,及时发布有效信息。魏翔建议,由地方旅游部门或协会搭建统一信息发布平台,统筹地方景区实时流量的发布,方便游客了解。

北京市旅游委相关负责人表示,不能等游客抵达景区了才开始限流,应该推广景区门票预约制,保证参观质量。

第 4 章 休闲供给

> 安徽大学旅游管理系主任李经龙建议,加快通过大数据等方式实现分时参观、优化路线,实现精确疏导引流与提前预警。
> [资料来源:张紫赟. 景区太拥挤,管理咋出招 [N]. 人民日报,2017-02-03(A10).]
> 思考:
> (1) 春节期间各地景区人满为患的原因是什么?
> (2) 解决这一问题的对策有哪些?

党的二十大报告指出"我们要坚持以推动高质量发展为主题,把实施扩大内需战略同深化供给侧结构性改革有机结合起来"。这就要求在扩大休闲需求的基础上,要不断深化对休闲产品的供给侧结构性改革,以满足人民日益增长的各种各样的休闲和游憩需求。

4.1 休闲供给的概念

休闲的消费和供给是休闲经济学中最基本的两个方面,休闲的消费性使得休闲消费的研究在休闲经济研究中居于重要地位,而休闲供给方面的论述目前较少。那么,什么是休闲供给呢?不同的学者从不同的研究角度给出了不同的看法。韩国学者孙海植 (2005) 认为,休闲供给是指在休闲现象中,满足休闲群体休闲需求的休闲资源、休闲产业等的总和,它往往也包括促进休闲活动的教育、项目等的开发和提供。卿前龙 (2005) 从经济学角度认为,休闲服务的供给是指一定时期内休闲服务的生产者在各种价格条件下愿意且有能力提供的某种休闲服务的数量。

为了更本质地理解休闲供给,我们更倾向于将休闲供给从产品的角度去理解。休闲供给就是指为了满足个人、家庭、团体及各种机构和组织等的各种各样的休闲与游憩需求而提供的物质和服务的总和。

4.2 休闲供给的类型

一般而言,休闲供给的类型主要包括自我休闲供给、政府休闲供给、商业休闲供给、非营利或志愿者机构休闲供给。

4.2.1 自我休闲供给

自我供给的休闲服务是一种相对个人的活动,这类休闲服务的供给一般对他人和社会性设施和服务的依赖性较小。自我供给的休闲服务一般分为三种类型:第一类是纯自我供给的休闲服务,这类供给对他人和社会完全没有依赖性,是一种纯粹的自我服务、自娱自乐,典型的如冥想、发呆等。纯自我供给的休闲服务并不多见,因为一些看上去是纯自我供给的休闲服务,大多要利用休闲空间或休闲资源,如公园散步、打太极拳、阅读、在家玩玩具等。第二类是半自我供给的休闲服务，这类供给往往需要借助一部分商业或是公共的服务或设施，如听收音机、看电视就需要广播电台和电视台提供的公共服务，外出跑步、运动健身则需要使用一些公共设施或公共空间。第三类是互助式供给的休闲服务，这类供给需要他人的共同参与，如聊天、下棋、打牌及大部分家庭娱乐活动等。第二类和第三类供给方式是自我休闲供给的主要形式。

自我供给的休闲服务占了个人休闲的大部分，是休闲服务供给最主要的渠道，人们的大部分休闲活动都是以个人供给的方式完成的。但由于这部分休闲服务没有通过市场交换，因此它们并不计入 GDP，如果将这部分也计入 GDP，那么 GDP 很可能翻一番。

4.2.2 政府休闲供给

政府在指导和管理国民的休闲生活过程中应扮演重要的角色。发达国家的经验表明，当休闲娱乐越来越成为人们日常生活中的重要组成部分时，政府就必须承担相关的责任。其中"提供"或"安排"各种休闲和娱乐活动是国外政府休闲管理的重要途径，目的是致力于创造出一个更好的社会环境，使民众的闲暇时间过得更充实、更有意义。政府休闲供给主要体现在以下 5 个方面。

1. 提供公共休闲服务

公共物品具有非竞争性和非排他性，而且公共休闲服务很大一部分属于基础设施范畴。例如，交通、通信等投入资金巨大，企业等社会力量不愿也无力去提供这类休闲服务，而由政府投资建设，不仅改善了区域的投资环境，也将大大提高该区域的整体休闲吸引力。

2. 对重要资源进行保护

为了保护各种重要的自然、文化资源，政府对这些资源直接进行管理和经营。新中国成立以来，我国政府先后设立了国家自然保护区、国家重点文物保护单位、中国人与生物圈保护区、国家森林公园、国家风景名胜区、国家历史文化名城、国家历史文化名镇、国家历史文化名村、国家考古遗址公园、国家地质公园、国家水利风景区、国家城市湿地公园、国家湿地公园、国家矿山公园、国家重点公园、国家海洋公园、国家沙漠公园、国家公园等保护地体系，这些资源都是我国政府大力予以保护的，也是全面推向休闲者的休闲供给内容。此外，政府还对一些无形资源进行保护，如民间传统技艺等中国非物质文化遗产。值得指出的是，保护资源是政府供给休闲服务最重要的原因之一。

3. 对休闲服务及其行业进行规范

政府为民间社团组织提供一定的资金支持，一方面鼓励这些服务的发展，促进供给的增加；另一方面，政府可以对社团组织行为加强管理，给予其引导和调整。政府还主导制定休闲服务的行业标准和法律法规，进而规范了这些休闲服务行业的行为。譬如，2013 年 4 月 25 日国务院发布的《中华人民共和国旅游法》就对整个旅游行业、各类旅游企业进行了规范管理。2017 年 6 月，国家旅游局办公室下达了《国家温泉康养旅游》和《旅游温泉水质卫生》两项行业标准制订计划的通知，这必将进一步规范温泉旅游行业的发展。

4. 为公众提供休闲服务，降低公众休闲成本

一方面，政府提供的休闲服务大多数为公共或准公共物品，服务对象不分年龄、性别、民族、信仰、社会地位和经济地位，从而保证了公众可以平等享受休闲服务的权利。另一方面，这些服务往往具有公益性或半公益性，能够大大降低人们的休闲成本。

5. 引导公众休闲观念，规范公众休闲行为

政府进行休闲服务供给，能够增强人们的休闲意识，引导人们的休闲观念，对某些休闲行为进行鼓励或阻止，从而规范人们的休闲行为。政府通过休闲教育和培训，对人们进行与休闲相关的教育，不仅能够使其树立正确的休闲观，还能够提高人们休闲活动的技能和自觉性，从而提高公众的休闲生活质量。

2016年5月，国家旅游局办公室印发了《国家旅游局关于旅游不文明行为记录管理暂行办法》，对旅游者和旅游经营服务人员的不文明行为进行了严格界定，形成了旅游不文明信息通报、追责机制。此举必将会逐步引导和规范我国公民休闲旅游行为，使文明旅游成为广大游客的普遍习惯。

知识链接 4.1

美国联邦政府在休闲服务供给中的角色

美国联邦政府在许多不同的部门、机构及其他行政单位开展了一系列与休闲相关的项目。联邦政府在休闲供给中的角色主要体现在以下几个方面。

(1) 户外游憩资源的直接管理：联邦政府通过一些机构，如国家公园管理局、林业局及土地管理局，拥有并经营着面积巨大的公园、森林、湖泊、水库、海滩及其他广泛用于户外游憩的资源和设施。

(2) 资源保护与回收：与前一功能密切相关的是政府对那些被破坏、损害或威胁的自然资源进行回收，以及在保护野生动物和污染控制方面的作用。

(3) 对露天场所和公园发展计划的帮助：主要是在1965年颁布的《土地和水资源基金保护法》授权下，联邦政府已经拨款几十亿美元用于州和地方发展露天场所的项目。而且，通过资助地方政府的住房与城市发展部的项目，促进了地方公园、游乐场和各类中心的发展。

(4) 直接指导游憩参与项目：联邦政府在全世界范围内的永久性和临时性军事基地、老兵管理医院和其他联邦机构运营着许多游憩服务项目。

(5) 咨询和财政援助：联邦政府向州、地方、其他公共和志愿者社区机构提供了各种形式的援助。例如，许多向弱势群体提供经济和社会支持的社区项目得到了美国卫生与公共服务部、住房与城市发展部、劳工部及其他部门的帮助。

(6) 对职业教育的帮助：联邦政府中关注教育和特殊人群需要的机构向全美所有大学的职业教育提供津贴。

(7) 对游憩经济功能的促进作用：联邦政府在发展旅游、为乡村居民发展游憩事业，以及帮助土著居民成立游憩与旅游设施方面表现很积极。类似机构，如人口普查局和海岸警卫队也为那些对旅行、划船及类似消遣感兴趣的人群提供相关信息。

(8) 研究和技术援助：联邦政府支持了一系列关于户外游憩的趋势和需要、目前城市游憩与公园状态及其他关于野生动物保护、森林游憩和特殊人群需要的相关研究课题。

(9) 规章与标准：联邦政府调整了关于污染控制、流域生产和环境质量的相关政策，也建立了为病人和残疾人提供康复服务的标准，以及保障残疾人可进入公共设施的建筑标准。

（资料来源：[美] 麦克林，赫德，罗杰斯. 现代社会游憩与休闲 [M]. 梁春媚，译. 北京：中国旅游出版社，2010.）

4.2.3　商业休闲供给

商业性休闲服务机构是指经营业务范围直接与娱乐、休闲、游憩活动有关的企业组织，其提供的休闲、游憩机会最具多样化，是休闲服务供给的主力军，几乎涉及所有的休闲项目。事实上，休闲商品和服务近90%的消费都是发生在商业领域(U.S. Bureau of the Census, 1999)。这类组织近些年急剧增加，它们经营的范围从小规模的夫妻店到大的连锁服务项目不等。在满足人们日益增长的休闲需求和个性化要求方面，商业休闲供给起到了重要作用。

1. 商业休闲供给的本质

商业休闲供给部门属于营利性组织，这类组织都是以利润最大化为目标，提供休闲服务只是获取利润的手段，因此只要愿意支付相应费用的人都能获得这类组织提供的服务。这类组织的收入全部来自市场，由于受到利润驱使，商业休闲供给部门一般都是主动发掘市场需求，主动为消费者提供服务，大多经营方式灵活，能有效地根据市场需求的变化提供休闲服务，因而对市场需求变化具有高度的敏感性，供给的一般都是那些供给弹性高的产品，提供的休闲服务也是最具个性化的。这可能和休闲服务本身的产品特点有关，因为休闲服务是无形的、不能储存的，因而企业无法通过产品的储存来对供求进行调节，因此必须根据市场的变化而做出快速反应。

2. 商业休闲供给的类型

商业休闲供给服务可以划分为以下几种类型。

(1) 休闲旅游服务，包括国内游、入境游和出境游。可能是单项服务安排(交通或住宿或餐饮)，也可能是全程旅游服务，包括交通、住宿、用餐、购物、游览和导游服务。

(2) 娱乐和特殊事件，如演唱会、音乐会、戏剧、竞技表演及其他类似活动。这里是指那些出于商业目的的活动而不是非营利性质的活动。

(3) 商业俱乐部服务，如单车、网球、高尔夫和游艇俱乐部。

(4) 对个人休闲或丰富地区内个体生活的有组织的指导，如工艺美术、音乐、舞蹈和其他感兴趣的课程。

(5) 对服务设施的进入许可，对直接使用的许可(如出租网球场或对滑冰场、台球厅的进入许可)或某种程度的监管、指导或是安排(如对能否在滑雪中心使用吊索的准许)。

(6) 与游憩相关设备的商业制造、销售和服务，这些设备包括体育用品、电子产品、船只、越野车、玩具、游戏和兴趣设备。

(7) 有影响力的职业联赛，如足球联赛、篮球联赛等。

(8) 提供交际和社会接触的机会，从酒店、度假村到酒吧、赌场、单身俱乐部、婚介服务所，它们利用电脑、视频、电话及其他方式帮助客户会面。

4.2.4 非营利或志愿者机构休闲供给

非营利或志愿者机构是指不以营利为目的，主要开展各种志愿性的公益或互益活动的非政府的社会组织。在发达国家，非营利组织非常活跃，志愿者人数众多，这些组织提供的休闲服务也是多种多样的。在一些大型的活动中，非营利和志愿者机构甚至起到了关键的作用。非营利或志愿者机构一般由慈善组织、联合协会或俱乐部等机构组成，如业余戏剧协会、业余运动俱乐部、桥牌协会、鸟类观察协会等。这类组织的资金主要来源于社会各种捐助，它们关注的主要是人类自身基本的休闲需要，它们经常利用大量的志愿者和受过培训的专业人员开展广泛的活动。非营利机构与公共部门的不同之处在于非营利机构排斥普通大众，一般只向符合条件的人（如有同类兴趣爱好的会员）免费提供某些特定的休闲服务。例如，运动俱乐部也许只允许它们的会员使用设施，或者可能是有优先使用权；自然资源保护组织也许只允许其成员进入自己的自然保护区。非营利机构与公共部门的不同之处还在于它不能增加税收。非营利机构以其慈善团体的身份或者通过与教堂、慈善机构等签订定期捐款的契约书来获得免税。非营利机构在休闲服务供给中扮演着非常重要的角色，主要有休闲资源的供给、志愿劳动者的参与、组织和调控休闲活动、宣传活动和陈情活动、为政府和公共部门之间提供有益的联系、提供各种社会和心理方面的帮助。

1. 休闲资源的供给

非营利机构的主要贡献之一就是它提供绝无仅有的特殊资源。许多非营利机构拥有的物资种类多种多样，从俱乐部的小屋或小型运动器材，到诸如英国国民托管组织拥有的大面积土地，它拥有全英国1%以上的土地。尽管有些土地仅让各个组织自己的成员进入，但也有一些向非成员开放。例如，英国国民托管组织的许多乡村地区对广泛的俱乐部开放，有时会收取费用，但并非总是如此。同样，尽管皇家鸟类保护协会有一些保护地不允许任何人进入，但是它所管辖的大部分地区允许它的成员进入并且对普通大众收取费用，此外还有一些地区是免费的。一些休闲领域特别依赖非营利机构的供给，特别是乡村娱乐和体育活动。非营利机构为保护和管理重要的风景资源发挥了极大的作用，为大量的乡村娱乐活动提供了重要的空间背景。例如，英国国民托管组织拥有国家公园所有土地中的大约10%，其中超过30%是在湖泊地区。在一些地方，它的土地是出租给农场主耕种，但在租赁合同里组织可能会要求这些农场主以保护传统景观的方式进行耕作。如果没有这些团体，许多地区的景观也许会大大不同。

2. 志愿劳动者的参与

除了为各种形式的休闲活动提供土地和水资源外，非营利机构对自身的管理也是至关重要的，这可能有许多形式。它们管辖的资源需要监督以保证它们仍保持着自身存在的特色，而有时需要创建全新的环境和设施。大型的组织，如英国国民托管组织，可以有足够的财力雇用人员执行管理任务，但其他的组织则完全依靠志愿者。非营利机构最大的好处之一就是它提供了一种渠道，借此可以把自发的劳动者召集起来，这些任务包括实地管理活动，如擦洗清洁、装饰树木或准备栅栏。除了许多乐于执行这些任务的人之外，一直以来非营利机构中的成员来自各个行业，如律师、会计、形象艺术者、记者和规划师等，他们乐于在某些时候无偿地奉献自己的专业技能，如此一来就为组织节省下了相当可观的费用。截至2016年，美国国家公园系统共有44万名公园志愿者，他们大约奉献了790万小时的志愿服务，这相当于3 950个员工的工作量，而当年美国国家公园管理局只雇用了22 000个长期的、临时的和季节性的员工。

许多研究者试图评估志愿者的投入对于体育运动的重要性。一份报告显示，在全英国有150万名志愿者参与体育运动，每年创造的价值超过15亿英镑。然而，另一份研究的评估结果更高，认为有超过500万名的志愿者，而他们的贡献价值约60亿英镑。

北京奥运会志愿者工作准备就绪

据了解，自2006年8月28日启动志愿者招募工作，到2008年3月31日报名结束，报名人数达到了1 125 799人，其中908 334人同时报名残疾人奥林匹克运动会（以下简称残奥会）志愿者，报名人数成为历届奥林匹克运动会（以下简称奥运会）之最。最终录用了来自98个国家和地区的74 615名志愿者，比原计划增加了将近5 000人，其中来自中国内地的为73 195人，来自中国香港的为299人，来自中国澳门的为95人，中国台湾也有91人入选，外籍志愿者共有935人。另外，青岛、香港、天津、上海、沈阳、秦皇岛这6个赛区录用7 600名志愿者。残奥会赛会志愿者共录用3万多人。

奥林匹克运动会组织委员会（以下简称奥组委）志愿者部副部长李世新透露，届时将会根据这些志愿者的个人特点和特长来安排适合他们的岗位，而赛会志愿者的上岗时间会根据服务场馆的赛事时间而定，总体原则是在赛前7天上岗，赛后3天离岗。

北京奥运会、残奥会期间，奥组委将组织10万名赛会志愿者直接为赛会提供服务，招募组织40万名城市志愿者在城市和场馆周边提供信息咨询、语言翻译、应急救助等服务，组织100万名社会志愿者在全市社区、乡镇开展志愿服务，动员上千万人参与"微笑北京"主题活动，广泛传播志愿精神，努力营造全民参与奥运会、奉献奥运会的浓厚社会氛围。

对于这些志愿者，奥组委已经进行了科学、系统的培训，并且组织骨干志愿者参与国内外大型体育赛事志愿服务，先后有33 000多名志愿者参加"好运北京"体育赛事志愿服务，在实践服务中锻炼队伍。

2008年7月20日以后，40万名城市志愿者将在北京市设立的550个城市志愿服务站点上，为奥运会的宾朋服务。

（资料来源：徐维欣.北京奥运会志愿者工作准备就绪　录用74 615名[N].文汇报，2008-07-16.）

3. 组织和调控休闲活动

非营利机构在组织和调控某些休闲活动方面同样出色，特别是在体育运动方面。在许多体育运动中，非营利机构的俱乐部或协会负责比赛秩序和规则。事实上，英国所有全国性体育运动主管团体的组织都是建立在志愿基础上的，如业余划船协会、业余游泳协会和英国羽毛球协会，然而需要大笔资金周转的体育运动则不在此列。尽管它们有时结社成为有限公司或注册成为慈善团体，但都是按照非营利机构进行组织和管理的。这些社团为它们各自组织的体育运动负责，它们多数有由区域性的志愿者组成的机构和委员会。除了遵循体育活动的行动守则和确保执行法律法规之外，主管团体还要负责教练和教师的培训和教育工作，以及对行政人员的培训。

非营利机构常常也是负责制定比赛时间和管理运动俱乐部的联合会。一般而言，全国性级别的比赛是移交给主管团体负责的，地方级别的出赛则由各个专项组织负责，以自助的精神管理和组织全部的娱乐性的联合会。在这种情况下，联合会通常由一个秘书组织，大多数时候因为有这些人的参与和管理，联合会可能成了他们主要的休闲活动。

4. 宣传活动和陈情活动

一些非营利机构在声援各种休闲资源和利益时发挥着重要的作用。一些社团，如英国国民托管组织把这一内容看作它们工作的一部分，但是对其他组织而言这是它们的主要任务。例如，公用地保护协会在这方面提供了有益的范例。它成立于1865年，为的是保护公共土地和城市空地。这些资源由于城市发展和房地产投机而身价倍增导致其迅速消亡，各个庄园主都试图侵蚀公共土地并且剥夺公用土地者的权利。社团成立于这一时期，为的是维护公用土地者的权利，而且有时会为了捍卫他们的立场而采取直接的行动。

许多组织在为各种形式的休闲活动的声援和陈情活动中发挥了显著的作用。有时，个别组织为了更大的目标和共同的利益而联合起来领导一场运动，最为突出的例子就是英国的国家公园运动。它兴起于1930年，两类完全不同风格的组织联合了起来。一类诸如国民托管组织、皇家鸟类保护协会、英格兰乡村保护协会和湖泊地区之友等，它们最关注风景区和野生动植物的保护；另一类组织，如漫步者协会、青年旅馆协会和自行车旅行俱乐部等，它们热衷于为都市人寻找更多亲近自然的机会。尽管这些组织都希望拥有国家公园，但这两类组织在如何看待这些土地的观点上则有所不同。事实上，第一类组织不希望太多人到访自然环境，不过它们觉得共同联手并且组成广泛阵线来推动这场运动，能使它们达到全面而共同的目的。1936年，代表所有组织互利共荣的国家公园常务委员会成立了，而且管理得非常成功。

5. 为政府和公共部门之间提供有益的联系

在很多情况下，政府很乐意非营利机构的参与，非营利机构能让政府从必须承担的职责中解放出来。政府常常鼓励非营利机构运动就是为了这个原因，这样做是很合理的。非营利机构不仅提供自然资源和设施（否则政府就不得不提供），还拥有非常强大的志愿劳动力资源。既然非营利机构能够说服它们的成员放弃自由时间来干活，那么不难想象如果政府也能这样做事情会变得多么成功。因此，政府非常乐意鼓励志愿者和非营利机构并且提供帮助。这可以通过许多途径来实现，如从国家补助中拨款、从税收方面激励、制定政策时邀请非营利机构参与等。

政府从非营利机构获得的最后一个好处就是收集信息和专家的意见。非营利机构是政府的有益渠道，通过它们，政府可以知道公众对一些特殊问题的看法。因为非营利机构是为了增进成员的利益而存在的，在关于它们的休闲专项领域及成员的需要和要求方面，这些组织的经理主管变得非常博学多闻。与这些人保持接触，或者委任他们为顾问或邀请他们加入主要的委员会，政府也许就能保持与社会某些团体的需求同步，从而给予回应。

6. 提供各种社会和心理方面的帮助

在美国，游憩作为解决社会问题的工具可以追溯到19世纪末期，当时改革者将玩和游憩活动用于应对由于工业革命而引发的问题和需求。例如，第一个游戏场地——波士顿沙地公园建立的宗旨就是为了满足下层贫困儿童的游戏需求。同样，许多最先组织成立的营地也是专门设计和定位在为"多病、脆弱的孩子"提供服务。此外，定居救助之家运动把游憩作为减轻移民转换生活的压力、适应美国大都市生活的手段。

20世纪后半叶，游憩作为一种治疗形式所具有的潜力越来越被人们所认识和重视，为残障人士提供包容性或特殊游憩服务项目的需求也日益增长。治疗性游憩项目和服务的目标人群极为广泛，并能够以多种方式来帮助人们培养技能、建立自我概念和自我意识。一般而言，游憩就是通过建设性地利用休闲来提高人们的生活质量。

知识链接 4.2

美国国家治疗游憩公会主要服务项目

(1) 身体残疾者。治疗性游憩能够帮助身体有残疾的人、感官障碍者或其他有与健康相关的残疾者，使其学习新技能和改进旧有技能来补偿他们所丧失的功能；锻炼自理能力；参与社区游憩活动项目；体验成就感等。

(2) 发育性残疾者。治疗性游憩能够帮助智力低下者、脑瘫患者或其他发育性残疾者，最大限度地培养和利用其体力和智力方面的能力；培养患者的独立性；树立自信心；与他人互动及参与社区的游憩活动等。

(3) 精神疾病患者。花费时间去"玩"是保持良好的精神健康的重要手段。治疗性游憩为人们创造了体验良好的自我感觉及成就感的机会；能够改善与他人的关系；减缓压力；培养应对技巧；学会表达自身的需求等。

(4) 酒精或毒品依赖者。治疗性游憩能够帮助那些滥用化学物质的人们学习新技能，增强其自尊心、自信心，为物质滥用找到健康的替代品，使其感觉良好并且珍惜健康的价值。

(5) 高危青少年及青少年和成年罪犯。治疗性游憩能为这些人的精力和活力提供健康的发泄出口——游憩是消除紧张的一种方式，紧张感得不到释放会带来破坏性的后果；教会人们怎样与他人合作——通过团体活动，学会一起工作和玩；增强自尊心与自信心——在善解人意、接受友好之前，人首先需要自我感觉良好。

(6) 无家可归者和赤贫者。治疗性游憩能够用来辅助"评估社会和职能机构在改变无家可归者及赤贫者行为，以及帮助他们获得日常生活应对方法的能力"。通过治疗性游憩活动可以增强其自尊心，提高其自主、克制、独立行为、自我意识、决策、计划的能力，以及扮演社会推崇的角色等。

（资料来源：[美]克里斯多夫·R.埃廷顿，德波若·乔顿，多纳德·G.道格拉夫，等. 休闲与生活满意度[M]. 杜永明，译. 北京：中国经济出版社，2009.）

4.3 休闲供给的影响因素

在休闲经济中，凡是使供给增加或减少的因素都视为休闲供给的影响因素。在一定时间内，休闲供给可以不发生变化，但并不能说明影响因素没起作用，而常常是影响休闲供给增加和减少的因素作用刚好抵消。影响因素表现的形式十分广泛，有系统内的，也有环境的；有直接的，也有间接的；有可控的，也有不可控的；有确定的，也有随机的；有单一的，也有综合的；有自然的，也有社会的，而且还可根据系统的层次逐一细分。要全面分析众多的影响因素是不可能的，在实际工作中，休闲供给的影响因素主要有以下几个方面。

4.3.1 国家和地方政策

我国实行的是"政府主导型"的旅游发展战略，和其他的服务一样，休闲旅游服从于国家的政策、法规。虽然现在还没有一个综合的休闲或游憩法案，但休闲旅游受大量的国家法案、法令，以及政府的公文、报告和规定的指导和约束，经过了一个又一个的发展阶段。例如，国务院依次颁布的《关于贯彻中央6号文件促进旅游业健康发展的意见》《关于深化文化体制改革的若干意见》《关于进一步促进旅游业发展的意见》《关于大力发展入境旅游的指导意见》《关于加快发展旅游业的意见》《关于促进旅游业改革发展的若干意见》等系列文件促进了地方政府或各种权力部门为大众提供休闲服务，涉及诸如交通、通信、城市公园、饮食服务、公共娱乐、图书馆、博物馆、体育馆、城乡保护区、自然风景区、研究机构、职业院校等众多领域，旅游环境得到有力改善，大大提高了我国的旅游综合实力。

为实现旅游业的国家战略目标，国务院办公厅于2013年2月2日和2013年4月25日先后印发了《国民旅游休闲纲要》和《中华人民共和国旅游法》，旨在规范和完善市场经济体制下的旅游服务产业体系，我国的休闲旅游产品与服务的供给将再上一个新台阶。

4.3.2 社会经济发展水平

休闲产业不仅是一项综合性很强的经济产业，也是一项对当地社会经济发展水平依赖性很强的产业。因为休闲产业的健康发展离不开社会生产力的发展，良好的经济环境是休闲产品与服务供给的坚实保障，有利于提高区域的休闲综合接待能力。如果社会经济发展水平低，就不能保证休闲供给所需的各种物质条件。因此，社会经济发展的状况和水平不仅为休闲供给提供各种物质基础的保证，而且在一定程度上决定着休闲产品的供给数量和质量。

4.3.3 休闲产品与服务价格

休闲供给直接受休闲产品与服务价格的影响。当休闲产品与服务价格提高时，休闲经营者在同样的成本投入中可获得更多的利润，因而会刺激休闲经营者增加休闲供给量；反之，当休闲产品价格下降，则会导致休闲经营者的利润减少，从而会减少休闲产品的供给量。因此，休闲供给的规模和数量直接受到休闲产品与服务价格变化的影响，并与休闲产品和服务的价格成正比。

休闲产品与服务的供给量除了受自身价格变化的影响外，还会间接地受其他相关产品价格变化的影响。例如，如果飞机票涨价，而旅游目的地的旅游价格不变，则意味着旅游产品的相对价格降低了，从而相对利润也随之减少，于是必然引起社会要素资源的重新配置，进而影响到旅游产品供给量的变化。

另外，就一般休闲服务而言，有完全竞争和不完全竞争之分。例如，就我国自发生成的环都市乡村休闲服务而言，供给是自发的，基本上是竞争性而非垄断性的，遵循一般的供求规律。而高端休闲活动，如高尔夫、游艇、马球及一些奢华旅游产品则主要由大型财团垄断，基本上是不完全竞争性的，因此制定了远远高于成本的价格。

4.3.4　休闲生产要素的价格

休闲生产要素的价格基本符合一般产品生产的经济规律：休闲产品是一个包含食、住、行、游、购、娱多种要素在内的综合性产品，其各种生产要素价格的高低直接关系休闲产品的价格高低，尤其各种要素价格的变化必然影响到休闲产品供给的变化。在休闲服务价格不变的情况下，若各种要素价格提高，则必然使产品的成本增加而利润减少，于是引起休闲产品供给量也随之减少。反之，若各种要素价格降低，则使休闲产品的成本降低而利润增加，于是刺激休闲产品供给量随之增加。因此，休闲各生产要素价格也直接对休闲供给产生着重要的影响作用。

4.3.5　休闲容量与可进入性

休闲容量是指在不明显引起资源的生物性和物理性变化，或者不严重影响休闲体验的前提下，休闲设施所能提供的休闲机会的数量。休闲容量是衡量休闲资源接待能力十分有用的工具。《中华人民共和国旅游法》第45条明确规定：景区接待旅游者不得超过景区主管部门核定的最大承载量。景区应当公布景区主管部门核定的最大承载量，制定和实施旅游者流量控制方案，并可以采取门票预约等方式，对景区接待旅游者的数量进行控制。旅游者数量可能达到最大承载量时，景区应当提前公告并同时向当地人民政府报告，景区和当地人民政府应当及时采取疏导、分流等措施。2014年12月26日，国家旅游局又发布了《景区最大承载量核定工作导则》。景区旅游容量的限制必将会对休闲供给的规模产生一定的影响。

休闲供给的可进入性是增加休闲资源利用率的重要变量。对于利用者导向型的休闲资源来说，可进入性是休闲供给的首要考虑因素。

4.3.6　休闲资源管理与产品特色

休闲资源管理是提高资源价值和供给质量的重要途径。资源的性质和类型对资源管理的方式和内容有决定性影响。

产品特色是休闲产品和服务的灵魂。供给的休闲产品和服务如果没有特色，就难以吸引顾客，更难以留住回头客。

4.4 休闲供给存在的问题

目前我国休闲产业总体上还只是刚刚起步，休闲供给存在诸多问题。许多学者对此也有总结，主要表现在：产品初级化、资源同质化、产品开发单一、类型结构不合理、空间分布不平衡、经营管理不科学、整体接待能力水平偏低等。其中，休闲产业发展中至少存在着如下问题需要切实解决。

4.4.1 休闲供给严重不足，且休闲消费内容单调、形式单一

由于长期以来提倡的"劳动光荣"理念深入人心，使得公众甚至是政府普遍对休闲活动不够重视，造成我国休闲供给严重不足，不仅公共休闲供给不足，商业性休闲供给也相对匮乏，无论是休闲设施、文化娱乐设施、体育场馆，还是高层次文化产品，都与发达国家有很大的差距。此外，有关休闲的信息供给也严重不足，无论是休闲设施的信息，还是休闲内容、休闲方式、休闲理念等信息也都不足。目前，大多数人的闲暇生活都宅在家里，玩手机、上网、打牌、看电视、做家务成为主要的休闲方式。

4.4.2 社区建设不能充分适应居民的休闲生活，尤其是文化精神生活需要

社区是居民从事休闲的重要场所，其服务与设施的完善程度直接影响着居民的休闲质量，也是建立科学、文明、健康生活方式的必要的物质条件和前提。在北美国家，社区既是居住的区域，又是人民享受美好生活的大乐园。社区普遍拥有体育场馆、健身房、公共娱乐场所、图书馆、教堂等。一个重要的方面是社区居民全体的参与意识，利用闲暇时间、周末及节假日做各种社区服务，还有社区居民自己编排组织的文艺演出、体育比赛、读书活动、园林小品设计、宠物展示、慰问孤寡老人等，使社区活动丰富多彩。和发达国家相比，我国的社区公共文化基础设施还需进一步提高。

4.4.3 重视项目建设，忽视游客体验

尽管各地已或多或少地出现了体验性的休闲旅游项目，但总体而言，我国各地休闲项目仍普遍停留在吃、喝、玩等较低层次的休闲娱乐阶段，忽视了游客的参与体验等深层次需求。长期以来，在旅游区开发中，人们关注的只是景点的建设。其实，在体验经济时代，传统旅游吸引物的地位将会削弱，整体的休闲旅游环境、服务意识和设施质量更为重要，产品多方面的附属功能（意味着更加丰富的体验）更能引起休闲者的关注。供给者必须深刻认识到，现代消费者从事休闲活动主要追求从容、放松、愉悦和体验，忽视这些，就不可能有休闲产业的长足发展。

案例分析 4.2

日本：体验插秧要交费

在日本留学期间，我最想去看的地方不是东京这样的大城市，而是日本的乡村。应朋友田中和子的邀请，我们来到位于宗像市一个叫作正助村的小乡村。说是一个村，其实也就五六户人家。从村貌上看，房屋均为木质构架，结构和色彩颇具欧洲气息，精致而堂皇。在1 000平方米左右的广场上，停满了小汽车。靠近稻田的一边，排着一列约70人的队伍。我问田中和子："他们在干什么？"田中和子说："来这里体验插秧的父母和孩子每个人都要交纳5 000日元的插秧费。这个活动都延续快10年了。""哦？帮人家插秧还要交费？"我颇为好奇。

在所有人交完费之后，有几位包着头巾的当地农民在约1亩（1亩≈666.7平方米）的水田上乐呵呵地扯着一根绳子在打线。然后孩子和父母们像下河捉鱼似的拥到水田里，按照划定的方格依次插秧。说是插秧，其实每个人只有一小块地方，大人5格，小孩3格，整块稻田插到一半就收工，剩下的一半用来举行一场由村民组织的稻田田径运动会。父母和孩子们撒野似的在水田里狂跑狂跳。在少儿组的赛跑中，一名3岁的小孩满身是泥，在水田里足足蹒跚爬行了10分钟，他父母并没有出手帮忙，而是在他的身旁不停地加油鼓劲，尽管他是最后一名，周围的人还是给予热烈的掌声和赞赏。

在回宗像市区的路上，我暗自为这家农民算了一笔账：1亩水田，70个顾客，1人为5 000日元，总计35万日元，扣除一人500日元的盒饭，纯收入为31.5万日元，在稻谷收割期，又有相应的70位顾客，一年的纯收入为60余万日元，换算成人民币是4万元。日本农民的体验经济做得真漂亮。

(资料来源：汤涛. 日本：体验插秧要交费[N]. 梅州日报，2005-01-19.)

4.4.4 同质休闲产品过剩，企业形象定位模糊

目前，我国许多地方政府看到了休闲项目蕴含的巨大商机，纷纷建设了诸如农家乐、主题乐园、游乐园等休闲项目。在一个区域只有一两家尚可以理解，问题是在一些地方这些休闲项目相对密集，远远超过目标消费群的消费能力。同时休闲项目和景点雷同，未形成鲜明特色，就无法在休闲者心中产生替代效应，从而也严重制约了休闲差异化形象的形成。最典型的是20世纪80年代红火一时的"西游记宫"。当时，主题公园的形式还很新鲜，"西游记宫"一经问世便名声大噪。如以河北正定的"西游记宫"为源，近些年全国共兴建460个"西游记宫"。更为极端的是从山海关到秦皇岛160公里的海岸线上，三年时间就先后建成了30多个"西游记宫"。然而，这样东施效颦式的重复建设，很快就失去了市场，各地的"西游记宫"纷纷倒闭。

本章小结

休闲供给是指为了满足个人、家庭、团体及各种机构和组织等的各种各样的休闲与游憩需求而提供的物质和服务的总和。

休闲供给的类型主要包括自我休闲供给、政府休闲供给、商业休闲供给、非营利或志愿者机构休闲供给。

休闲供给的影响因素：国家和地方政策、社会经济发展水平、休闲产品与服务价格、休闲生产要素的价格、休闲容量与可进入性、休闲资源管理和产品特色。

休闲供给存在的问题：休闲供给严重不足，且休闲消费内容单调、形式单一；社区建设不能充分地适应居民的休闲生活，尤其是文化精神生活的需要；重视项目建设，忽视游客体验；同质休闲产品过剩，企业形象定位模糊。

关键术语

休闲供给 (leisure supply)

自我休闲供给 (leisure supply of oneself)

政府休闲供给 (leisure supply of government)

商业休闲供给 (leisure supply of profit organization)

非营利机构休闲供给 (leisure supply of non-profit organization)

知识链接

1. [美] 麦克林，赫德，罗杰斯．现代社会游憩与休闲 [M]．梁春媚，译．北京：中国旅游出版社，2010.

2. [英] 克里斯·布尔，杰恩·胡思，迈克·韦德．休闲研究引论 [M]．田里，等译．昆明：云南大学出版社，2006.

3. [英] 乔治·托可尔岑．休闲与游憩管理 [M]．田里，董建新，曾萍，等译．重庆：重庆大学出版社，2010.

4. [韩] 孙海植，安永冕，曹明焕，等．休闲学 [M]．朴松爱，李仲广，译．大连：东北财经大学出版社，2005.

5. [美] 克里斯多夫·R. 埃廷顿，德波若·乔顿，多纳德·G. 道格拉夫，等．休闲与生活满意度 [M]．杜永明，译．北京：中国经济出版社，2009.

6. 李仲广，卢昌崇．基础休闲学 [M]．北京：社会科学文献出版社，2004.

7. 卿前龙．休闲服务与休闲服务业发展 [M]．北京：经济科学出版社，2007.

课后习题

一、多项选择题

1. 下面属于休闲供给类型的是（   ）。
   A. 自我休闲供给　　　　　　　　　　B. 政府休闲供给
   C. 商业休闲供给　　　　　　　　　　D. 非营利或志愿者机构休闲供给
2. 政府休闲供给主要体现在（   ）方面。
   A. 提供公共休闲服务　　　　　　　　B. 对重要资源进行保护
   C. 对休闲服务及其行业进行规范　　　D. 为公众提供休闲服务，降低公众休闲成本
   E. 引导公众休闲观念，规范公众休闲行为

二、判断题

1. 在家阅读是自我休闲供给。（   ）
2. 政府部门、商业部门、非营利机构均可提供治疗性游憩服务。（   ）

三、思考题

1. 提供游憩设施和活动的非营利或志愿者机构和政府部门有哪些主要的不同点？
2. 简述商业休闲供给提供的休闲服务类型。
3. 非营利机构的休闲供给主要体现在哪些方面？
4. 休闲供给的影响因素有哪些？

四、案例分析题

1. 导游服务的供给困境

"铁脚马眼神仙肚"——旅游业界总喜欢用这句既含赞美又略带辛酸感的话来形容导游的生活。导游这项既是体力活又是技术活的工作，在20世纪八九十年代，在当时旅游资源极占优势的肇庆市，可谓相当吃香，而如今，肇庆市导游市场还像当时那么火爆吗？

现状——2 400人持证，仅700人上岗

近几年来，肇庆市共有1 086人通过导游人员资格考试，导游人员资格证的通过率在全省一直位居前列。肇庆市目前持有导游人员资格证的导游人员至少有2 400人，但真正从事导游工作的只有700多人。生意好的时候，挂靠旅行社的导游人员根本不够用，肇庆市旅行社常忙着到处找导游人员。

探因——工作辛苦收入不高

谈起现今的导游行业，曾从事导游工作多年的小兰不免感叹："一天差旅费才50元，一个月的收入为2 000多元，没有底薪，有一些保险，但很少，感觉很没保障，后来我就转行了。"

导游行业人才流动性大，是业内普遍的现象。不少导游人员坦言，干活累，但收入不高。这是大部分人不愿意做导游人员的原因。肇庆市中国旅行社国内旅游部经理区永松介绍，该

市导游人员的报酬相对略低，大部分导游人员都是兼职的。"这个行业流失率特别高，许多在校学生因报读旅游专业而考导游人员资格证，但其实并没从事导游工作的打算。"

"我们旅行社的导游人员，70后的占10%，80后和90后的占主体，"肇庆市青年旅行社一负责人坦言，"导游工作是个劳心劳力的工作，确实是一个付出和收获未必成正比的行业。做得好的导游人员每月能拿到四五千元，很一般的只有1 000元。现在旅游行业的透明度和游客的消费理性程度越来越高，客人给小费的情况基本没有，景区返点又不稳定，这也是收入减少的一个原因。"

尴尬——很多外地团不需地接导游人员

据了解，肇庆市旅游客源以香港、澳门、广州、珠海、深圳等城市的游客为主，他们的全陪导游人员都熟知肇庆市的情况，自己可以直接讲解。做了11年导游的伍女士深有感触："这些旅游团较少需要地接导游人员。"

地接导游人员市场少，到外地做导游工作便成了一股潮流，这也间接导致本地导游市场的不景气。伍小姐说："我做导游工作10多年，这几年身边很多同行都去了珠江三角洲的其他城市，还有的去了北京、上海等地做导游工作，图的就是收入高。"

(资料来源：万涛.持证导游不足三成上岗？工作苦待遇低，导游行业遭遇尴尬[N].肇庆都市报，2012-07-03.)

思考：

(1) 是什么原因导致肇庆市的导游服务市场供给不足？

(2)《中华人民共和国旅游法》的出台进一步规范了旅游市场，切断了导游行业许多灰色收入，使得很多导游纷纷转岗，你如何看待这个问题？你觉得如何改变这一尴尬局面？

2. 旅游业的"供给侧改革"

什么是"供给侧改革"？

在2015年11月10日召开的中央财经领导小组第十一次会议上，习近平总书记提出了"供给侧结构性改革"概念："在适度扩大总需求的同时，着力加强供给侧结构性改革，着力提高供给体系质量和效率，增强经济持续增长动力。"

2016年1月11日，在国务院旅游工作部际联席会议第三次全体会议上，国务院副总理汪洋强调，要深入贯彻十八届五中全会和中央经济工作会议精神，适应和引领经济发展新常态，加快转变旅游发展方式，着力推进旅游供给侧改革。"供给侧改革"被不断提及，这个词究竟是什么意思？

众所周知，社会主义初级阶段的主要矛盾是"人民日益增长的物质文化需要同落后的社会生产之间的矛盾"，为了解决这个矛盾，我国以前通过扩大内需、拉动消费的方式来刺激经济，侧重于"需求侧"。而现在，中央明确要把调控的重点转向"供给侧"，这将成为经济增长的新方法，从供给、生产端入手，解放生产力，提升竞争力，促进经济发展。

旅游业为什么要进行"供给侧改革"？

"供给侧改革"屡屡在国家层面被提及，那它和旅游有何关系？旅游市场的"大蛋糕"该怎样做好？汪洋在国务院旅游工作部际联席会议第三次全体会议上曾说："当前，我国居民消费步入快速转型升级的重要阶段，旅游业正迎来黄金发展期；同时，旅游业也处于矛盾凸显期，旅游产品供给跟不上消费升级的需求，政府管理和服务水平跟不上旅游业快速发展的形势"。

正如汪洋所说，对于旅游业来说，由于市场的不断扩大，丰富的低端旅游产品供给已经无法满足人们高质量的出游需求，将供给侧改革放到旅游业，则必将获得发展新机遇、发挥新作用、担当新使命。驴妈妈旅游网创始人洪清华认为，旅游供给侧改革的重点是怎样满足中高端消费人群，"以前是需求端的管理，刺激消费，现在是供给不足的问题。解决供给侧了，需求端自然就解决了"。

国家旅游局规划专家王兴斌也提到，持续旺盛的国民旅游市场表明，当前制约旅游业发展的主要因素不是需求不足，而是供给侧结构不合理、不平衡，不能适应需求侧多元化、升级型的市场消费。目前旅游业中存在的种种"矛盾凸显"现象，看上去是市场问题，但归根到底是供给侧结构的问题。如团队旅游市场中的乱象之所以久治不愈，是线性观光产品雷同与泛滥，旅游供应商进入门槛过低，良莠并存甚至劣胜优汰的结果。

"持续多年出境旅游火热、国际入境旅游低迷，说明国内旅游供给与环境既不能满足部分国民的出游需求，也不适应国际游客的需要。今年以至'十三五'期间，着力推进结构侧改革，促进了旅游产业结构转型，提高旅游供给体系的质量和效率，已成为我国旅游发展的主要课题。"王兴斌说。

旅游供给侧改革怎么改？

旅游供给侧改革，企业是中坚力量。在洪清华看来，具体到旅游行业，供给侧改革要从景区收入结构和产品服务两方面入手。"门票经济需要改变，进入休闲度假时代，景区需要改变收入结构，其次是要生产好的产品和服务。互联网时代，只有用户认可的价值才是价值。"

同程旅游创始人吴志祥则认为，旅游业的供给侧改革主要围绕产品转型升级和技术创新进行，技术创新也是旅游行业进行供给侧改革的重要内容。"OTA（在线旅行商）天然具有的互联网+属性，通过将互联网技术应用于更多的旅游消费场景，如支付方式、虚拟现实等技术的应用，旅游业和其他产业（如医疗、教育、文化、娱乐等）的跨界融合，能够将游客的旅游体验得到极大的延展和深化。"

"对于政府来说，要把旅游业供给侧结构改革置于地方国民经济的全局之中，因地制宜、统筹谋划，搞活存量与做优增量并举，提升已有产品与开发新业态并重，防止盲目上马形成新的产能过剩。坚持产业融合、复合利用，尽量依托现有的文化、教育、体育、医疗、农林、工矿、水利、交通、村镇和街区等各类社会旅游资源，开发与民众生活融为一体的大众休闲产品与新颖人文旅游产品，在推进供给侧改革中深化资源共享、产业融合。"王兴斌提到。

他说，旅游供给侧改革是一块硬骨头，既紧迫又艰巨，将贯穿于"十三五"整个时期。目前全国旅游经济总量已相当可观，虽然人均占有量尚待提高，但优化质量与效益更为重要，"要适当淡化产业发展的速度与规模指标，增长速度高一个百分点、低一个百分点已并不重要，更不要相互攀比。创造'令人心动的有效供给'和'让人心安的产品质量'，应成为旅游人的新心态与新担当。"

(资料来源：佚名. 旅游为什么要进行"供给侧改革"? 中商情报网 [2016-01-18].)

思考：

(1) 旅游业为什么要进行供给侧改革？

(2) 旅游业如何才能有效进行供给侧改革？

第 5 章　休闲制约

知识目标	技能目标
① 掌握休闲的制约因素； ② 熟悉休闲制约的类型； ③ 了解弱势群体的休闲制约； ④ 了解休闲制约与休闲动机的平衡	① 举例分析休闲的制约因素； ② 归纳休闲制约的类型； ③ 分析弱势群体的休闲制约因素； ④ 举例分析休闲制约与休闲动机的平衡

导入案例

沙特阿拉伯女性的奥运之路

材料一

沙特阿拉伯拒绝女性伦敦参赛 奥委会欲促成破冰之旅

据英国媒体《每日邮报》消息,由于拒绝女子组队参加 2012 年伦敦奥运会,沙特阿拉伯被指违反奥林匹克精神,受到多方批评。奥运会组织方呼吁保守的沙特阿拉伯重新考虑其对待女性和体育运动的态度。

2012 年 2 月 20 日,时任国际奥林匹克委员会主席罗格提出沙特阿拉伯应该重新审视人权问题,给女性一些地位和权利。对于奥林匹克运动会来说,这是一个男女平等的竞技舞台,只要水平允许,每个人都可以在这个舞台上展现自己。前英国文化大臣乔维尔指出,沙特阿拉伯打破了《奥林匹克宪章》的承诺。乔维尔呼吁沙特阿拉伯兑现承诺,给予该国女性运动员一个参与奥运会大家庭的机会。

2009 年,沙特阿拉伯关闭女子健身房,制定严格法律规定女子的穿着和行为,女性参加体育活动非常困难。几年前的一场马拉松比赛,本可以有女性参加,不过女性必须身披黑色长袍,从头包到脚。但是,反对者却表示同意女性参加体育比赛是道德滑坡,这将导致她们着装不当,花费不必要的时间与家庭以外的男人接触。

人权监察组织在报告中全面介绍了沙特阿拉伯国家对女性参与体育运动采取的根本性歧视政策,这个保守的伊斯兰国家始终严格实行两性隔离制度。该报告称,由于在沙特阿拉伯缺乏政府提供的基础性软硬件支持,如针对女童开展的体育教育,因此这个全球最大的石油输出国致使女性完全丧失了与男性在平等条件下参与国际比赛的机会。

材料二

沙特阿拉伯首位奥运女选手回国遭冷遇

据《中国日报》报道,伦敦奥运会赛程过半,在众多矫健身影中,沙特阿拉伯的首位奥运女选手沙赫卡尼(图 5.1)格外引人注目。国际舆论对她的出现给予极高评价,但她的同胞却对其冷嘲热讽。沙赫卡尼日前回国后更是遭到冷遇。

2012 年伦敦奥运会沙特阿拉伯代表队首次派出两名女运动员,沙赫卡尼是柔道选手,另一名是出生在美国加利福尼亚州、拥有双重国籍的女子 800 米田径选手阿塔尔。2012 年 8 月 4 日下午,16 岁的沙赫卡尼战战兢兢地走上了奥运会柔道女子 78 公斤以上级的赛场。戴着黑色泳帽的沙赫卡尼首秀仅延续了 82 秒就遗憾出局,但在她离开赛场时,观众纷纷站起来向她鼓掌致敬。国际舆论普遍认为,沙赫卡尼能亮相伦敦奥运会,本身就是一个伟大的胜利,"作为沙特阿拉伯历史上第一位走上奥运会赛场的女选手,她足以被载入史册"。由于宗教信仰的原因,沙特阿拉伯的女性没有机会参加公开体育比赛,此前沙特阿拉伯也从未派出女运动员参加奥运会。这次是国际奥林匹克委员会一再向沙特阿拉伯施压,沙赫卡尼才在最后时刻登上飞往伦敦的班机。

尽管在国际上赢得了声誉,但沙赫卡尼回国后却遭到冷遇和敌意。一些保守的穆斯林人士在网络上对沙赫卡尼进行羞辱。穆罕默德·阿里费博士是一名拥有强大社会影响力的牧师，目前在沙特阿拉伯利雅得市 Al-Bawardi 清真寺讲道。他认为，女性参加体育赛事不合礼仪。"从根本上讲，女性可以参加体育赛事，但如果在参赛过程中，她们与男人为伍，或是露出私密的身体，或是受到异性围观……而这一切又发生在镜头前、会在全世界传播，那么毫无疑问，女性应该被禁止参加。"在社交网站推特上，还有不少保守人士出言侮辱沙赫卡尼，说她在不相干的男性前参加体育活动伤风败俗、亵渎了沙特阿拉伯女性的纯洁。

图 5.1　赛场上的沙赫卡尼

一直以来，沙特阿拉伯的性别隔离意识十分强大。在公众场合，严禁两性目光对视或肢体接触，本地人称之为"男女不共处"。根据这一戒律，从进入青春期开始，女性就不能与陌生的男子交往，不能一起聚会和工作，女性外出必须由丈夫或有亲缘关系的成年男子陪伴，否则会遭到严惩。

（资料来源：①小龙女.沙特拒绝女性伦敦参赛　奥委会欲促成破冰之旅.腾讯体育 [2012-02-27].

②信莲.沙特首位奥运女选手回国遭冷遇.中国日报网 [2012-08-08].)

思考：

(1) 沙特阿拉伯女性为什么一直不能参与奥运会比赛？

(2) 沙特阿拉伯女性的休闲遇到了哪些制约？

休闲已经成为当代人生活不可缺少的组成部分，但并不是所有人在闲暇时间都能从事一些休闲活动或项目。当一个人不能如己所愿地参与足够多的活动，或是由于某种原因体验质量减损时，休闲障碍就存在了。如果放任这些障碍的存在，势必会影响到个人休闲的积极性和主动性，并且一定程度上降低了休闲生活质量，同时也间接地影响了整个社会的文明与进步。因此越来越多的学者开始关注休闲制约这一领域，尤其是休闲的制约因素逐渐成为休闲学研究领域的新型课题。

5.1　休闲的制约因素

休闲制约是指个体或组织在从事休闲活动过程中遇到的障碍、阻挠或限制，并由此造成人们原本可以参与或追求的休闲娱乐活动无法正常进行。休闲的制约因素是限制或妨碍参加休闲活动的质量、期限、强度、频率及其他妨碍享受休闲的因素。休闲参与的制约因素有很多，有些制约因素是个人的，有些制约因素是休闲空间及设施的不足或项目的不完备等组织问题。归纳而言，可以把妨碍利用休闲服务、构成休闲制约的因素归纳为以下10种。

1. 态度制约

态度制约因素与个人的心态有关。它往往来自社会、生活、文化规范(习惯)。例如,由女性照顾孩子的观念在社会上仍占优势。这些态度会成为阻碍人们在休闲活动中得到满足的因素。

2. 时间制约

时间制约与对时间的掌握有关。有些人没有充分开展娱乐、休闲等活动的时间,有些人则有足够的时间体验休闲。与安排休闲时间有关的选择可能成为休闲的制约因素。

3. 经济制约

服务购买能力不足是参加休闲的重要制约因素。经济因素往往影响对各种休闲活动的选择。

4. 信息制约

人们在决定某些事情的时候需要信息。人们在选择休闲的时候往往缺乏必要的信息。

5. 消费制约

消费制约是指个人在休闲与工作中失去平衡。例如,有些人是几乎没有休闲活动的工作狂,而有些人则是把过多的能量消耗在追求新的、流行的休闲之中的休闲狂(休闲中毒者)。

6. 健康制约

健康制约影响个人的流动性、心理状态和休闲活动的选择。例如,健康的人一般比病弱的人更能参加运动性的活动。

7. 经验制约

每个人的人生历程中都有不同的休闲体验。休闲活动的机会不多一般会成为成功参加休闲的制约因素,越是经历过多种休闲形式的人,其未来休闲活动的范围越大。

8. 环境制约

环境制约是指制约人们接近地域、设施和其他休闲关联设施的障碍因素。例如,设施建筑工地可进入性差或视野不好都是休闲的制约因素。携程旅游最新发布的《2017中国旅游者意愿调查报告》显示,2017年出游,31%旅行者最关注安全因素,占比最高,包括目的地近期是否发生过自然灾害,恐怖袭击,或有治安方面的不确定因素都会成为制订旅行计划的重要考量。其次是环境因素,25%旅行者最关注目的地环境,污染、雾霾等都会让消费者减少对一个目的地的兴趣。还有15%的旅游者最关注目的地对中国游客的友好程度。此外,航班和签证的便利程度,也影响着旅游者的意愿和偏好。

雾霾成为我国入境旅游主要影响因素之一

中国旅游研究院发布的《中国入境旅游发展年度报告 2014》认为，当前雾霾正成为我国入境旅游主要影响因素之一。

报告指出，2013 年我国接待入境游客 12 907.78 万人次，同比下降 2.51%；全年接待入境过夜游客 5 568.59 万人次，同比下降 3.53%。我国入境旅游市场规模总量位居世界第四，仅次于法国、美国和西班牙。同年，我国入境旅游实现外汇收入 516.64 亿美元，同比增长 3.27%，旅游外汇收入位居世界第四，仅次于美国、法国和西班牙。

中国旅游研究院院长戴斌说，目前我国入境旅游下滑趋势有初步扭转迹象。特别是我国入境旅游市场综合效益有所提升。从发展趋势而言，入境旅游发展的不确定性增加，除经济形势、国家关系等常规因素外，天气环境等因素的加入使得入境游发展环境越来越复杂，特别是雾霾天气成为入境旅游的主要影响因素之一。

目前，港澳台地区是我国入境旅游主要客源市场。2013 年从全部入境客源比重看，香港同胞占 59.56%，澳门同胞占 16.07%，台湾同胞占 4%；外国游客占全部入境游客的 20.37%，我国四大客源国韩、日、俄、美占全部入境外国人的四成。戴斌说，就市场环境来看，旅游法规范保障功能将日益展现。就政策导向而言，免签等旅游便利化政策，预计将为我国入境游发展注入新动力。

（资料来源：钱春弦．报告称：雾霾成为我国入境旅游主要影响因素之一．新华网 [2014-10-20].）

9. 休闲价值和技术制约

休闲技术不足会成为参加休闲活动的障碍因素，在日常生活中不重视休闲活动的休闲观也会成为参加休闲的障碍因素。

10. 社会文化和文明制约

有些休闲活动与社会身份有密切的关系，普通人要享受特殊人群享受的设施、活动和服务时，会受到限制。有些休闲活动具有历史性，属于特定社会阶层或文化团体专享。

休闲也要讲文明

与过去相比，如今人们的休闲时间多起来了。节日时有长假，每周休息两天，人们的业余生活因此而变得丰富多彩。在社会主义精神文明建设中，也包含了"休闲文明"这样一个内容。

记得 1999 年我到"文明城市"辽宁大连采访，住在郊区农民家。早晨出门看农田，主人牵出一条狗，拿出一把铲子，一边遛狗一边向我介绍情况。我知道主人喜欢狗，但不明白他手里拿把铲子做什么。问后才知道，原来狗在溜达中可能拉屎，主人可用铲子铲起来，顺手埋在路边的泥里。我问他为什么，主人答："大连是文明城市，要随时保持清洁，不可污染了环境。"一位普通的农民说出这样一段话，着实令人感动。

如今，城里养狗的人多起来了，狗的粪便也处处可见。我居住的这个小区，一到晚上便有不少人在路上遛狗、逗狗。如果手续合法、证件齐全，城市居民养狗无可厚非。但是，仔细观察，在这些养狗的人中，很少有人会准备铲子一类的工具。是他们家的狗不拉屎吗？不是！问题在于他们并没有把保护环境卫生的事情放在心上，换句话说，是没有养成自觉保护环境的习惯。

类似的例子还有很多。有人为了锻炼身体，竟把小树当作单杠，压得小树直不起腰；有人为了图方便，把下水道当成了垃圾桶，什么废物都往里边扔；有人组织秧歌队，深更半夜还在居民楼下敲锣鼓……

休闲是公民的权利，神圣而不可侵犯。同样，休闲中讲文明，应是公民的义务，需要养成习惯，成为公德。社会主义精神文明是一点一滴建设起来的。如果每一个人都能自觉地把"文明"两个字放在心上，那么，我们的社会就会更和谐、更美好。

1. 休闲是每个人的基本权利，享受休闲时是否需要受社会公德的制约？
2. 党的二十大报告提出要"提高人民道德水准和文明素养"，你认为如何才能实现这一目标？

[资料来源：建达. 休闲也要讲文明[N]. 人民日报，2000-07-13(12).]

5.2 休闲制约的类型

加拿大学者埃德加·杰克逊把参加休闲的制约归纳为先前性制约和干涉性制约两种。先前性制约是影响或妨碍选择某种休闲活动的制约。先前性制约是对娱乐和休闲机会的不完全认识，包括个人休闲信念、社会性的强制等。干涉性制约发生在休闲活动和实际参与的选择之间。它包括娱乐设施的可利用性、工作时间及娱乐设施的可进入性和设施的安全性。美国学者杰弗瑞·戈比把休闲制约分为个人内在制约、人际交往制约和结构性制约三种类型，这种分类方法影响比较深远，已为众多学者所接受，下面着重予以介绍。

5.2.1 个人内在制约

个人内在制约是指阻碍休闲者参与某项休闲活动的个人心理障碍，如压抑感、焦虑感、沮丧感、宗教信仰、朋友的态度、自己对某一特定休闲活动的能力感等。人们可能会在周末突然觉得没兴趣而取消了原定的登山休闲计划，也可能因为心情不好而失去了和朋友逛街喝茶的兴致。这些心理因素都可能成为个人内心中的阻碍，使人们无法参与某件事。个人内在制约在男女之间表现得更为明显，因为两性对不同休闲项目感兴趣的程度差异很大。例如，男性喜欢运动类、危险性的休闲项目(球类、赛车等)，而女性偏爱轻松的、解压类的休闲项目(逛街、聊天等)。研究表明，创伤性事件往往会给人们造成更深的个人内在制约。例如，人们参加某次活动获得了不好的体验或者受到了伤害，那么对这类休闲活动便会产生一种排斥的心理。或许参加这类活动的行为能力并没有丧失，但是对此类活动的意义已经有了新的解读。

5.2.2 人际交往制约

人际交往制约涉及人与人之间的相互关系和相互作用,来源于家庭、朋友及其他相关联的群体。例如,当你想组织一次大学班级的集体旅游时,由于没有人响应,或者说有很少人响应,所以不得不取消计划;又如一个人内心深处非常喜欢开赛车,但他的家人担心这项活动可能会给他带来危险,因此他可能就不再开赛车了。由于很多休闲活动必须要找同伴一起参与,而这往往又是最难以控制和设计的,因此,就会有各种繁杂的人际交往的障碍阻碍了人们顺利地进行休闲活动。另外,同样的休闲活动,参与者的人际关系不同,也会影响到其休闲体验的质量。

5.2.3 结构性制约

结构性制约的类型包括参与成本、时间及其他方面的保障、设施问题、阻隔(社会阻隔和地理阻隔)及技术和能力的缺乏。这类制约在人们的爱好和参与行为之间发生作用。这方面的例子有气候、工作日程安排或是可获得的机会等。例如,有的人为了生计而全天候工作,因此没有时间放松一下;有的人可能想学习驾驶帆船,但却找不到帆船或者附近没有合适的水域。

5.3 弱势群体的休闲制约

弱势群体是根据人的社会地位、生存状况而非生理特征和体能状态来界定的。它在形式上是一个虚拟群体,是社会中一些生活困难、能力不足或被边缘化、受到社会排斥的散落的人的概称。大体上说,弱势群体包括儿童、老年人、残疾人、精神病患者、失业者、贫困者、灾难中的求助者、农民工、非正规就业者,以及在劳动关系中处于弱势地位的人。毫无疑问,对于这些人的休闲活动,我们知之甚少,但是他们的生活几乎涵盖了所有的制约因素。正如汤姆·古德尔(1992)所言:"事实上,所有关于女性和休闲的研究就是关于制约因素的研究……关于老年人的、残疾人的、各式各样的种族和种族团体的休闲研究主要就是制约因素的研究……"

5.3.1 青少年的休闲制约

休闲对人的全面发展至关重要,而青春期又是人生中最为重要的一个过渡阶段。因此,休闲已经成为青少年拓展个人成长空间的重要途径,对青少年休闲制约因素的研究也显得格外重要。与其他群体不同,青少年的休闲制约与其发展过程的特征和任务相关,因此,主要的休闲制约因素是出于内在的自我决定的基础上的。

1. 性别的制约

青少年时期的一个重大转变就是性特征的出现。青春期的男女开始对性有了认识,如

何处理好男女关系成为一项很大的挑战，也增加了青少年参与休闲活动的隐形压力。在青春期以前，男生与女生在一起玩并无多大关系，但是一旦步入这一时期，男女之间便产生了一种隔阂。参与共同活动的男生与女生总是会招来非议。这不仅仅会引来同学之间的无聊消遣，甚至还会遭到家长和老师的反对。另外，青春期的青少年不但生理上发生了变化，心理上也同样发生了变化。男生与女生的兴趣爱好变得越来越不一样，两者之间的矛盾也会不断增多。

2. 社会文化的制约

在一些社会文化中，女生是限制甚至不允许参与休闲活动的。同时，青少年的休闲机会也较少，青少年无论在生理上还是心理上都需要安全的休闲场所。而目前看来，这种专门针对青少年并为其带来丰富休闲体验的场所是极其缺乏的，这便导致了青少年休闲活动参与度的下降。

3. 长辈监督的制约

青少年开始有了自己的思想，却还是生活在父母与老师的监护之下。受监督是青少年进行休闲活动的重要制约因素之一。家长总是会告诉他们什么应该做，什么不应该做。当

青少年对自己的休闲活动没有发言权的时候，即便他们有着极其强烈的休闲偏好，也不愿意参加休闲活动。因此，作为长辈应该赋权予青少年，多倾听他们的心声，了解他们真正的需要，这对他们的成长必将会是有百利而无一害的。

5.3.2 女性的休闲制约

很多学者对女性休闲进行研究的出发点是基于这样的假设：男性和女性之间的休闲存在差异，女性通常会面临休闲与各种责任和要求之间的冲突。越来越多的研究表明，女性在社会中的地位，导致女性得不到有价值的资源，社会对女性的生活、角色和责任的期望，这些因素都降低了她们的自由度，并限制了她们的选择余地。

1. 家庭角色的制约

女性在家庭中扮演的母亲角色是制约其休闲的主要因素。一旦成家立业，女性的休闲权利意识就会大大降低，照顾家庭成为其首要任务。职业女性表现为休闲时间的缺乏，她们不仅肩负着带薪工作的压力，更肩负着不计报酬的家务劳动的压力。带薪工作与家务劳动的双重压力占据了女性的大部分时间，即便女性参与某些休闲活动，也可能是出于家庭责任或者义务，并非她们真正想要参与其中。而家庭主妇则缺少经济来源，也往往缺乏经济独立性。她们并没有直接的收入来源，其经济上的依赖性往往导致个人的休闲消费受到制约。

2. 社会文化的制约

一般而言，男性的社会地位总是高于女性的，男性也更容易受人尊敬和邀请，这便造成了女性休闲机会和休闲项目的缺乏。这一点在运动休闲领域表现得十分明显。许多运动并不十分适合女性参与，如拳击运动、摔跤等。另外，出于安全考虑，许多单位不太会安排女性职员出差，而因公出差常常会换来不错的休闲经历。

3. 心理因素的制约

虚荣、尴尬及恐惧这些心理因素也是制约女性休闲的重要因素。大部分女性十分在意自己的身材与外貌。对于身材不好的女性来说，她们不太愿意参与展露身材的休闲活动（如游泳）。尴尬也降低了她们参与休闲活动的欲望。受到文化和角色期望的制约，一些不合潮流或者不正常的休闲活动便会遭到女性的拒绝。再者就是恐惧心理，女性对未知事物的恐惧感往往高于男性，她们对如徒步旅行、蹦极等刺激性冒险活动的参与度不高。

5.3.3　老年人的休闲制约

联合国衡量老龄化程度的指标：以65岁及以上老年人口比例在7%以上的为老年型人口。在发展中国家中，多采用60岁为老年人口的年龄起点，当60岁及以上老年人口占总人口比例在10%以上为老年型人口。目前，我国的人口老龄化已经进入快速发展期。截至2016年年底，我国60岁及以上老年人口达2.31亿人，占全国总人口的16.7%。其中，65岁及以上人口1.50亿人，占总人口的10.8%。任何干预成功老龄化追求的因素，如不良健康状况或缺少积极参加活动的机会，都可被认为是一种制约，这些制约的影响将会使老年人不能享受休闲的机会。在这种情况下，制约不仅限制或阻碍了休闲参与，还妨碍了成功的老龄化。

1. 健康状况的制约

老年人随着年龄的日益增长，他们的身体和认知能力也随之下降。身体的制约是导致多种休闲活动中止的原因，这些活动包括散步、游泳、看书、外出用餐、旅行、拜访亲友、跳舞等。一位85岁的老年人更有可能比一位65岁的老年人在休闲活动上受到制约。例如，视力下降可能导致老年人驾驶能力的丧失，因此其出行可能成为问题。

2. 恐惧心理的制约

老年人易摔倒与其生理机能退化有密切的关系，布鲁斯等人(2002)研究了对摔跤的恐惧和娱乐性活动参与度之间的关系，发现恐惧摔跤可能影响超过30%的老年人的休闲活动。甚至在身体机能良好、健康的老年女性中，恐惧摔跤也很普遍，所以，害怕摔跤而导致休闲活动水平下降，也是一种老年人的休闲制约。

3. 收入水平的制约

虽然老年人收入稳步增长，但城市与农村的老年人收入还存在较大差距。城市的老年人以保障性收入为主要来源，而农村的老年人以市场为主要收入来源，农村老年人脱离市场就意味着失去了收入来源，养老也得不到有效保障。《2010年中国城乡老年人口状况追踪调查主要数据报告》显示，城市老年人近75%是离退休职工，再就业(含返聘)的占7.2%。而在农村，有44.3%的老年人仍在干农活，务工、做生意的仅占8.6%。在社会养老保障(退休金、养老金)覆盖率方面，城镇为84.7%，远高于农村的34.6%。农村老年人平均月养老金为74元，仅为城市老年人平均月退休金(1 527元)的近5%。老年人平均年收入结构中，城市老年人的养老保障占到86.8%，而农村目前主要还是靠家庭和土地养老，养老保障只占到18.7%。由于退休导致老年人收入减少，很多人把社会保险当作主要的经济来源，这可能进一步扩大了收入水平的制约。

4. 形象固化的制约

老年人的被动依靠形象，对他们自我信心的塑造有一个复杂的影响。这会导致老年人的孤立和分离。这样的分离对老年群体休闲生活的影响是很明显的。尽管他们有大量的闲暇时间，然而他们的休闲参与程度很低，这并不能简单地由生理变化和老龄过程来解释，而是可以解释为老年人为避免负面形象产生不愉快的权宜结果，这让他们有一种不被欢迎、"不合时宜"的感觉。人们缺少对老年人的认可，休闲领域被年轻人统治着，这些也会导致老年人与休闲分离。

案例分析 5.3

老年人，离休闲还有多远？

随着人们生活水平的提高，假日休闲不再是年轻人释放繁重工作压力的"专利"，一些老年人，特别是平时围着儿孙转的老年人也开始享受假日里的那一份闲情。但调查发现，虽然长假期间选择旅游等休闲方式的老年人越来越多，但这并不能代表整个老年人群体。与年轻人长假休闲的热闹相比，绝大多数老年人的长假与平时并无二致，"报纸电视看一看，扑克麻将玩一玩，街头巷尾转一转"成了老年人长假生活的真实写照。

记者在天津居华里、迎水东里等居民小区随机采访了20位身体健康的老人，其中长假待在家里没有任何休闲娱乐的占到80%。家住南开区王顶堤社区的杨大爷说："现在的各种假日休闲娱乐方式都是针对年轻人开发的，可供老年人选择的休闲娱乐方式很少。出门旅游的人太多，而且花费也不低，对身体也是考验。而待在家里，除了看电视、打牌很难找到适合的休闲娱乐方式和场所。"

今年68岁的何大妈退休以前是一名教师，喜欢唱歌。她告诉记者，长假期间她原本和几个中学同学约好准备赶个时髦，去KTV重温一下"一起歌唱的岁月"。然而，老人们找了3家KTV，里面根本就难觅他们那个年代传唱的那些"革命歌曲"的伴奏了，感到十分扫兴。

在天津的一些文化娱乐场所，消费主力军是清一色的年轻人，几乎见不到老年人的身影，与在街头散步、家里看电视的老年队伍形成了强烈的反差。而作为与老年人离得最近的社区老年活动中心，长假里却是"铁将军"把门，将老年人拒之门外。

> 记者从全国老龄工作委员会办公室了解到,国家投入大量资金建设的"星光老年之家"有相当一部分被挪为他用或挤占,出现了"挂羊头,卖狗肉"的现象,使老年人失去了假日休闲的最后一块阵地。
>
> 随着老龄化程度的日益加剧和家庭结构的简单化,休闲娱乐方式的单调不仅直接影响着老年人生活和生命质量的提高,而且与建设和谐社会的要求相去甚远。天津市社会科学院社会学教授郝麦收说,了解老年人的休闲需求,关注老年人的休闲生活,开发及繁荣老年人的休闲产品市场,帮助老年人学会、拥有积极健康的休闲生活,对老年人及整个社会都具有重要意义。
>
> (资料来源:刘元旭. 老年人,离休闲的路还有多远?新华网 [2007-05-08].)

5.3.4 残障人的休闲制约

党的二十大报告指出要"完善残疾人社会保障制度和关爱服务体系,促进残疾人事业全面发展"。这无疑会削弱或减少残疾人的休闲制约。目前,影响残障人参与休闲活动的制约因素主要有三类:物理制约、社会制约和意识制约。

1. 物理制约

物理制约直接影响着休闲活动的参与程度,因此比社会制约更容易识别。一般的物理制约是建筑型的,包括椅子、座位、路边的栏杆、陡峭的斜坡、小街小巷、人行道、走廊及光线(尤其对视力有障碍的人),另外还有电梯空间、建筑物入口、停车场及厕所等。这些建筑不仅妨碍了残障人对休闲环境的有效利用,而且妨碍了残障人接近它们。这样的物理制约在短时期内很难发生变化,因为设施的建设通常是长期的。

2. 社会制约

从本质上讲,社会制约更难以觉察,短时间不易被认知。要想改变社会制约,需要改变态度及意识水平,因为它们是由社会期望及文化标准引起的。社会结构也是一个重要的制约。例如,限制残障人就业的社会结构反过来限制了残障人的可支配收入,因此也限制了他们参与休闲活动的程度。事实上,大部分残障家庭的收入低于国家平均收入水平。与其他的低收入群体一样,为了消除这个障碍,最基本的措施就是国家的价格政策拉动休闲消费。

3. 意识制约

人们对现存的设施及设施组织的意识制约,即他们以自己的能力评估休闲设施所导致的意识制约。残障人缺少参与休闲活动的经验、缺少休闲环境,直接导致了残障人在参与休闲活动时缺乏信心,从而导致其有低估自身能力的倾向。意识制约可以通过雇用残障人士来娱乐场所工作或以极大的优惠刺激残障人士前来消费予以克服,有效运用模范的作用来达到工作及促销的目的。不仅是残障人自己,其他人的意识也能构成制约。公众教育需要解除人们对残障人的恐惧感,需要参与者和职员拥有对残障的正确认识。

5.4 休闲制约与休闲动机的平衡

休闲制约并非静止的、不能逾越的。休闲制约的影响程度可以通过协商来缓解。毕竟，当参与某项活动的动机强烈到一定程度的时候，休闲制约因素也是完全可以被克服的。尽管遭遇了制约因素，人们还是能设法参与并享受休闲，即使这种参与和享受不受制约时，情况是不同的。人们参与休闲并非取决于制约因素的有无，而在于同这些因素进行协商，这些协商的结果往往是对人们实现休闲的路径的修改，而并非取消。另外，需要注意的是，这些制约因素的强弱并不只是它本身的强弱，还应包括对制约进行协商的意愿及对协商能力的预期。

进行协商的意愿在很大程度上受到休闲动机的影响。通过这样的协商不但能够促使休闲活动的实现，更能够提升休闲质量。因此，休闲制约并不应是一个单独的命题，它应与休闲动机结合起来考虑，孤立地分析休闲制约或者休闲动机都是有失偏颇的。埃德加·杰克逊在《休闲的制约》一书中将休闲制约与休闲动机进行了融合，总结出了等级／协商模型，如图5.2所示。

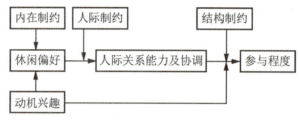

图 5.2　休闲制约与休闲动机的等级／协商模型

从图5.2所示的模型可以看出，内在制约与休闲动机共同影响着休闲偏好，而人际制约及结构制约则在休闲实现过程中对其产生影响，最终共同作用于休闲的参与程度。当休闲动机远远高于内在制约时，内在制约就可以被克服，从而产生强烈的休闲偏好。强烈的休闲偏好促使着人们克服各种困难，包括人际交往上的和结构上的，最终落实休闲行为，提升休闲质量。这一休闲的实现过程正是休闲制约和休闲动机的平衡过程。

本 章 小 结

休闲制约是指个体或组织在从事休闲活动过程中遇到的障碍、阻挠或限制，并由此造成人们原本可以参与或追求的休闲娱乐活动无法正常进行。

休闲的制约因素是限制或妨碍参加休闲活动的质量、期限、强度、频率及其他妨碍享受休闲的因素。休闲制约的因素大致有以下10种：态度制约、时间制约、经济制约、信息制约、消费制约、健康制约、经验制约、环境制约、休闲价值和技术制约、社会文化和文明制约。

休闲制约的类型：个人内在制约、人际交往制约、结构性制约。

休闲制约并非静止的、不能逾越的。休闲制约的影响程度可以通过协商来缓解，即休闲制约与休闲动机的平衡。

 **关键术语**

休闲制约 (leisure constraints)

休闲制约因素 (constraints to leisure)

内在制约 (interpersonal constraints to leisure)

人际制约 (intrapersonal constraints to leisure)

结构制约 (structural constraints to leisure)

 知识链接

1. [加] 埃德加·杰克逊. 休闲的制约 [M]. 凌平，刘晓杰，刘慧梅，译. 杭州：浙江大学出版社，2009.

2. [英] 克里斯·布尔，杰恩·胡思，迈克·韦德. 休闲研究引论 [M]. 田里，董建新，等译. 昆明：云南大学出版社，2006.

3. [韩] 孙海植，安永冕，曹明焕，等. 休闲学 [M]. 朴松爱，李仲广，译. 大连：东北财经大学出版社，2005.

4. 郭鲁芳. 休闲学 [M]. 北京：清华大学出版社，2011.

课 后 习 题

一、多项选择题

1. 埃德加·杰克逊把休闲的制约分为（　　）。
   A. 先前性制约　　　B. 干涉性制约　　　C. 个人内在制约
   D. 人际交往制约　　E. 结构性制约

2. 杰弗瑞·戈比把休闲制约分为（　　）。
   A. 先前性制约　　　B. 干涉性制约　　　C. 个人内在制约
   D. 人际交往制约　　E. 结构性制约

3. 青少年的休闲制约主要包括（　　）。
   A. 性别的制约　　　B. 社会文化的制约　C. 长辈监督的制约
   D. 健康状况的制约　E. 收入水平的制约

4. 女性的休闲制约主要包括（　　）。
   A. 家庭角色的制约　B. 社会文化的制约　C. 心理因素的制约
   D. 健康状况的制约　E. 收入水平的制约

5. 老年人的休闲制约主要包括（　　）。
   A. 健康状况的制约　　　　　　　　　　B. 摔跤恐惧的制约
   C. 收入水平的制约　　　　　　　　　　D. 形象固化的制约

6. 残障人的休闲制约主要包括(　　)。
　　A. 物理制约　　　　　　　　　　B. 社会制约
　　C. 意识制约　　　　　　　　　　D. 干涉性制约

二、判断题

1. 休闲制约都是一成不变的，是无法克服的。　　　　　　　　　　　　(　　)
2. 休闲动机与休闲制约是毫无关联的两个内容。　　　　　　　　　　　(　　)

三、思考题

1. 结合自己的情况，分析一下大学生的休闲制约主要包括哪些因素？
2. 结合自己的情况，分析一下你是如何克服休闲制约因素的？
3. 试调查一下农民工的休闲制约。

第6章 休闲资源

知识目标	技能目标
① 理解休闲资源的概念及内涵； ② 理解休闲资源的特征； ③ 掌握休闲资源的分类体系； ④ 理解休闲资源开发的基本内容	① 熟悉休闲资源的分类标准； ② 掌握休闲资源开发的内容； ③ 了解休闲资源开发的程序

田园综合体——乡村旅游的新出路

以农家乐为主的乡村旅游是在"十一五"规划提出的"以城带乡的长效机制"下形成的，然而经过多年发展之后，虽然看似形势大好，实际却遭遇了发展瓶颈——乡村成了城市人短暂游憩的桃花源，却并没有完全成为提升乡村人生活的宜居地。这种以城带乡的模式在实践中出现了偏颇：乡村靠付出资源来换取收入，城市仅利用资源而建设缺位。这样的单向利用难以实现城市对乡村的真正带动，虽然城市人的乡愁得以寄托，但农村人的乡愁也在逐渐形成。乡村旅游面临严重的"不对等"发展瓶颈。

田园综合体：构建城乡共享发展

要想突破这种瓶颈，势必要转向双方共享共赢的发展模式。而田园综合体的核心就是构建城乡共享发展。田园综合体则以田园生产、田园生活、田园景观为核心要素，是现代农业、休闲文旅、田园社区多产业多功能的有机结合体。作为乡村旅游的新型业态，能够成为城乡发展的黏合剂，实现城乡在多个领域的对接，构建城乡内生性、可持续的联动发展。

田园综合体：城乡基础设施的对接体

初期"以城带乡"模式下的农家乐之所以不可持续，主要是受限于乡村生态环境的承受能力。对自然景观的强依赖性导致农家乐大多依附于旅游景点或依山傍水设立，但蜂拥而来的游客、猛增的餐饮游乐需求会产生大量的污染物排放，大大超出乡村薄弱基础设施和大自然自净能力的承受范围。个体农户缺乏动力也缺乏能力来配备大规模的处理设备，同时又难以形成有效的组织机制来统一建设、维护，只能任由污染物排入江河、湖泊。如此，发展旅游与生态保护已经形成矛盾。

但在田园综合体模式下，这一问题能够得到有效解决。作为一个产业多元、统筹规划的开发者，它有能力也有动力对项目的基础设施做好保障，能够在开发前期就对乡村基础设施的承载力进行评估、率先改进。

田园综合体：城乡休闲生活的嫁接体

除了基础设施，在这个"走心的时代"，城市人对田园休闲的需求不断升级，已经不仅仅满足于一个可供休憩的乡村外壳，精致、有情怀、经过魅力改造的时尚乡村才符合他们的口味。田园综合体能在利用乡村本身肌理的基础上，植入城市人喜爱的休闲功能，营造一个传统乡村和时尚都市魅力相融合的强磁极。

田园综合体：城乡人群的融合体

城乡共享发展需要建立有效的沟通机制，乡村旅游无疑应该是人流、信息流、资金流交换的重要渠道，但当前城市流对乡村的辐射途径、转化方式，都有待改进。田园综合体通过对乡村人的普遍影响，包括对村民生活方式的改变以及对本地精英的扶助，能够推进城乡人群的深度融合。以前的农家乐只为乡村带来了城市人的"钱袋子"，田园综合体却一并导入了城市的多领域资源，帮助乡村进行再精英化，实现乡村自主语境下的发展。

结语

休闲农业与乡村旅游曾经由于单一利用乡村资源而沦为一场短暂的狂欢，田园综合体通过构建多领域城乡交流、引导城市资源向乡村流动,对以乡村旅游带动城乡共享发展的路径进行了有益探索。这不单单是物业类型上的叠加,而是从出发点上变革、由利用到共享的模式创新。这一模式所带来的不仅是基建好了、环境好了,而且将逐步实现乡村生活有活力、乡村社会有精英,达成城市人流、信息流、资金流的反哺。在田园综合体模式下,城市和乡村能够互为资源、互为市场、互相服务,实现共享发展,让城市人与乡村人宾主尽欢。

[资料来源:华高莱斯. 田园综合体——乡村旅游的新出路 [J]. 新农村(黑龙江),2017,10: 19-20.]

思考:
(1) 田园综合体是否属于休闲资源?属于何种类型的休闲资源?
(2) 为什么说田园综合体是乡村旅游的新出路?
(3) 你认为田园综合体能否在全国推广建设?如何推广?

休闲业发展的基础是休闲资源。自然环境、人文景观中各种不同类型的资源,只要能与休闲行为的生成或休闲需求的满足相结合,都属于休闲资源的范畴。经过设计者、建设者和经营者的开发和组合活动,休闲资源可以转化为休闲产品,从而实现其价值。

6.1 休闲资源的概念与特征

对休闲资源进行科学合理的利用是休闲业持续发展的内在要求。而一切休闲资源的利用,应根植于对休闲资源的类型、特色、组合状况、发展水平等基础情况的掌握和研究。作为研究的基础,首先必须对休闲资源进行界定。然而,如同休闲的概念一样,人们对于休闲资源的概念及内涵,也有不同的认识。

6.1.1 休闲资源的概念

休闲资源作为资源的一种形态,是人类社会经济发展到一定阶段,休闲活动进入到社会经济领域,并以大量休闲产品、休闲服务的涌现为标志的休闲业出现后才被明确提出的。人们从事休闲活动时所利用的资源可以统称为休闲资源。休闲活动的发端首先来自人们的休闲意愿,放松娱乐、增长见识、养生健身等休闲需求目的的满足总要依赖于各类事物,而这些事物都可以被视为休闲资源。

人们对休闲资源的研究目前关注较少,现有的研究成果对休闲资源的外延范围和内涵属性虽然有一定的概括,但大都建立在"旅游资源"或"游憩资源"的定义基础上。随着人类认识的不断深入、社会生产水平的不断提高,休闲资源的范畴也在不断扩大。要对休闲资源的概念进行全面认识,应重点从以下三个方面理解。

首先,休闲资源应该是客观存在的,这是休闲资源的内在属性。这种客观存在既可以是自然形成的,如名山大川、流泉飞瀑、绿叶红花等;也包括人类社会创造的,如花园街景、购物商厦、运动场馆等;更多的则是自然和人工结合而成的,如森林公园、海滨浴场、户外垂钓等。需要注意的是，休闲资源既有物质的，也有非物质形态的；既有自然或人文社会中有形的资源形态，也有文化、民俗、传说等无形的资源形态。对于具体形态化的物质休闲资源往往容易获得人们的认同，但对无形的休闲资源，人们往往不易感知和触摸，从而容易忽视。一切休闲活动都发生于一定的空间，作用于一定的对象。对于所有精神性的、非物质的资源，只要它是在物质基础上产生的，依附于物质而存在，都可作为休闲资源来看待。

其次，休闲资源必须能让休闲者产生休闲动机，从而满足休闲者的特殊需要。这是衡量休闲资源的一个主要标准。休闲资源只有具有吸引功能才能使得娱乐度假、修养疗养、探险猎奇、求新求知等目的的休闲活动得以形成和实现。因此，休闲资源的理论核心是休闲吸引力。因而，凡是对休闲者具有吸引力的自然物、社会事务或因素，都可构成休闲资源。当然，这个吸引功能主要体现的是大众的概念，也就是说某项休闲资源至少对一部分人要有吸引力。

最后，休闲资源的利用要产生一定的效益。休闲资源也是资源，资源必须要发挥经济价值。所以，休闲资源要能为休闲业所开发、利用，并产生实际的经济意义。当然，也有可能一些休闲资源受到当前社会经济技术发展水平的制约，无法得到现实利用，但其应当存在未来开发利用的可能。休闲资源的利用也要考虑其社会效益。随着时代与经济社会的发展，休闲已经从最初的满足劳动者体力与精力恢复的一种生理需求，逐渐转变为改善与丰富人类生活和维护社会和谐稳定的重要手段。休闲的放松与消遣功能有助于人们缓解精神疲劳，释放心理压力，在一定程度上抑制或化解社会冲突的诱发因子，营造宽松、和谐、有序的社会环境。

6.1.2 休闲资源的特征

休闲资源既具有普通资源的共性特征，又有其独特性的一面。

1. 休闲娱乐性

休闲娱乐性是休闲资源的最大特点。休闲是人们在非劳动和非工作时间内自愿从事的各种自由活动。作为休闲活动的客体，休闲资源最明显的意义在于提供活动场所和相应内容。人们通过身体放松、竞技活动、艺术欣赏、好奇心等多种方式接触有关环境、场所和设施，获得身心的放松与调节，达到生命保健、体能恢复、身心愉悦等目的。相对于一般资源而言，休闲资源具有更强的娱乐功能；而与一般的观赏旅游资源相比，休闲资源不一定拥有奇特的景观或丰厚的历史价值，但肯定能让参与者放松身心、悠闲自在，并在一定程度上调节游人的智能、体能和生理、心理机能。尽管具体的休闲动机因人而异，休闲活动的内容与形式也千差万别，但休闲娱乐的特性贯穿于每一个个体的每一项休闲活动。因而，没有休闲娱乐性，就无法构成休闲资源。娱乐性的强弱体现了休闲资源的价值大小。

《江南 Style》是在 2012 年 7 月 15 日登录 YouTube 的，此后点击率便一路飙升。截至 2017 年 11 月 26 日上午 8 点，点击量已经突破了 30 亿次。毫无疑问，《江南 Style》已经成为近年来韩国最成功的文化输出品之一。2012 年 11 月 6 日韩国政府授予演唱者朴载相（PSY）"大韩民国大众文化艺术奖文化勋章"，更印证了这一点。一曲《江南 Style》，一周内拉动的 GDP 数值高达 10 亿美元，再次印证了娱乐的重要性。

大别山红色旅游或走趣味化路线

说到体验徽风皖韵,你一定想到皖南;说到红色旅游,你一定能想到刘邓大军曾千里跃进的大别山。近日,在首届大别山旅游发展高峰论坛上,多位专家认为,大别山红色旅游可以走趣味路线,吸引更多的年轻人。

安徽大学旅游管理系主任李经龙说,要想真正发挥红色旅游的魅力,不妨走趣味化路线。"比如门票,可以做成战时的通行证。景区工作人员可以扮成士兵站岗放哨,没有通行证不放行。在景区买东西,要先兑换成过去的苏维埃纸币,这样游客的兴致就起来了。"李经龙说。此外,景区还可以举办军歌表演、士兵生活体验,要建成红色文化体验园区,要用亲身体验的方式让游客找到游玩的乐趣,这样比单纯的说教有趣得多。

合肥市旅游局副局长唐德鹏认为,现在岳西、金寨等地都在做大别山旅游,"但绿得不深,红得不透",在生态和红色旅游两方面都没做好,缺少旅游集散中心,没有一个知名的红色旅游博物馆和地质博物馆。唐德鹏建议,旅游主管部门可以发挥协调能力,打造出精品旅游路线和若干核心景点。

(资料来源:徐晓景. 大别山红色旅游或走趣味化路线. 江淮晨报,2013-03-25.)

2. 要素的关联性

休闲资源的构成要素极其复杂,既包括地形、地质、水体、大气、动植物等自然资源与环境构成的休闲空间,也包括遗址遗迹、聚落形态、文学艺术等人类历史遗留,还包括城镇与乡村建设的基本设施。这些要素往往集合在一起,相互关联和作用,构成一种特有的休闲资源。可见,休闲资源的形成不仅是人类有意利用特殊环境、文化、设施等休闲要素,还与很多其他行业要素有很强的关联性,如房地产、信息、出版、娱乐餐饮、社区服务、教育、体育、展览馆、广播电视、艺术场馆及交通、金融、保险等。休闲资源对区域的整体发展与配套水平有很强的关联性和依赖性。

3. 多样性和组合性

休闲资源是一个集合概念,任何能够造就对休闲者具有吸引力环境的因素都可以促使休闲资源的形成。客观世界的复杂性和休闲者需求的多样性,决定了休闲资源具有多样性的特点。既有自然休闲资源,也有人文休闲资源;既有历史遗存资源,也有现代人造资源;既有有形休闲资源,也有无形休闲资源;既有现实休闲资源,也有虚拟休闲资源。同时,独立的资源要素较难形成具有吸引力的休闲资源。因为各要素都处于相互联系、相互作用、相互制约的环境中,很少存在孤立的、与周围其他资源要素互不联系的单一休闲资源现象。在同一地区内往往是多种休闲资源交错分布在一起,形成一个和谐的整体。一个地区休闲资源的种类越丰富、构成越复杂,则其综合性就越强,就越能满足休闲者的多元化需求。

案例分析 6.2

全国都有的游乐 一个万达茂就搞定

2017年6月17日上午,万达集团在全国的第191座商业及文旅项目——南宁万达茂盛大开业!据了解,南宁万达茂以150亿元巨资绘制160万平方米巨幅文旅蓝图,包括全球首座桂文化主题乐园、科技电影城、文旅度假酒店、50余家顶级美食中心、90亩大型停车场、400米桂文化步行街、两滩三里商业街、江景美宅等多重业态。南宁万达乐园位于南宁万达茂内,由世界知名的设计公司担纲设计,精选国内外深受欢迎的游乐项目,是将游乐设施与广西文化、山水元素完美结合的全天候室内乐园。园区设置2大特色主题游乐区,缔造16项娱乐设施,涵盖4个"全国首创型项目",实现全天候、全室内、全龄段、全家庭的欢乐世界。

万达茂是万达集团在世界首创的大型室内文化、旅游、商业综合体。所有项目都在室内,一年365天娱乐全天候,彻底解决天气对娱乐项目的影响。项目内容包括各类室内主题公园、电影科技乐园、国际影城等。作为万达集团创新的新一代产品,万达茂与万达广场相比发生了根本改变,不再以商业为主,而以文化娱乐为主,零售占比低于25%,被业内人士称为万达第四代产品。

万达2000年开始从住宅地产向商业地产、文化旅游产业转型,17年里万达产品已历经四代创新,从第一代商业地产单店、第二代商业地产组合店到第三代城市综合体,再到现在的第四代文旅商综合体——万达茂,每一次模式创新都使万达跃上新台阶,万达茂的推出必将成为万达新的产业模式,提升万达的竞争力,扩大万达的国际影响。

目前,南昌万达茂、合肥万达茂、南宁万达茂、哈尔滨万达茂均已开业,南京万达茂、青岛万达茂、无锡万达茂、青浦万达茂均在建设中。每个万达茂都结合当地文化进行创作,项目各具特色,内容完全不同。如不同城市的万达茂室内主题公园都安排不同项目,有的是主题游乐公园、有的是水公园、有的是滑雪公园,等等。万达茂是万达倾力打造的世界文化旅游新品牌,除了在国内大力发展外,万达茂还将到国外发展,成为在世界上叫得响的中国文化品牌。

(资料来源:http://news.zj.fang.com/2014-08-23/13601066.htm.)

4. 可塑性

休闲客源市场对休闲产品的新奇性要求一般不会像对旅游产品的要求那样高,但人们的兴趣、需要和时尚潮流都会随着时间的推移和社会的发展而不断变化,而且由于休闲市场的消费量越来越大,休闲产业之间的竞争会日趋激烈,需要能够不断推陈出新,以获得更多的客源。需求的变化为休闲资源的创新提供了必要的和可能的空间。考虑到休闲资源的开发利用主要面向本地客源市场,而且绝大多数休闲项目基本没有专利权的限制,所以采用模仿的形式对世界其他国家、地区风行一时的游览项目或休闲场所进行引入,是一种行之有效的开发休闲资源的途径。而借助现代人力、财力和科学技术,创意开发和建造一些新的休闲资源,如特色小镇、田园综合体、特色农庄、创客基地、休闲街区等,应是休闲资源创新的主要形式。尤其是对传统休闲资源相对匮乏的地区，可通过创造休闲资源来营造休闲环境和发展休闲产业。由此可见，多数休闲资源具备资源再生性的特点。

5. 引力的定向性

引力的定向性首先体现在休闲资源的利用者范围。休闲活动包括本地休闲和外地休闲，但多以本地休闲为主，并形成由家庭休闲、城市休闲、环城游憩、乡村休闲构成的本地休闲空间体系。休闲资源的使用往往是本地休闲市场和外地休闲市场存在部分交叉现象，但本地市场覆盖面大，重复利用率高，表现为近程吸引的特性。其次，就某项具体的休闲资源而言，它对某些休闲者的吸引力可能非常大，但对其他休闲者的吸引力就有限。任何一项休闲资源都只能吸引某些特定的市场，不可能对所有休闲市场都具有同样大的吸引力。最后，休闲活动主要是一种经济行为，收入水平的差异使休闲消费呈现出一定的层次性。根据人们的收入水平，休闲的消费群体可以细分为高、中、低收入人群，不同的群体对休闲的需求和消费呈现出高、中、低等不同档次。

6. 时代变异性

不同的历史时期和不同的社会经济条件下，休闲资源的含义是不同的。随着社会的发展，人们对于休闲的追求越来越差异化，休闲资源的含义和范畴也越来越泛化，休闲资源的品种和数量都不断地增加，出现了很多新的休闲资源，如特色购物场所、卡拉 OK 等；原本不属于休闲资源的事物和现象，也可以通过创意设计成为当下的休闲资源，如创意农业。同样，随着时间的推移，由于人们休闲需求的变化，加之休闲活动对环境的影响，原有的休闲资源也可能会对休闲者失去吸引力，变成普通的资源。

7. 区域性

休闲资源具有区域性，是因其存在的特殊条件和相应的地理环境造成的。不同自然和人文环境要素的地区差异使得休闲资源形成了独具一格的地域特色。这也使得休闲资源的开发虽以本地客源市场为主要依据，但也同样赢得外地客人的兴趣和重视，从而形成不同规模的休闲客流。尽管部分休闲资源的构成要素并不具有强烈的区域风格，但各种休闲资源都分布在一定的空间范围内，是地理环境的重要构成要素。整体空间所形成的环境背景和感应氛围，同样具有明确化的区域特征。因而，休闲资源的区域差异是客观存在的，这也是休闲资源吸引力产生的一个重要根源。可见，一个地区的休闲业能否取得成功，首先要看其休闲资源的开发能否保持好地方特色。

6.2 休闲资源的分类

休闲资源包括的范围和种类十分广泛，在各种各样的资源中，休闲资源是一类特殊的资源形态。为更好地认识和评价休闲资源，开发利用休闲资源，以最大限度地满足休闲者的客观需要和取得良好效益，必须对休闲资源进行科学分类。休闲资源的分类就是根据一定的目的，遵循一定的分类标准，通过比较、认识、归纳等方法，识别出休闲资源之间的相似性和差异性大小，将休闲资源进行分门别类，最后依次划分出不同等级。休闲资源的分类是进行休闲资源评价和开发的基础性工作，意义十分重大。

6.2.1 休闲资源的分类原则与分类依据

1. 休闲资源的分类原则

休闲资源的分类原则是休闲资源具体类型划分的指导思想和实践依据。休闲资源的分类应遵循以下几项原则。

(1) 相似性与差异性原则。休闲资源分类时，所划分出的同一级别、同一类型的休闲资源必须具有共同属性；而不具有共同属性的休闲资源则应归入不同类型。不同类型休闲资源之间必须保持一定的差异性，差异性源于属性的不同。根据相似性与差异性对休闲资源进行区分和合并，就可以将纷繁复杂的休闲资源区分为具有一定从属关系的不同等级类型的系统。

(2) 对应性原则。所划分出的次一级类型的内容，必须完全对应于上一级类型的内容，不能出现下一级内容超出上一级或少于上一级的现象，否则就会出现逻辑上的错误。

(3) 逐级划分原则，即分级与分类相结合的原则。休闲资源是一个复杂的体系，它可以分为不同级别、不同层次的亚系统。分类时，可以把分级与分类结合起来，逐级进行分类，避免出现越级划分的层序错误。

(4) 实效性原则。休闲资源的分类原则是建立在一定意义基础之上的，它可以从选定的角度更加清楚地认识休闲资源的内容和特性，从而能更有效地提供开发、利用、保护的指导。

2. 休闲资源的分类依据

要对休闲资源进行分类，除了应遵循一定的原则外，还必须有具体的分类依据，即分类的标准。

(1) 属性，是指休闲资源的性质、特点、存在形式、状态等。例如，可以根据休闲资源构成要素的天然或非天然属性，将休闲资源分为自然休闲资源和人文休闲资源。

(2) 成因，是指休闲资源形成的基本原因和过程。成因与属性有很直接的联系，因此往往作为同一个划分标准。

(3) 功能，是指能够满足开展休闲活动的某种需求。休闲资源大都能满足开展多种休闲活动的需求，因而具有多种休闲功能。

(4) 其他。例如，可以根据休闲资源的存在状态、管理级别、质量高低等，进行相应分类。

6.2.2 休闲资源的分类方法

根据不同目的，休闲资源可以有不同的分类标准和分类方法，常见的分类方法有以下几种。

1. 按休闲资源的性质和成因划分

按休闲资源的性质和成因划分，休闲资源可分为自然休闲资源和人文休闲资源，进一步可以有更多的细分方法。例如，郭剑英 (2005) 根据旅游资源的基本分类，将休闲旅游资源分为地文景观景类、水文景观景类、气候生物景观景类、现代人类吸引物景类和旅游服务景类五大类型。另外，石惠春 (2007) 将休闲资源分为自然景系和人文景系两大类，前者可分为地文景观景类、水文景观景类和气候生物景类三大类，后者则包括现代人文吸引物景类、抽象人文吸引物景类和历史遗产景类。黄震方 (2011) 依据休闲旅游资源特性，先将休闲旅游资源分为自然游憩类、文化休闲类、康娱游憩类和专项休闲类四个大类；再主要根据资源的赋存状态与成因，进而分为 18 个亚类；继之以资源特性为主，兼顾休闲功能，进一步细分为 98 个基本类型，具体分类见表 6-1。

表 6-1　休闲旅游资源的分类

主类	亚类	基本类型
A 自然游憩类	AA 地文景观类	AAA 山地或丘陵　AAB 沟谷（峡谷）　AAC 洞穴　AAD 沙漠与戈壁　AAE 岛礁　AAF 岸滩（沙滩）　AAG 自然灾变遗迹　AAH 其他地质地貌景观
	AB 水域休闲类	ABA 河流（含漂流河段）　ABB 湖泊与水库　ABC 海洋（海滨）　ABD 地热与温泉（矿泉）　ABE 瀑布　ABF 冰雪与滑雪地
	AC 生物休闲类	ACA 森林（包括植物园）　ACB 草原或花卉地　ACC 野生动物栖息地或动物园
	AD 气候休闲类	ADA 天象观察地　ADB 避暑休闲地　ADC 避寒休闲地
	AE 自然综合类	AEA 世界自然遗产　AEB 自然风景名胜区　AEC 自然保护区　AED 森林公园　AEE 地质公园　AEF 湿地公园　AEG 生态旅游（示范）区　AEH 旅游度假区
B 文化休闲类	BA 历史遗产类	BAA 遗址遗迹　BAB 古代建筑与工程　BAC 古典园林　BAD 祭祀与宗教活动场所　BAE 陵寝陵园　BAF 其他文化遗产
	BB 文化场馆类	BBA 博物馆　BBB 文化（艺术）馆　BBC 纪念馆　BBD 图书馆　BBE 科技（科普）馆　BBF 其他主题文化场馆
	BC 人文活动类	BCA 名人与重要事件　BCB 文学艺术　BCC 传统工艺　BCD 地方风俗与民俗活动　BCE 旅游节庆与专项活动
	BD 人文综合类	BDA 世界文化遗产　BDB 文化风景名胜区　BDC 历史文化名城（名镇）与古城镇　BDD 历史文化名村与古村落　BDE 特色村镇　BDF 文化园区与文化旅游示范区
C 康娱游憩类	CA 公共游憩类	CAA 城市广场　CAB 公园　CAC 公共游憩建筑与设施　CAD 休闲主题街区或社区
	CB 餐饮休闲类	CBA 地方名菜名点　CBB 特色与风味餐厅　CBC 美食街与美食城　CBD 酒吧咖啡厅与主题吧　CBE 茶楼与茶艺
	CC 娱乐休闲类	CCA 演艺中心歌舞厅或娱乐城　CCB 主题公园与游乐场　CCC 影剧院与影视中心（基地）　CCD 数字游戏中心与娱乐网站　CCE 狩猎场
	CD 购物休闲类	CDA 购物中心（商场）　CDB 商业街与特色市场　CDC 休闲装备品与地方旅游商品
	CE 体育健身类	CEA 体育馆或体育公园（含溜、滑冰场）　CEB 高尔夫　CEC 健身馆（中心）或游泳馆　CED 拓展训练场所　CEE 马场、自行车或徒步场所　CEF 山地运动　CEG 水上运动（含漂流、潜水）　CEH 空中运动　CEI 其他户外运动场所
	CF 保健疗养类	CFA 大型沐浴与 SPA 场所　CFB 大型足疗或按摩保健场所　CFC 体检康复中心　CFD 疗养院　CFE 大型美容院　CFF 主要化妆场所

主类	亚类	基本类型
D 专项休闲类	DA 产业休闲类	DAA 休闲农庄(农业园)与示范点 DAB 休闲工业园与示范点 DAC 创意文化(产业)园区 DAD 主题度假酒店与商务会所(俱乐部) DAE 会展休闲场所 DAF 其他产业休闲资源
	DB 刺激冒险类	DBA 户外探险 DBB 野外生存 DBC 极限运动
	DC 其他专项休闲类	DCA 教育休闲 DCB 养老休闲 DCC 自驾车或房车营地 DCD 禅修度假 DCE 博彩休闲场所 DCF 其他专项休闲

[资料来源:黄震方,祝晔,袁林旺,等.休闲旅游资源的内涵、分类与评价:以江苏省常州市为例[J].地理研究,2011,(09).]

2. 按休闲资源特性和游客体验划分

以资源特性(含资源的区位特性)和游客体验性质为分类标准的有不少分类系统,其中以美国学者克劳森和尼奇 1966 年提出的分类系统最具影响力。该分类系统分为利用者导向型游憩资源、资源基础型游憩资源、中间型游憩资源三种。利用者导向型游憩资源以利用者需求为导向,靠近利用者集中的人口中心(城镇),通常满足的主要是人们的日常休闲需求,如运动场、动物园、一般公园。面积多为 0.4~1 平方千米,通常由地方政府或私人经营管理;海拔一般不超过 1 000 米,距离城市在 60 千米范围内。资源基础型游憩资源可以使游客获得亲近大自然的体验。资源相对于客源的距离不确定,主要在旅游者的中长期度假中得以利用,如自然风景、历史遗迹、远足、露营、垂钓等资源,一般面积为 10 平方千米,主要是国家公园、国家森林公园及某些私人领地。资源中间型游憩资源的特性介于上述二者之间,主要为短期(一日游或周末度假)游憩活动所利用,游客在此的体验比利用者导向型地区更接近自然,但又比资源基础型地区要次一级。

3. 按利用方式和效果划分

按利用方式和效果划分,休闲资源可以简单划分为游览鉴赏型休闲资源、知识型休闲资源、体验型休闲资源和康乐型休闲资源。有人做了进一步的研究,把休闲资源划分为享受自然景观类(地文景观类、水域风光类、生物景观类、气象景观类),感受文化熏陶类(公共游憩类、文化场馆类、节日庆典类、民俗风情类),体验娱乐生活类(娱乐场所类、购物餐饮类),偏好康体健身类(体育健身类、康复保健类、疗养度假类)及崇尚刺激冒险类(户外探险类、极限运动类)5 个类型。

4. 按休闲资源的吸引级别划分

由于我国目前尚无对休闲资源评定等级的官方标准,所以按休闲资源的吸引级别划分的方法可借鉴旅游景区、风景名胜区、森林公园等常态休闲资源的评定等级办法,划分休闲资源吸引级别为国家级休闲资源、省级休闲资源和市(县)级休闲资源三级体系,也可划分为一星、二星、三星、四星、五星的星级分级体系。

5. 按利用程度划分

按利用程度划分,休闲资源可分为现实休闲资源和潜在休闲资源。现实休闲资源是自然或历史文化赋存的客观存在的休闲资源,由于开发历史悠久、设施完备,已经广为休闲者认识，利用程度较高，如旅游景点、城市公园、游乐场等。潜在的休闲资源主要是当前的经济、技术等条件无力开发的休闲资源。

6. 按照变动状态划分

按照变动状态划分，休闲资源可分为稳定类休闲资源和可变类休闲资源。稳定类休闲资源是指其外观形态和特性能保持较长时间没有明显变化的休闲资源，包括长久稳定型（如城市、宗教圣地、古建筑、山水、江海、民俗等）和相对稳定型（如古树名木、瀑布、游乐设施等）两种。可变类休闲资源是指休闲资源的形态、性质、特征及休闲利用的可能性存在一定变化性，包括规律变化型和随机型两种，其中规律变化型又包含稳定规律变化型（如植物季相、瀑布、动物迁徙、海潮等）及不稳定规律变化型（如云海、树挂等）。

7. 按资源结构划分

按资源结构划分，休闲资源可分为休闲景观资源和休闲经营资源两类。前者有自然休闲景观资源、文化休闲景观资源、民俗休闲景观资源等；后者常见的有休闲用品资源、休闲饮食资源等。

8. 按地域分布划分

按地域分布划分，休闲旅游资源可分为城市休闲资源、城郊休闲资源和乡村休闲资源三类。城市休闲资源包括现代城市公园、动植物园、主题公园、旅游购物地、科学教育设施、博物馆、健身康体设施、娱乐设施、节庆活动等；城郊休闲资源包括疗养度假地、湖泊、水库、花卉苗圃等；乡村休闲资源包括山泉、日照、冰雪、风景林、风景草原草甸、游憩性渔猎地、传统聚落田园风光、特色民俗等资源。

9. 其他分类

例如，可按资源属性将休闲资源分为物质性休闲资源（固定物质形态的休闲资源，如古建筑、森林、温泉、康乐设施等）和非物质性休闲资源（如休闲氛围、情调、民俗节日等）；按生成背景可分为天然赋存型休闲资源和人工创造型休闲资源，或传统型休闲资源、中西融合型休闲资源、本土型休闲资源；按可持续利用潜力可分为可再生型休闲资源和不可再生型休闲资源；按保存程度分为完整型休闲资源、部分破坏型休闲资源和遗迹型休闲资源等。

6.3　休闲资源的开发

各种潜在或现实的休闲资源，必须经过科学合理的开发，才能最大限度地体现其价值，满足休闲者的需求。因而，休闲资源开发是实现资源价值的有效途径和前提条件。

6.3.1　休闲资源开发的概念

所谓休闲资源开发，是指为了发挥、提高和改善休闲资源对休闲者的吸引力，使资源优势转化为现实的效益优势，使休闲活动得以顺利实现的经济技术活动。休闲资源开发的实质是以休闲资源为原材料，选择最佳的开发方向，通过一定形式的加工和完善，以增加其吸引力，满足各种类型休闲者的需求目的。

对休闲资源开发内涵的认识可以从下面三个方面来理解。

(1) 休闲资源开发的目的是发展休闲业。休闲跨居生活与产业两大领域，拥有无限广阔的市场需求，具有资源消耗少、环境要求高、带动系数大等特点，是国际公认的"无烟工业"和"朝阳产业"。因此，休闲业契合了我国政府确定的建设资源节约型、环境友好型社会的发展战略。科学合理地开发休闲资源，不仅有利于区域经济协调发展，而且可以使自然环境和生态效益得到必要保护，更可以促进人的全面发展，进而促进国际、地区之间和民族之间的社会合作与文化交流。

(2) 以市场需求为导向，通过改善和提高休闲资源对休闲者的吸引力，使其变成休闲吸引物，是休闲资源开发的实质。开发休闲资源就是要发挥资源的各种休闲功能，增强对休闲者的吸引力。同时，休闲资源开发是一种经济行为，在市场经济体制下，休闲资源开发必须以市场为导向，不能有什么资源就开发什么资源，而应首先研究市场，开发利用那些市场需求大、畅销的休闲产品，处理好市场与资源的关系。

(3) 休闲资源的开发还是一项有组织、有计划的经济技术系统工程。所谓系统工程，是指在休闲资源实际开发前，必须对休闲资源本身及其开发条件等各方面进行充分的论证和评价。在开发内容上，不仅要考虑休闲资源要素，还要对休闲服务、休闲市场等方面进行系统协调；在开发效益上，应在考虑经济效益的同时，论证分析其社会效益和生态效益；在开发进程上，必须规划在先、实施在后，不能一哄而上，而要有计划、有重点地开展，逐步拓展各种功能，合理利用休闲资源，防止资源浪费和过度损耗。

6.3.2 休闲资源开发的原则

1. 市场导向原则

休闲资源开发必须以市场为导向，先对市场进行全面、系统的调研，确定目标市场，然后根据市场需求，优化配置和有效利用休闲资源，开发出适销对路的产品，满足休闲者多层次、多方面的需求，最终才能赢得休闲者的青睐。只有依托市场，休闲资源开发才能保持市场竞争力，创造良好的经济效益，同时还应该注重生态效益、社会效益、文化效益的和谐统一。

2. 特色化原则

特色化是休闲吸引力的源泉和灵魂。休闲特色化来源于资源所在地同客源市场地之间差异化的自然和人文环境。休闲资源的开发要保持特色化原则，首先，要明确资源优势，通过挖掘资源内涵，分析其某一方面的突出特点，从而确定开发方向；其次，要注意开发过程中的针对性措施，强化其优势，特别是突出地域特色、民族特色和文化特色；最后，还要注意创造整体休闲环境、氛围，形成独立的休闲形象。

3. 层次性原则

我国休闲业正处于起步阶段，休闲发展模式还在进一步的探索中。休闲资源开发、休闲产品建设虽然发展迅速，但距休闲业的需求之间还存在一定差距。由于休闲资源开发是一项综合性事业，涉及社会经济的各个领域、各个部门，因此在开发的过程中绝不能盲目追求数量和规模的扩张,要循序渐进,根据自身资源及客源市场条件,确定开发类型和重点开发项目,实行科学规划、合理布局,分期分批循序开发。

4. 保护与开发并重原则

在休闲资源的开发过程中,要正确处理好保护与开发的关系。对于那些不易破坏休闲资源和环境的项目,要以开发利用为主,大力开发建设;对于稀缺的、不可再生的休闲资源,尤其是珍贵的文化遗产和自然遗存,则应以保护为主,在不破坏资源的前提下科学地、有限地开发。总之,应以保护为前提,明确保护范围,合理适度开发,实现经济效益、环境效益和社会效益的和谐统一。

6.3.3 休闲资源开发的内容

休闲资源的开发利用从内容上不仅包括对资源本身的开发,还应包含休闲配套设施和休闲人文环境的建设,从而使得休闲资源所在地成为一个具有吸引力和接待条件的休闲目的地。休闲资源的开发包括的内容主要有以下三个方面。

1. 休闲目的地的规划与开发

休闲目的地的规划与开发是休闲资源开发的核心部分,也是整个区域休闲业开发的出发点。由于开发范围、开发规模、开发重点、背景条件的不同,加之目前休闲业的规划尚无国家统一标准,因此不同区域休闲目的地的规划内容也不尽相同。休闲目的地的开发内容一般包括现状调查、总体布局、资源产品转化、基础设施、近期建设项目、投资估算和效益分析、管理措施等。需要指出的是,休闲目的地的规划与开发活动的内容会随着休闲目的地生命周期阶段的不同而不同。对于某一个休闲目的地而言,从初创期到成熟期,将经历从尚未利用的首度开发到成熟阶段的深度开发,其开发工作的性质也由建设向保护转化。

2. 休闲配套设施的建设与完善

休闲配套设施在休闲产业体系中具有非同寻常的重要性。一方面,它满足了休闲者的基本生活需要;另一方面,由于休闲本身的性质,使得配套设施也承担一定程度的休闲功能性发挥。由于休闲配套设施覆盖面广,资金投入量大且回收期较长,对其建设数量、规模、布局都必须经过严格论证和审批,以避免设施不足或浪费的现象出现。休闲配套设施的建设与完善,既配合休闲资源的开发满足了休闲者的多方位需要,又使得休闲资源的开发与区域经济密切联系,从而使开发得到更有力的支持。

3. 休闲人文环境的建设

休闲业属于第三产业,对于人文环境的依赖程度较高。休闲地应加强文化建设,满足休闲者陶冶情操、开发智力、提高欣赏水平、加强文化修养等需要。在休闲资源开发中,应突出文化品位,避免雷同与粗制滥造。要重视休闲的文化属性,防止文化庸俗化;加强休闲地的社会治安管理,严厉打击抢劫、色情、赌博等有害社会治安的现象;加强休闲从业人员的职业道德教育,提高从业人员的文化素质;还应加强休闲地居民的道德教育,使其对休闲业能自觉参与和支持。

6.3.4 休闲资源开发的程序

休闲资源开发是一项复杂的系统工程,开发的程序具体可分为休闲资源的调查与评价、制定休闲规划和具体实施计划三个步骤。

1. 休闲资源的调查与评价

对休闲资源的全面研究和准确的分析评价,是休闲资源开发的前提。其目的是了解休闲资源所在区域的资源类型、数量、分布、规模及开发利用现状,以及交通、通信、水、电等基础设施和住宿、餐饮、购物等与休闲相关的配套服务设施现状,从而较为全面地分析、掌握区域休闲资源的优劣势、区域环境和开发条件。

2. 制定休闲规划

休闲资源经过调查、评价做出可行性论证后,应根据休闲资源开发的原则和市场的最新动态,以及当地开发休闲的基本条件,设计休闲资源开发方案,包括休闲开发的目标、对象、规模等级、方式、时间、步骤、配套设施、投入产出分析以及行动计划等。

3. 具体实施计划

休闲资源开发设计的总体方案制定并通过评审之后,休闲资源的开发进入实质性阶段。此阶段应按照总体方案制订好具体的实施计划,并严格按照计划有步骤地进行开发。具体内容包括:制定开发范围和目标;根据已有资料,提出项目的模式、土地使用要求等;制定建筑物规划;资金来源及财务预算;进行项目具体设计,画出施工图纸;投标及施工;反馈与评估。

本 章 小 结

休闲资源是让休闲者激发休闲动机并产生一定综合效益的客观存在。

休闲资源具有休闲娱乐性、要素的关联性、多样性和组合性、可塑性、引力的定向性、时代变异性、区域性等特征。

休闲资源根据不同目的有多种分类标准和分类方法。

休闲资源开发要坚持市场导向、特色化、层次性、保护与开发并重的原则。

休闲资源开发的内容包括休闲目的地的规划与开发、休闲配套设施的建设与完善以及休闲人文环境的建设。

休闲资源 (leisure resources)

休闲资源的类型 (kinds of leisure resources)

休闲资源开发 (development of leisure resources)

知识链接

1. 李仲广，卢昌崇. 基础休闲学 [M]. 北京：社会科学文献出版社，2004.
2. 马勇，周青. 休闲学概论 [M]. 重庆：重庆大学出版社，2008.
3. 黄震方，祝晔，袁林旺，等. 休闲旅游资源的内涵、分类与评价：以江苏省常州市为例 [J]. 地理研究，2011，30(09).
4. 陈心宇. 黑龙江省休闲旅游开发研究 [D]. 哈尔滨商业大学，2010.
5. 郭剑英. 四川休闲旅游资源及开发评价 [J]. 乐山师范学院学报，2005，20(12).
6. 石惠春，刘春莲. 兰州市休闲旅游资源开发初探 [J]. 江西科技师范学院学报，2007，(01).
7. 蔡燕萍. 无锡休闲旅游资源的分类与评价 [J]. 魅力中国，2010，(01).

课 后 习 题

一、名词解释

1. 休闲资源
2. 休闲资源开发

二、填空题

1. 某事物是否为休闲资源的主要衡量标准是其是否具有_____。
2. 按性质和成因，休闲资源可分为_____和_____两大类。
3. 休闲资源开发包括_____、_____和具体实施计划3个步骤。

三、思考题

1. 如何理解休闲资源的要素关联性特征？
2. 休闲资源开发应遵从哪些原则？

四、案例分析题

景点游客扎堆凸显休闲资源匮乏

又一个黄金周结束了，2011年"十一"，许多热门景点门口照旧人满为患，火车票、飞机票依然一票难求，看美景变为看人海，出游花钱买罪受。然而，这些似乎并未打消民众出游的热情。

对于黄金周人流扎堆的现象，常见的分析不外乎是长假少，导致出游集中，以及游人跟风、追逐一些热门景点等。这些判断当然都成立，但我们忽视了另一个原因，即休闲资源的匮乏。

目前我国13亿人只有三千多个博物馆，数量严重不足，并且这些博物馆大多缺乏吸引力，在服务游客上缺乏热情和创意。因此在一般人眼里，逛博物馆是件乏味的事情。

我们在旅游休闲资源的开发上，要么吃老祖宗的饭，要么靠山吃山、靠水吃水，对于现代旅游休闲资源的开拓，缺乏开阔的思路。在大多热点旅游城市，除那些耳熟能详的传统景点外，很难听到其他叫得响的新旅游品牌。

我们的旅游休闲资源少，其中免费或廉价的优质旅游休闲资源更少，许多地方把山一围，把地一圈，以××景区冠之，游客花高价钱买票进去了，往往发现只不过是被忽悠了一场。与此相伴的，却是一些优质的旅游休闲场所被一些特权者占据，成了少数人的专享旅游休闲资源。

我们的城市建设，几乎千城一面，城市旅游缺乏特色，除购物、逛街外，其他乏善可陈，各个公园、广场等休闲设施，同质化现象严重。尽管电视上各个城市的旅游广告美轮美奂，但实际上，名实相符的城市旅游品牌屈指可数。

所以，也难怪热门景点会受追捧。对此，如果单纯地从管理上进行疏导，或者在观念上加以引导，恐非治本之策，关键在于黄金周要少算些经济账，当还旅游休闲以国民福利的本色，多强调政府的公共服务职责。

黄金周，其实最需要去掉"黄金"二字，这个难得的长假，不是为经济发展服务，而是为保障国民的休闲福利，一切都要以此为中心，民众的需求、民众的体验永远最重要。热门景点年年游客扎堆，民众总在为少数优质休闲资源而争抢，这凸显出政府公共服务的不足。因此，为民众打造更多可供选择的优质休闲资源，已是当务之急。

（资料来源：韩涵.景点游客扎堆凸显休闲资源匮乏[N].新京报，2011-10-08.）

根据上述材料，分析以下问题：

(1) 我国的休闲资源开发中存在什么问题？

(2) 在休闲资源开发中，如何将市场导向原则和特色化原则结合起来？

(3) 我国休闲资源种类繁多、数量丰富，但依然显得十分匮乏的原因是什么？如何解决？

第7章 休闲产品

知识目标	技能目标
① 理解休闲产品的概念内涵; ② 理解休闲产品的构成要素; ③ 掌握休闲产品的分类体系; ④ 了解休闲产品开发的指导思想	① 熟悉休闲产品的构成要素; ② 掌握休闲产品的基本类型; ③ 分析休闲产品开发的趋势

八大休闲产品扮靓威海休闲汇

2012年8月11日,山东全省休闲汇如期开幕启动。威海的自然和文化资源丰富,休闲汇期间威海推出了丰富的休闲产品和多彩的休闲活动,积极参与"好客山东休闲汇"。

(1) 旅游休闲系列。

威海发挥省级旅游度假区和各类度假设施的功能,整合海滨景点、商场、特色街区、乡村、民俗、鲁菜美食、温泉、修学、养生等资源,推出生态田园"逍遥游"、山水"逍遥游"、海滨文化"逍遥游"、温泉度假"逍遥游"、海洋观光、节会购物、休闲健身、乡村生态、工业旅游、民俗文化等休闲产品。

(2) 乡村休闲系列。

威海整合近郊乡村资源,推出一批以田园采摘、乡村饭庄、渔家风情、垂钓比赛、登山观光、森林度假为主题的近郊乡村休闲休憩带;依托海滨浴场、乡村水库、滨海湿地等自然资源,推出一批以"亲水"为主要特色的乡村休闲场所;依托郊区现代农业示范园,以及果林、花卉、蔬菜及农家饭、渔家宴等特色农业产业等,开发推出1个或2个现代农业休闲体验基地;推出以采摘、垂钓、养生、运动为主题的乡村休闲游憩产品;打造"慢游"线路和"慢游"产品,让游客们紧张的旅游行程慢下来,舒心惬意地享受自然风光,引导更多的游客体验慢步、"慢游"的乐趣,真正体验休闲带来的快乐。

(3) 健身养生休闲系列。

威海温泉资源丰富,依托天沐温泉、汤泊温泉等温泉度假村,推出一批疗养保健、温泉健身、美容、美食等养生休闲产品;以铁人三项、帆船赛等国际赛事为载体,推出一批赛事休闲产品,打响国际赛事品牌;依托部门、企业、街道、社区等单位,举办家庭运动会、社区运动会、趣味运动会等形式多样的群众性体育活动;充分发挥幸福门广场、市政府广场等城市广场和特色街区,以及公园、居民社区、体育场馆等场所的作用,开展各种球类、棋牌类、拔河、健身操、轮滑、游泳等群众喜闻乐见、易学易会的系列休闲健身体育活动。

(4) 绿色餐饮休闲系列。

充分发掘以鲁菜为代表的威海美食文化,推出经典威海菜,结合正宗的韩国菜和各地的特色餐饮,研发不同价位、不同需求的美食休闲产品;开展"周周美味,大厨教做经典威海菜""经典威海菜传说征集""海味经典威海菜神州行"系列"海味经典"威海菜主题活动,努力打造一批休闲美食场所、休闲美食系列产品,把休闲美食打造成休闲汇的亮点和消费热点。

(5) 文化休闲系列。

威海充分发挥文化馆、艺术馆、博物馆等资源,举办一批有特色、有影响的读书节、文化节、艺术节、书画展、摄影展、科技展等,重点组织民间团体、专业文化团体推出一批本土特色鲜明的曲艺、杂技、民俗、时装表演等活动;各市区文化部门、镇(街道)办事处、群众艺术馆、图书馆、民俗协会等部门和单位要积极举办歌舞、戏曲、曲艺等文艺演出,举办书法、美术、摄影、猜谜、剪纸等比赛；推出一批适合青少年、中年、老年人等不同群体休闲的猜灯谜、踢毽子、扭秧歌、民间艺术表演等群众喜闻乐见的活动，活跃广大市民和游客在"好客山东休闲汇"期间的文化生活。

(6) 夜间休闲系列。

威海打造"神游华夏"大型夜间实景演艺，丰富夜间文化观光产品，打造"夜游威海湾"等集娱乐、餐饮、观光于一身的夜间文化产品，丰富威海夜生活；充分利用市政府广场、幸福门广场等城市中心广场，以及公园、居民社区等场所，举办群众消夏纳凉晚会；依托振华商厦、银座商厦、佳世客购物中心等商业中心，适当延长夜间营业时间，以优惠的价格和丰富的产品供给，丰富夜间购物、餐饮、文化娱乐消费；各区市利用公园、社区、街道等空地，力争新增一批相对固定的文化娱乐演出场地、交际舞场地等群众自娱自乐的文化场所，满足群众夜间文化休闲需求。

(7) 修学休闲系列。

威海以开阔眼界、提高素质为目标，针对暑期集中推出一批具有不同内涵的修学旅游产品。依托近郊农业示范园和农事活动，推出农业劳动体验修学产品；依托丰富的山河湖海等自然景观，推出一批地理、地质知识修学产品；依托众多历史文化名人、当代革命烈士、现代英模人物及刘公岛、定远舰、天福山、圣水观、马石山等景点，推出红色文化、爱国主义教育产品。

(8) 蓝色休闲系列。

威海开发各类海上休闲产品，结合山东半岛蓝色经济区建设，以风景观赏、滨海休闲、海洋运动为主，开发海滨漫步、海上垂钓、海滨沙滩娱乐、海滨沙滩运动、海滨浴场、海岛观光项目。开发海上看日出、听海涛、观海潮、撒渔网、拾贝壳、抓海蟹等"赶海休闲"产品。

(资料来源：刘国郁. 八大休闲产品扮靓威海休闲汇. 大众网 [2012-08-12].)

思考：

(1) 目前，威海比较成熟的休闲产品有哪些？
(2) 比较一下，威海休闲产品的最大特色在哪里？
(3) 威海的休闲产品如何才能做到合理的开发？
(4) 未来，威海还可以创新推出哪些休闲产品？

休闲产品是休闲资源的成品形态。作为休闲消费的具体对象，休闲产品的生产与经营是休闲经济活动的主要内容。休闲产品的质量、数量和组合情况直接关系到休闲业的兴衰和休闲经济的可持续发展。

7.1 休闲产品的概念

目前国内关于休闲产业与休闲经济的研究成果较为丰富，但是关于休闲产品的定义却没有一个统一的表述。代表性的休闲产品的定义有以下几个。

(1) 休闲产品即生产经营者提供的、用于满足休闲消费者需要的各种产品和劳务的总和，既包括各种直接用于休闲消费的物质产品，也包括各种满足休闲消费者休闲需要的休闲项目、休闲设施与休闲活动 (魏小安，2005)。

(2) 所谓休闲产品就是满足人们包括愉悦身心、体验人生价值、享受生活乐趣等需求的，具有彰显人文文化功能含量的第二自然物。它主要是指人们在闲暇时间中以休闲为目的而消费的物质产品 (章海荣、方起东，2005)。

(3) 休闲产品是指由休闲经营者凭借休闲吸引物和休闲设施生产或开发出来的，为了迎合休闲者的体验和愉悦需求，通过市场途径提供给其消费的一切有形实物产品和无形服务产品的总和 (马勇、周青，2008)。

综上所述，休闲产品是一个整体概念。它包括各种休闲消费的必需品，这种必需品既有直接生产出的物质实体产品，也有提供休闲活动条件和场所的休闲设施设备，还应包括休闲消费所伴随的劳务产品。因而说，休闲产品是指休闲企业根据市场需求状况进行生产，提供给具有休闲意愿和消费能力的人群享用的各种休闲消费的必需品。

7.2 休闲产品的层次与构成要素

7.2.1 休闲产品的层次

完整的休闲产品应该包括三个层次：一是核心层，即顾客应得到的基本利益，也是休闲产品的核心吸引力要素；二是形式层，即休闲产品的表现形式，包括支撑休闲产品的消费环境氛围、营销策略、品牌与特色；三是延伸层，即顾客服务，包括休闲企业的管理水平和服务质量等。

7.2.2 休闲产品的构成要素

由于休闲者的需求类型和行为方式的多样化，休闲产品的构成要素与其他服务类产品 (如旅游、购物等) 的构成要素存在较大差异。总体而言，休闲者比普通消费者更重视环境 (或设施) 质量与游憩功能。休闲产品的构成要素主要包括以下几个方面。

1. 休闲吸引物

休闲吸引物是休闲者选择目的地的决定因素。它的具体形态可以是物质的，也可以是非物质的事件或现象。休闲吸引物往往是休闲资源直接转化而成的，因而它广泛蕴藏于自然环境和人类社会中，代表着自然界的各种资源形态和人类社会的各种传统文化特色，其数量多寡和吸引力大小是一个地区能否开发成著名休闲地的先决条件。

需要指出的是，环境品质同样是休闲产品吸引物的构成要素。休闲者的本质需求在于到环境优美、气候宜人的休闲地放松身心和消遣娱乐。因此，休闲环境，如优美清新的山水生态环境、宜人的气候环境和独特的社会人文环境等，均可作为独立的休闲旅游资源，转化为休闲度假旅游产品。

2. 休闲设施

休闲设施是直接或间接向休闲者提供服务所凭借的物质条件，分为休闲服务设施和休闲基础设施两种。休闲服务设施是指休闲经营者直接服务于休闲者的凭借物，一般包括住宿、餐饮、休闲交通及其他服务设施；休闲基础设施是指不直接对休闲者服务，但作为休闲产业正常运行的基础保障设施，如水电供应系统、通信设施系统、排水排污系统、交通运输系统、医疗救护系统等。休闲设施既是休闲活动和休闲服务必不可少的基本要素，其本身往往又是休闲吸引物。

3. 休闲服务

休闲服务虽然是一种无法独立存在的具体行为，但在有休闲需求的情况下，休闲服务可以实现其载体——物质产品的价值。休闲产品能以一种混合体的形态出现，主要是由它的服务性质决定的。休闲活动的性质决定休闲者对休闲地的设施条件和服务水平有着更高的要求，规范化、个性化、人性化的优质服务，是休闲者高质量休闲体验的主要因素。

7.3 休闲产品的分类

休闲产品的分类同休闲资源一样，具有多种分类标准和体系。

7.3.1 依据休闲产品形式的分类

依据休闲产品的形式，可将休闲产品分为物质型休闲产品和劳务型休闲产品两大类。物质型休闲产品是直接以物质产品的消耗来满足休闲消费者休闲需求的产品，如休闲食品、休闲服装、休闲生活用品、休闲房地产及各种精神产品的物质载体。劳务型休闲产品又可以分为设施服务型休闲产品和活动服务型休闲产品。设施服务型休闲产品是凭借各种休闲设施向休闲消费者提供服务，以满足休闲消费者需求的服务性产品。例如，娱乐游艺场、主题公园、运动场馆等提供的各种游乐游览、康体休闲等服务，以及各种住宿设施等。活动服务型休闲产品是指通过组织休闲消费者完成某项休闲活动，以满足消费者休闲需求的服务，如旅行社通过组织观光旅游、工业旅游和农业旅游向游客提供的参观游览、果实采摘、休闲垂钓、民俗节庆等服务活动。

7.3.2 依据是否具有非排他性和非竞争性的分类

非排他性是指产品一旦被提供，就不可能排除任何人对它的不付代价的消费，也就是说要排除其他消费要付出很大的成本。非竞争性是指一旦产品被提供，增加一个人的消费不会减少其他任何消费者的受益，也不会增加社会成本，其新增消费者使用该产品的边际成本为零。依据此种分类标准，可将休闲产品分为两大类：私人休闲产品和公共休闲产品。

1. 私人休闲产品

私人休闲产品的定义来自该物品的使用或消费的排他性。私人休闲产品可以理解为人们为参加休闲而使用或消费的他人不能同时使用或消费的产品。例如，人们对私人休闲健身教练的消费，以及为进行休闲而购买的一些服装、辅助器材等相关产品等。这些也可看作"纯市场产品"。

2. 公共休闲产品

所谓公共休闲产品就是所有成员集体享用的集体消费品，社会全体成员可以同时享用该产品，而每个人对该产品的消费都不会减少其他社会成员对该产品的消费。根据是否同时具有非排他性和非竞争性，可将公共休闲产品二次划分为纯公共休闲产品和准公共休闲产品。纯公共休闲产品是指严格满足非竞争性和非排他性两个条件的产品。准公共休闲产品有两类：一类是在消费上具有非竞争性，但是却可以轻易排他的俱乐部产品，它们可以采用门票、会员制等排他技术，有效地解决"搭便车"现象；另一类是具有竞争性，但是却无法有效排他的共同资源，也就是对于这种产品，不付费者不能被排除在消费之外。

7.3.3 依据人类休闲活动种类的分类

人们在进行休闲活动时必须消费一定的休闲产品，所以可根据休闲活动种类来进行休闲产品分类。休闲活动主要包括艺术活动、美食活动、园艺活动、体育活动、节庆活动、旅游活动、民俗活动、聚会活动、宴庆活动等。通过这些活动提供的线索，可以找出蕴含在其他休闲活动中的休闲产品。美国学者杰弗瑞·戈比(2000)曾提出一个休闲产品体系——与休闲相关的产品和服务(表7-1)。

表7-1 休闲产品体系——与休闲相关的产品和服务

演 出	小艇和摩托艇	野营设备	设 备
(a) 电影； (b) 戏剧、音乐会、博物馆等； (c) 体育比赛、马戏、宾果游戏	(a) 帆船； (b) 独木舟； (c) 观赏比赛； (d) 摩托艇	(a) 帐篷； (b) 睡袋； (c) 冷藏器、炉子、灯等	(a) 游泳池； (b) 网球场； (c) 滑冰场及冰球场； (d) 保龄球场； (e) 公园、操场、体育馆； (f) 大型运动场、跑道
食品和饮料	业余爱好和手工艺品	电子家庭娱乐	出版物
(a) 啤酒、白酒、葡萄酒； (b) 软饮料； (c) 在进餐场所而不是在工作和学校中食用的食品	(a) 手工艺工具； (b) 乐器； (c) 其他爱好	(a) 留声机； (b) 录音机、卡式收录机、CD机； (c) 电视； (d) 卡式录音机； (e) 激光唱盘播放机； (f) 组合音响	(a) 书； (b) 杂志； (c) 报纸
照相器材和设备	电动工具和草坪管理	运动物品	运动服和运动鞋
(a) 照相机； (b) 放映机； (c) 胶片； (d) 闪光灯等	(a) 家庭工作时间需要的动力工具； (b) 园艺工具； (c) 草坪修剪工具和除雪工具； (d) 园艺设备、种子等	(a) 游泳池； (b) 自行车； (c) 渔具； (d) 猎具； (e) 团队体育设备； (f) 体育馆设备； (g) 其他体育设备	(a) 运动衫、运动衣等； (b) 运动鞋

续表

旅 游	玩具和游戏	交通工具	杂 项
(a) 假日背包旅行； (b) 跨城市旅行； (c) 行李； (d) 其他假期消费	(a) 儿童玩具和游戏； (b) 三轮车或四轮车； (c) 涉水池； (d) 雪橇	(a) 汽车； (b) 摩托车； (c) 有动力脚踏车和单脚滑行车； (d) 雪地摩托； (e) 野营拖车和度假屋	(a) 珠宝； (b) 彩票； (c) 宠物和宠物看管

（资料来源：[美] 杰弗瑞·戈比. 你生命中的休闲 [M]. 康筝，译. 昆明：云南人民出版社，2000.）

7.3.4 依据人文文化功能的分类

以人类的休闲活动种类为标准来划分休闲产品，尽管涵盖了大部分休闲产品，但没有完全涵盖能够彰显人文文化功能含量的，既可满足休闲活动，又可满足非休闲活动的第二自然物。以彰显人文文化功能为标准的休闲产品分类有地域特色饮食产品、艺术风情服饰产品、文化装饰建筑产品、艺术修饰日用产品、公共设施文化产品、生态环境保护产品、文化用品专用产品、文化修饰消费产品。

7.3.5 其他分类

例如，根据休闲产品供给形式，可以分为自给性休闲产品、社会供给性休闲产品和商业供给性休闲产品。根据休闲产品与休闲活动发生区域，可以分为室内休闲产品、社区休闲产品、城区休闲产品、环城休闲产品、异地休闲产品等。根据休闲产品的组织形式，可以分为单项休闲产品和整体休闲产品。例如，旅游景点、娱乐项目等是人们在休闲时消费的单项休闲产品；而旅游线路、旅游城市及休闲城市的观光与游览，则是人们在休闲时以目的地的有关休闲产品集合为消费对象的，因而消费的是目的地整体休闲产品。日常生活中，常见的休闲产品主要有五大类：第一类是户外运动休闲产品，包括高尔夫、露营、攀岩、蹦极等；第二类是水疗康体休闲产品，包括温泉、SPA、足疗等；第三类是购物美食休闲产品，包括休闲购物和休闲餐饮等；第四类是都市娱乐休闲产品，包括主题公园、环球嘉年华、慢摇吧、KTV 等；第五类是乡村体验休闲产品，包括农家乐和休闲农业等。此外，也有学者提出了休闲旅游产品的基本类型，见表 7-2。

表 7-2 休闲旅游产品的基本类型

基本类型	具体分类	内 容
度假休闲旅游	滨海型	潜水、日光浴、海上摩托艇、冲浪、帆板、沙滩排球等
	山地型	高山滑雪、疗养、避暑、登山、攀岩、观光等
	湖泊型	泛舟、垂钓、疗养、游泳、观光等
	环城市带型	农家乐、品茗、垂钓、登山、度假等
产业休闲旅游	农业旅游	农家乐、农业观光、种植旅游、放牧、垂钓、采摘等
	工业旅游	采掘业、重工业、高科技工业、手工业、轻工业、建筑业等
	其他产业旅游	服务业、商业等

续表

基本类型	具体分类	内容
主题公园	乐园型	欢乐谷、海洋馆、冰雪大世界等
	民俗型	民俗文化村、民族文化村等
	历史型	宋城、唐城、三国城等
	微缩景观型	锦绣中华、世界之窗等
	高科技型	恐龙馆、航宇科普中心等
体育休闲旅游	水上体育休闲	龙舟、漂流、帆船等
	山地体育休闲	登山、攀岩等
	草原体育休闲	摔跤、赛马、射箭等
	沙漠体育休闲	滑沙、沙漠排球等
	其他体育休闲	民族舞蹈、竞技类体育项目等
其他休闲旅游	购物休闲旅游	城市观光购物旅游、特色产品购物等
	美食休闲旅游	品尝美食、体验食品制作等
	娱乐休闲旅游	舞蹈、KTV、篝火晚会等

7.4 休闲产品开发的指导思想

在休闲产品开发中，首先要对市场需求、市场环境、投资风险、价格政策等诸多因素进行广泛而深入的调查分析，然后在此基础上形成一系列可供选择和决策的设计方案和规划项目，继而选取其中既符合广大休闲者的需要，又符合休闲地发展特点的具有竞争力的方案和项目进行开发。在休闲产品具体开发时，要遵循以下指导思想。

7.4.1 实行多样化开发

多样化是休闲产品深度开发首先应遵循的指导原则。休闲产品开发之前应明确市场需求，分析客源市场的个体特征和社会背景，为休闲产品的开发指明结构和方向。对休闲产品的设计要认真分析休闲需求市场的潜在心理和需要，明确自身的服务定位，根据不同的需要进行休闲产品类型的开发。休闲产品开发应针对当地休闲的细分市场，设计出满足不同需求、主体多样化需要的休闲产品，并随着休闲者需求的发展趋势，更新市场定位和产品设计。同时，休闲活动本身涉及经贸、商务、金融、会展、科技、教育、购物、休闲、观光、度假、餐饮和娱乐等多个领域。因此，遵循多样化的原则不仅能够满足休闲主体的多样化需求，而且还能够带动整个区域休闲产业的全面发展。

7.4.2 体现文化内涵

文化性是休闲产品的内容和高层次表达，是休闲产品的灵魂，是休闲产品开发的永恒主题。一个没有特色文化的休闲产品不可能产生持久的吸引力。地域文化是人们在地域共同体中形成的认同,并对置身其中的人们产生持续约束力和控制力。不同的地域环境背景下会产生不同的休闲文化。休闲文化只有在同地域文化不断互动的过程中,才能保持独有的生命力。相同的休闲方式进入到不同的地域后,经过当地休闲文化的改造,也会被附加上独有的休闲理念。休闲目的地应该在充分挖掘当地文化的基础上进行休闲产品的开发,使休闲产品成为当地文化内涵的展示平台,让休闲者在参与休闲活动的同时更了解当地的文化,增强当地的文化吸引力。因此,每一个休闲地都应该努力挖掘地方文化,彰显地方文化,让休闲产品的开发建立在文化基石之上。

7.4.3 不断创新升级

休闲产品创新是增强休闲地核心竞争力的关键。休闲消费者更加注重产品的个性化、多样化和体验参与度。体验性是休闲产品具有的突出特征之一,体验性可以增强休闲者与休闲地之间的互动程度,使参与性活动(节庆活动、主题公园)更具有娱乐性,更能迎合以寻求缓解压力、放松心情为目的的休闲旅游者的需求。休闲产品创新可以加大对体验型、参与型休闲产品的开发力度,提高休闲者在休闲活动中的参与体验经历和感受,增强休闲者对休闲地的理解与认知。因此,休闲产品的开发在这些方面的创新,可以有效防止产品同质化现象。首先,休闲产品的创新应具有前瞻性,能通过对现有休闲者和潜在休闲者的行为研究,设计出超前于休闲市场需求的休闲产品,使休闲地具有绝对的竞争优势。其次,为保证休闲产品的生命力,产品在运作一定时间以后需要进行定期的创新升级,不断地完善原有产品,在内容丰富度上做到不断创新,以满足休闲者的兴趣、爱好的变化。

休闲也需要创新

2012年12月28日,由全国休闲标准化技术委员会、中国旅游协会休闲度假分会、中国旅游休闲网共同主办的休闲领域的权威评选活动——2012年第三届"中国休闲创新奖"颁奖典礼在北京国际饭店落下帷幕。

据了解,"中国休闲创新奖"是对三十多年来中国旅游发展中产生的新领域、新业态,以及为旅游休闲发展做出卓越贡献的行业人士,通过公众评选和专家委员会评定确定的最高荣誉。

近年来,我国的休闲理念、休闲生活、休闲业态快速发展,旅游业、文化休闲业、体育休闲业等基础休闲业继续加速崛起,休闲农业、休闲商业、休闲房地产业等休闲延伸产业迅速起步,休闲工业、休闲信息业、休闲中介业等休闲支撑产业开始发展。休闲旅游在发展过程中不断产生新领域和新业态,如休闲度假、数字旅游、会展奖励旅游、游轮游艇、实景演艺等。旅游业的新产品,如生态旅游、乡村旅游、工业旅游、红色旅游、军事旅游、温泉旅游、冰雪旅游、健康旅游、科技旅游、互联网旅游交易等也不断产生。各大商家也铆足了劲儿推陈出新积极开拓新的旅游休闲模式。

2012年第三届"中国休闲创新奖"是在休闲、旅游领域的省区市形象创新及产品形象创新;休闲服务创新;休闲旅游领域的规划、景观设计创新;休闲、旅游领域的装备技术创新；休闲、旅游领域有卓越贡献的个人；在休闲、旅游节会活动及营销活动等20余个方面设立奖项。

（资料来源：李婕 . 快乐经济　快乐社会：休闲也需要创新 . 中国青年网 [2012-12-28].）

7.5　休闲产品开发的趋势

7.5.1　产品主题形象化

产品主题形象是休闲产品的生命。个性鲜明的主题可以形成较长时间的竞争优势，使得休闲目的地及其休闲产品在市场中能够快速地获得市场认知，从而吸引更多的潜在休闲者。因此，越来越多的休闲目的地在休闲产品开发过程中开始注重对产品主题的提炼和总结，并且采用更加形象化的表达方式进行有效传播。通过对目的地的休闲资源特色的充分挖掘，针对目标市场的需求特征，概括出该休闲产品最本质的核心"卖点"，即其形象化的产品主题。

7.5.2　产品内涵特色化

随着经济的发展，在休闲产品的开发过程中，不少大中型城市纷纷投入到休闲产品的开发活动中，一度导致休闲产品的趋同化现象，严重影响了休闲目的地的休闲发展。为解决休闲产品同质化的问题，同时也为了适应休闲者常变常新的休闲需求，休闲目的地开始在休闲产品开发中注入特色化的产品内涵，提升产品的核心竞争力。

7.5.3　产品个性时尚化

在一些时尚与潮流的聚集地中，休闲产品的时尚化个性要素的显现变得越来越重要。让休闲产品时尚起来，使其成为休闲目的地吸引力增强的一个重要因素。以当前时尚潮流为主题，将众多时尚文化元素融入休闲产品的设计过程中，不仅可以促进休闲目的地的宣传与休闲产品的推广，更可以创造和引导休闲者的消费。产品个性时尚化成为目前休闲产品开发的一大趋势。

桌游：京城休闲新体验

"初五中午一点老地方见，桌游新世界！"春节假期刚到，学生Olay就开始张罗同学聚会。不同于以往唱歌吃饭，这次聚会主题换了个新鲜玩意儿——桌游。几个朋友，一杯饮料，大家围桌而坐，一边聊天一边游戏，这就是桌游。这已成为时下京城年轻人休闲游玩的新时尚。

桌游吧里既没有酒吧的灯红酒绿，也没有网吧的乌烟瘴气，房间大多装修精致，放一些轻柔的音乐，舒适的环境给城市人带来别样的休闲享受。据了解，如今北京的专业桌游吧有十几家，随着桌游玩家越来越多，桌游吧也着实"火"了一把。位于崇文门新世界商场附近的"四分之一桌游吧"就是其中一家，一室一厅的房间一共容纳了三十多位客人。玩家们几人围坐一张桌，手里拿着各式各样的纸牌道具，有人悠闲地品着茶，不时露出一丝笑容；有人呈观望状，一会儿看手中的牌，一会儿瞟一眼桌面；也有人边玩边聊。

"我最初觉得这种游戏很新鲜、很多样，形似扑克牌却比扑克牌有意思。"正在读大四的 Olay 是桌游的"铁杆粉丝"，可算是桌游的资深玩家了。"以前同学聚会唱歌、台球、溜冰都玩遍了，想去周边走走不是资金短缺就是时间不够，来玩桌游又省时又省力，就当是市区一日游了！"

桌游吧主任子介绍，年轻白领和学生来这里聚会休闲，一"游"就是一天。说到桌游的魅力，任子说，首先，桌游不分男女老幼、老手新人，一套新的游戏，大家都能学会。其次，桌游参与度高，如果去 KTV，有一个麦霸，别的人就都得当听众。但桌游的游戏规则都是轮流制，即使再内向的人也可以与别人互动。最后，桌游的种类很多，益智类、策略类、经营类等五花八门，我们这里就有近百种游戏，总会有一种是大家喜欢的。

桌游的价值还远不止于此。在公关公司工作的梨梨说，她最喜欢玩团队协作类的桌游，它能锻炼自己观察、分析推理和沟通的能力，公司下次搞素质拓展，就可以来玩桌游，不用到野外，在桌游屋里同样可以锻炼团队协作的能力。旁边的小鹏一边看着手中的牌一边说，桌游可以让朋友们面对面地交流，使朋友的距离拉近了不少。

每一次玩桌游都能认识新朋友，每一次玩桌游都对朋友有新的认识。桌游"不插电、面对面"的方式，为人们提供了一个彼此交流的新颖方式。如果说旅行拉近了人与自然的距离，那么桌游则是拉近了朋友之间情感的距离。在旅游休闲唱主角的今天，足不出户玩桌游，以"游"会友正成为放松心情、缓解压力的新选择。

(资料来源：魏艾. 桌游：京城休闲新体验 [N]. 人民日报（海外版），2010-03-03.)

7.5.4 产品优势品牌化

休闲产品的开发最初是将本地的资源优势转化为产品优势，而目前进行休闲产品开发时更加注重的是如何把产品优势进一步塑造成品牌优势，并将这一优势做大做强，进而形成经济优势。休闲产品的开发，只有充分发挥当地的资源优势，加快整合优势休闲资源，提升产品档次，完善休闲要素，优化休闲环境，挖掘休闲文化，丰富休闲内涵，才能打造品牌，发挥品牌优势。

7.5.5 产品体验情境化

休闲的本质也是一次体验。在休闲产品的开发中，应更加注重对体验情境的营造，以期创造出能使休闲者全面参与、值得休闲者回忆的活动和项目。体验情境的营造要不断结合产品的主题，为休闲者创造一个新的环境或者条件，在休闲者的体验需求得到满足的同时，实现休闲者的经济利益。

案例分析 7.3

好梦一日游，休闲体验过足瘾

如果电影《甲方乙方》的"好梦一日游"服务出现在生活中，你是否愿意尝试？郑州一家私营企业老板李战平，委托某影视公司帮他策划并拍摄《平凡英雄》。46 岁的李战平主演他自己心目中的 3 个英雄人物——董存瑞、邱少云、李向阳。

(1) 事件：私营企业老板"好梦一日游"。

2007 年 6 月 25 日，《双枪李向阳》在郑州市紫荆山公园开拍。

"干什么的？"伪军掏出枪拦在李向阳面前。

"长官，串亲戚的。"李向阳带着两个年轻美丽的女游击队员，应声走来。

"串亲戚怎么没带礼？"枪抵在李向阳胸前。

"刚串完，刚串完……"

"兄弟们，给我搜。"伪军说着，枪一挥，身后的随从上前。正在这时，掩护李向阳的女游击队员站上来说："大哥，怎么光搜他不搜我啊。"伪军一愣神，李向阳上前一把夺过枪，一脚把伪军踹了出去，随后一个背摔把伪军的随从撂倒，一个鹰爪锁喉，又将刚站起来的伪军制伏。

这是导演为李战平设计的其中一个场景，叫作"智斗伪军"。仅夺枪踹伪军这一个动作，李战平就反反复复做了 7 次。"正找感觉呢。"那份敬业的精神像专业演员一样。

(2) 缘起：多年的银幕英雄情结。

"我有英雄人物情结，也想当回'打死我也不说'的英雄。"腰里别着双枪，身穿"八路"服装的李战平在拍摄间隙说。

董存瑞、邱少云、李向阳是伴随李战平长大的英雄人物。"我小时候生活在部队大院，《地道战》《地雷战》《平原游击队》，这些电影反反复复地看。总在想，如果换上我，也要这么做！"

带着对英雄的向往，李战平 18 岁参了军。对越南进行自卫反击战时，他所在的 60 师是预备师，战争快结束时才被派往云南战场。李战平满腔热血奔赴战场，打算在战场上漂亮地打上一仗。"还记得当时剃了光头，一门心思想着要像我父亲一样立战功。"李战平没想到他所在的预备师还没上战场，先头部队 58 师就已经大获全胜，战争结束了。

"没上成战场让我一直遗憾。"李战平的英雄情结积攒到现在也没能表现出来。这么多年来，一看到英雄题材的影视节目，总是电视上演着，他在电视外模仿着。一些经典的台词总被他带到生活中来。有一次和妻子吵架，他竟脱口说了句"向我开炮"，让盛怒的妻子突然大笑。

1998 年电影《甲方乙方》一播出，别人当乐子看，李战平却认真起来，总想找个影视公司，也来个"好梦一日游"。

(3) 感受：自娱自乐挺好。

李战平辗转了解到一家影视公司有"好梦一日游"业务。多年的梦想找到了支撑，一下子爆发出来。

导演根据他的要求，为他编排了《平凡英雄》。拍摄完成后，包括片头片尾共 90 分钟，将表现 3 个经典人物——炸碉堡的董存瑞、烈火中的邱少云、传奇人物李向阳。李战平需要为这90分钟的个人电影支付6 600元。

"当时是在郑州侯寨拍的,只拍了几个拿着炸药包匍匐前进的镜头,并没有真的炸碉堡。因为那样成本太高。但是片子里有,是用资料片剪辑的,最终出来的效果很逼真。"

李战平说,原来觉得艺术遥不可及,但现在觉得艺术和奥运一样,就在身边,重在参与,"花点钱自娱自乐,挺好"。

4.电影启发的"金点子"

该影视公司的负责人蓝龙说,组建这家公司,专门给百姓拍短片,这点子是突然蹦出来的。"两年前,不知怎么的,突然有几个人集中找到我说想拍自己的电视剧。市场有需求,而且我也有技术,于是几个朋友一合计,就开张了。"蓝龙说,因为有《甲方乙方》现成的模板,他索性照搬电影,就为这业务起名"好梦一日游"。

因为在电影行业有将近20年的从业经历,在外人看来需要花钱购买的服装、道具等必要设备,蓝龙都可以从熟悉的影视公司或租或借,这让他的运营成本降了下来。"基本上几千元就能拍出正规电影、电视里的效果。"

(资料来源:肖芳.老板拍摄影片圆梦 主演董存瑞等英雄人物 [N].河南商报,2007-06-26.)

本 章 小 结

休闲产品是由休闲企业根据市场需求状况进行生产,提供给具有休闲意愿和消费能力的人群享用的各种休闲消费的必需品。

休闲产品包括核心层、形式层和延伸层三个层次。

休闲产品的构成要素主要包括休闲吸引物、休闲设施和休闲服务。

根据不同的分类标准,休闲产品有多种分类体系。

休闲产品开发要坚持实行多样化开发、体现文化内涵和不断创新升级的指导思想。

休闲产品开发的趋势主要有产品主题形象化、产品内涵特色化、产品个性时尚化、产品优势品牌化、产品体验情境化。

 关键术语

休闲产品 (leisure products)

休闲产品体系 (system of leisure products)

休闲产品开发 (development of leisure products)

知识链接

1. 魏小安.中国休闲经济 [M].北京:社会科学文献出版社,2005.
2. 章海荣,方起东.休闲学概论 [M].昆明:云南大学出版社,2005.

3. 马勇，周青. 休闲学概论 [M]. 重庆：重庆大学出版社，2008.
4. 唐湘辉. 论休闲产品及其分层营销策略 [J]. 安徽大学学报（哲学社会科学版），2007(03).
5. [美] 杰弗瑞·戈比. 你生命中的休闲 [M]. 康筝，译. 昆明：云南人民出版社，2000.
6. 张静. 我国休闲旅游产品开发现状及对策分析 [J]. 生产力研究，2006(11).

课 后 习 题

一、单项选择题

1. 下列现象属于休闲产品范畴的是（　　）。
   A. 教师上课　　　　B. 茶艺表演　　　　C. 商贩卖菜　　　　D. 农民耕种
2. 休闲产品的品牌属于休闲产品的（　　）。
   A. 核心层　　　　　B. 外观层　　　　　C. 形式层　　　　　D. 延伸层
3. 依据休闲产品的构成要素，医疗救护系统是（　　）。
   A. 休闲基础设施　　B. 休闲设施　　　　C. 休闲服务　　　　D. 休闲吸引物

二、填空题

1. 休闲者选择休闲目的地的决定因素是_____。
2. 依据休闲产品形式，可将休闲产品分为物质型休闲产品和_____两大类。

三、思考题

1. 如何在休闲产品开发中体现文化内涵？
2. 文化艺术类休闲产品是日常生活中比较常见的一类休闲产品，它主要包含哪些类型的休闲活动？如何予以深化开发？
3. 电影《私人订制》《甲方乙方》和《顽主》都体现了为消费者量身定做休闲体验的思想，分析该种休闲产品、休闲服务的特点、开发的可行性以及需要注意的事项。

四、案例分析题

海洋旅游产品日益受到重视

党的二十大报告明确提出"发展海洋经济，保护海洋生态环境，加快建设海洋强国"。

我国拥有 18 000 千米海岸线、6 500 多个海岛和近 300 万平方千米的海洋国土，海洋旅游资源十分丰富。其中，可供开发的滨海旅游景点达 1 500 多处，目前已开发或部分开发的滨海人文景点、海岸景点、奇物景点和山丘景点仅 350 处，大约占全部可开发景点的 23.5%。海洋旅游业收入占我国旅游总收入的 1/4 以上。尽管如此，与海洋旅游业发达的国家和地区相比，我国丰富的海洋旅游资源尚未创造出相应的社会经济效益，发展空间十分广阔。海洋旅游要向广处拓展，向深度进军，要以"中国海洋旅游年"为契机，为海洋旅游的中长期发展打下坚实的基础。

向广处拓展，要在海洋旅游产品的设计与开发上下"硬功夫"。海洋旅游是一个大概念，包含的项目很多，各地可以参照海洋旅游目录，有针对性地设计和开发适合当地的旅游产品。一是塑造品牌。建议参照世界知名滨海旅游城市的发展经验，设计一整套海洋旅游产品、服务标准，按照这个标准，给予滨海城市评级，打造更多类似三亚、厦门等滨海旅游胜地，提高国际知名度。二是做足高端。大力发展邮轮游艇、免税购物等产业，在做长"产业链"的同时，注重提升滨海旅游的整体效益，为扩消费、促转型贡献力量。例如，以游艇为例，据国际游艇设施委员会提供的数据，全球发达国家每171人就拥有一艘游艇，而我国的游艇业则刚刚起步。三是完善商业模式。例如，可参考"滨海旅游综合体＋邮轮（游轮）""滨海旅游综合体＋邮轮（游轮）＋航运"等模式，将更多产品和服务串联起来，发挥其综合优势。

　　向深度进军，要在塑造海洋文明、提升海洋文化意识上做"大文章"。海洋旅游不仅是一项简单的旅游活动，还应成为更多人的一种生活方式，成为海洋文化的集中体现，成为塑造海洋文明的重要抓手。

　　[资料来源：马振涛. 开发海洋旅游要更广更深 [N]. 中国旅游报，2013-01-09(02). 有改编]
　　根据上述材料，思考以下问题：
　　(1) 我国海洋旅游产品的开发存在哪些问题？
　　(2) 我国海洋旅游产品创新开发的方向是什么？
　　(3) 海洋旅游产品包括哪些具体旅游产品类型？

第8章 休闲经济

知识目标	技能目标
① 熟悉休闲经济的概念； ② 了解休闲经济的特征； ③ 掌握休闲经济的形成条件； ④ 了解发展休闲经济的重要意义； ⑤ 理解休闲经济的制约因素； ⑥ 理解休闲经济的发展趋势； ⑦ 了解休闲经济的发展战略	① 分析休闲经济的形成条件； ② 举例分析休闲经济的制约因素； ③ 分析休闲经济的发展趋势

> **导入案例**
>
> ## 休闲的经济意义日益增加
>
> 国家变得越富有，休闲时间就越多，而休闲的普及又会变成推动经济发展的重要力量。经济福利的增加与休闲的作用紧密相连。
>
> 当消费是日常生活的主要活动时，大部分工作就会集中到餐馆、旅馆、学校、娱乐、康健中心、银行及医疗保健机构。服务机构同信息处理机构一样主要支持医疗和娱乐。在一个寿命有加而劳作日少的社会里，人们将更多地关注如何延缓衰老和保健驻颜。
>
> 休闲应该得到更全面的理解，在一定程度上它是新的工作岗位的创造者。虽然作为一个纯粹的休闲产业的工作很难找到，但是与休闲有关的工作在每一种工业（包括军事工业）里却是屡见不鲜的。美国休闲科学研究院的格兰代尔(1992)声称，美国有 900 万人在旅游服务业从事工作。在联邦政府、各州、县和地方娱乐场所，包括公园及其他休闲机构，能够提供 25 万个工作机会。有将近 200 万名作家、艺术家、娱乐服务工作者和职业运动员，这些工作中，没有一个能完全归类到与休闲有关的工作上。对休闲工作做总体评估的最简单的方式是将休闲消费转变成就业机会。
>
> 假若 4 万美元的休闲消费能创造一个就业机会，那么，1 万亿美元的休闲消费将创造 2 500 万个工作岗位，这相当于 1990 年美国全部就业机会的 1/4。假若仍不满足，设想每一个休闲产业的岗位将产生另一个支持产业的岗位，这仅仅涉及接近一半的与休闲有关的就业机会 (Stynes, *Academy of leisure sciences*, 1993)。
>
> 因此，随着休闲时间的不断增加，休闲也必将成为我们的日常生活和经济发展的一个起决定作用的因素。
>
> 由于休闲在现代经济中所起的作用越来越重要，随着休闲业的发展和服务项目的增加，越来越多的休闲方式将会从一个国家出口到另一个国家。美国在这方面已经处于领先地位。例如，大众传媒的对外扩张、文化公园的主题创意及许多其他休闲方式，美国都走在了前面。如今，有许多国家都在寻找机会出口它们自己的休闲工业产品。
>
> （资料来源：[美]杰弗瑞·戈比.休闲的经济意义日益增加.http://www.gledu.cn[2005-06-30].)
>
> 思考：
> (1) 休闲的经济意义如何得以体现？
> (2) 休闲经济的类型如何划分？
> (3) 休闲经济的发展需要具备什么条件？

在 21 世纪，中国乃至全世界的经济结构都发生了重大变化。休闲经济如同一颗璀璨的明珠，闪闪发光。它既不同于传统的旅游经济和娱乐经济，也不是某几个经济形态的简单相加。而是通过将传统的游山玩水式的休闲同文化、知识传播以及现代科学知识的普及等结合起来，衍生出来的一种具有时代特征的新的经济形态。简而言之，凡是提供社会休闲产品和服务的生产与再生产的经济活动，都可以纳入休闲经济的范畴。作为一种新的动力，休闲经济牵引着中国经济乃至全世界经济的发展。

8.1 休闲经济的概念内涵

休闲经济作为经济学中的一个组成部分，主要研究的是人在休闲行为中的投入与产出、休闲行业所创造的价值、休闲经济的运行规律、休闲行为和经济的变量关系等。因此，我们所说的休闲经济是建立在休闲的大众化基础之上的，由休闲消费需求和休闲产品供给构筑的经济，是人类社会发展到大众普遍拥有大量的闲暇时间和剩余财富的社会时代而产生的经济现象。休闲经济一方面体现着人们在闲暇时间的休闲消费活动，另一方面也体现着休闲产业对于休闲消费品的生产活动。

8.1.1 休闲经济是建立在物质文明基础上的经济

无论是农业社会、工业社会，还是信息社会，人类的经济活动一直处于一种"劳动型经济"的状态，可以说都是以追求财富最大化为目的的效率型经济。而人类进入知识经济社会之后，人类创造价值的形式发生了巨大变化，同时人类积累了雄厚的财富，建立了高度的物质文明，迎来了"休闲型经济"时代。"休闲型经济"是以追求人生价值最大化为核心的效率经济，是"劳动型经济"的转型。这是因为人类活动将由以劳作为中心转为以休闲为中心，休闲成为生活的轴心，从而休闲经济也会成为经济活动的轴心。经济活动的目的、价值观念、劳动效率、劳动形式等各个方面都发生了变化。因此，可以说"休闲型经济"是"劳动型经济"的一种变异性转型。

8.1.2 休闲经济是消费活动，也包括生产活动

有人认为休闲经济只有消费没有生产。实际上，这是一种误解。休闲经济不仅是消费活动，本身也包括生产活动。在多数情况之下，休闲经济的生产和消费是同时进行的。例如，我们看歌剧、学习插花、观赏体育活动、旅游观光、享受按摩服务等。事实上，休闲经济是一个完整的体系，休闲经济不仅仅与第三产业提供的服务及产品有关，与第一产业和第二产业的产品生产活动也密切相关。运用现代科学技术，将休闲理念融入各个产业，在产品的创新成分中具有休闲性，体现了以人为本的理念，将会带来新的产业革命。例如，在电信业领域，以娱乐为核心内容的新业务，将会成为电信业未来发展的主要增长点。即使在传统产业领域，其产品若能够体现休闲价值，同样能够焕发出异样的光彩。例如，在服装行业，在设计上加入柔软、防水等休闲理念就会赢得人们的青睐。

8.1.3 休闲经济是体验经济，也是创意经济

追求快乐和享受是人类生活的终极目标之一，而休闲产业就是制造快乐和享受的产业。人们在参与某一种活动时，会获得一种愉悦的感受，快乐和享受是人们心理上的一种体验。快乐和享受的制作者，需要在产品或服务中融入快乐因素、文化元素、新的理念、科技含量

等,也就是说需要有新的创意。所以说,休闲经济既是一种创意经济,也是一种体验经济。

8.1.4 休闲经济与休闲时间密切相关

一般而言,一切休闲活动都是在闲暇时间完成的。闲暇时间作为人类活动时间的重要组成部分,同样也是一种稀缺资源。人们利用这种稀缺资源,借助于市场经济要素与环境,生产个人、家庭或社会所需的产品——自我的实现、能力素质的提高、愉悦的心理体验、兴趣和爱好的发展、家庭幸福、健康等人类终极目标的特殊产品。从这个意义上讲,一方面,休闲不仅通过消费来促进生产,而且也证实了其本身就具有生产性。现实中,有许多工作本身就具有休闲性。例如,探险家的工作就具有休闲性。另一方面,许多人在休闲中也可以完成许多工作。例如,作家在读报纸休闲的同时,就可以获取知识,激发灵感,写出作品。又如,企业家在休闲俱乐部进行的商务活动等。从而,现实中工作和休闲的界限渐渐模糊起来。

8.2 休闲经济的基本特征

8.2.1 休闲经济参与经济创造

西方发达国家的历史表明:休闲与经济的关系密不可分,一方面经济参与"买来"休闲,它是回报中的一部分;另一方面,休闲可以被用来娱乐、消费,来支持有效的经济参与。正是这种消费的"再创造性"使得休闲变成一种新的社会经济形式。马克思曾说:"由于生产力提高一倍,以前需要使用 100 资本的地方,现在只需要使用 50 资本,于是就有 50 资本和相应的必要劳动游离出来。因此,必须为游离出来的资本和劳动创造出一个在质上不同的新的生产部门,这个生产部门会满足并引起新的需要。"以我国为例,我国现行的休假制度在推动休闲经济的形成、促进休闲产业的发展等方面的作用是巨大的,尤其为促进产业结构的调整、拉动内需、解决失业、盘活经济、繁荣市场立下了汗马功劳。与传统的经济形式不同,整个社会运营机制,不再仅仅是生产、分配、交换、消费这样一个简单的循环结构,而是由于人的消费行为使劳动者的能力获得了增长,对生产的贡献率将远远地大于以往。人们可以花费更多的时间用于物质和文化精神事物的消遣,多余的时间用于最大化的自我价值的发展,从更深的意义上调动自我的内在潜质。

8.2.2 休闲经济带动消费、调节再分配

近 100 年来,随着物质生产的极大丰富,"消费已成为为数众多的人的主要休闲选择。如果没有夜生活和周末,娱乐业将会崩溃;如果没有假期,旅游业将会衰落。实际上,是休闲,而不是劳动使得工业资本主义走向成熟。在这里,休闲新的合理性被展现出来了。正是由于休闲消费的普遍存在,才使各种休闲产业不断诞生,因而为解决就业创造了条

件"。应该看到，古典经济学家们当年的"既能维护经济价值，又能为非经济的社会价值的实现"的理想正在逐步实现。

从经济学的角度看，休闲经济的崛起，能调节国民收入的再分配，降低贫富梯度。在西方发达国家，有闲阶层的消费，一方面可以使货币回笼，使资本在运转过程中增值，"一批非生产性消费者的特殊作用在于保持产品与消费的平衡，使全国人民辛勤劳动的成果获得最大的交换价值，从而促进财富的增长"。另一方面，有闲阶层的非物质消费，促进了各种服务业的发展，许多新兴产业会应运而生，为社会提供大量的就业机会，财富在再分配中使更多的人受益，同时缓解了失业和再就业人员对社会的压力。

足 球 经 济

整整30天的第17届世界杯足球赛（以下简称世界杯）让整个世界寄予了厚望，在世界经济处于低迷状态的今天，足球比救世主还管用。许多国家特别是那些参赛国，希望能从这场足球大赛中挣个钵满盆满。其中最为兴奋的莫过于此次世界盛事的举办国韩国和日本，它们有理由这样兴奋，因为世界对它们的挣钱能力的评估最为乐观。早在世界杯开战之际，韩国和日本世界杯组织委员会人士就已对外宣称，通过本届世界杯，韩国将获得88.8亿美元的直接经济效益，日本为258亿美元。

世界杯能给主办国创造经济奇迹并非无稽之谈。1998年世界杯使法国获得的直接经济利益约为80亿法郎，还创造了27.5万个就业机会，当年的经济增长率达到3%，这也是法国进入20世纪90年代后经济增长率最高的一年。法国在世界杯期间电视的销售比以往提高了50%，巴黎股市的总值也比1997年提高了45%。1982年世界杯使西班牙仅旅游收入就达到63亿美元，此后西班牙的旅游业得到持续高度开发，到1992年巴塞罗那奥运会时，旅游收入达到了204亿美元，世界杯的经济影响可见一斑。

难怪韩国和日本认为，重振经济雄风有机会了。

据韩国开发研究院的预测，世界杯能为该国带来89亿美元的收益，创造35万个就业机会。韩国银行的预测认为，即使只有24万多名旅游者来访，韩国的观光收入也将达到9 000多亿韩元。韩国的经常收支盈余将因世界杯而增加5.7亿美元。

日本人也有自己的经济账。32场比赛的门票收入中有4.75亿美元是属于日本的，加上国际足球联合会的1亿美元官方赞助，日本立刻就有5.75亿美金的收入，这其中还不包括电视转播和其他全球赞助商的广告费。日本电通研究所预测，到日本观看世界杯的海外游客将达到36.5万人次，如果日本能够进入8强，经济效益将达到258亿美元，即使小组不能出线也将有250亿美元的收益。总体估计，世界杯能为韩、日两国总共提供100万个就业机会。

（资料来源：佚名. 足球创造了世界经济奇迹吗？中国会计网校 [2002-07-07].）

8.2.3　休闲经济是物质与精神的统一

这种新的生活方式指引我们"返回到健康、平衡的天性上来，返回到一种自然而和谐的状态上来。在这种状态中，每个人都会真正地成为自我，并因此而使生活富有意义"。现实告诉我们，如果仅仅满足于物质生活，那么我们无异于生存在动物世界中。这种新的生活方式让我们认识到家庭、爱情、亲情、友情对我们每个人的存在之重要，无论是传统的阖家团圆还是发展中的分享交流，生活中总是越来越欢迎休闲的存在，不仅因为休闲能促进经济发展。休闲并不仅仅是指我们通常理解的空闲时间多了，丰衣足食了（需要说明的是，具有普遍意义的休闲社会应是建立在丰衣足食的基础上的），而是人的一种精神态度和存在状态的变化。在这种生活方式中，人与人的关系、人与自然的关系、人与社会的关系变得融洽、和谐；人对物的攫取变得理智、变得通达。人的社会责任感更加强烈，并且人们通过创造性的生活方式来表达自己的追求与理念。

8.2.4　休闲经济注重人与自然的协调

这种经济形态，让我们开始鄙视炫耀性的消费，鄙视那种仅仅把消费当成"自由"的人生态度，鄙视将人与自然割裂开来。休闲并不意味着大规模的消费。大量调查表明，最满意的休闲利用方式与大量消费并没有联系，更不意味着要破坏生态环境，而是将对自然的索取减少到最低的程度。面对人类在经济领域所取得的骄人成绩，面对日益严重的全球性环境问题，为了使休闲经济作为新的生活方式的一种表现形式，人类发出了可持续发展的呼唤，并成为这个时代的主流声音。

8.2.5　休闲经济是发展生产力高级阶段的合理形式

"闲"是同社会生产力密切联系的事物。生产力是人类社会的基础，生产力的发展意味着闲暇的生产和增长。"闲"是生产力发展的根本目的之一，休闲时间的长短和人类文明的进步是并行发展的，与文明成了孪生姊妹。"闲"不仅是生产力和文明发展的结果，反过来，它也是促进生产力和文明发展的要素。

发展生产力主要有两条基本思路：一是以社会的方式发展生产力，其途径主要是调整和变革生产关系，发展科学技术，加强管理，完善劳动方式；二是以人的方式发展生产力，即把重心放在个人能力全面而充分的发展上。

马克思所指的真正的财富，一是指休闲可以发展智力，促进精神自由，节省更多的时间从事自己喜欢做的事，可以在更广泛的领域进行新探索。例如，各种体验、经历，接受新知识、新观念、新技巧、新文化、新艺术、新学科的学习，并进行心理、文化素养、智商、情商、享受能力等方面的新投资，由此提升人的价值，使生产力的素质获得了全面的培养。二是指经过全面培养的高素质的人才是发展社会生产力具有决定意义的最佳途径。合理、科学、健康地利用闲暇时间对一个人的成长与成才也至关重要。例如，你能合理地安排时间，并且内容丰富、积极向上，你就获得了比别人多的知识、技能、情感、才干、能力，你就比别人的社会价值大。如果全社会的人都能积极地利用闲暇时间，那么闲暇时间就变成了财富。

8.2.6 休闲经济引导一种新的"进步观"

传统意义上的"进步"往往以物质生活水平的提高为检验的标准。时至今日，物质财富的极大满足，促使人们渴望追求充实的精神生活。"进步"的含义将越来越体现在人的自我完善和提高生命的质量方面。"进步"的定义将发生根本性的变化。传统上衡量人类进步的标准，似乎都显得不够完善，因为人们所有的目标在很大程度上都忽视了对人类生存真正目标的思考。例如，这样一些目标：消除疾病、保持长寿、增加就业率、追求"必需性"消费之后的财富积累等，都把物质文明作为衡量人类进步的尺度。这些尺度固然重要，但它们代表的只是人类进步的某些手段，而没有涉及人类渴望进步的最终目的。如今，我们的物质生活的确是进步了。衡量进步的标准，将"人"放在了突出的位置。"人是一切财富的首要条件和最终的源泉；发展的重点应当从商品转移到人；技术的首要任务是减轻人们的工作负担，使人类生机盎然并发挥自己的能力。""进步"将越来越意味着人们不断地提高生命质量，讲求生活品位，而且希望以一种更为健康的方式生存下去。几百年来，人类一直在致力于改造世界，而在新的世纪，人类将会更多地致力于改造自身。

8.3 休闲经济的形成条件

休闲经济是社会和经济发展到一定阶段的产物，它的形成至少需要具备以下条件。

8.3.1 高度的物质文明是休闲经济形成的物质条件

休闲经济是建立在物质文明基础之上的经济。伴随着社会生产力的发展，社会剩余产品也不断增加，为人类的休闲提供了物质基础。如果没有第一、第二产业乃至第三产业的发展，休闲经济根本不可能形成。伴随着经济的发展，人们的收入也会相应地增加。只有在收入处于较高水平的条件下，公众才可能将更多的货币用于休闲消费，休闲消费率才会提高。在收入很低的情况下，公众即使拥有闲暇时间，如果收入中没有购买休闲产品和服务的家庭预算，那么他们的休闲也只是"物质匮乏而时间过剩"的低水平休闲。

8.3.2 休闲成为一种普遍现象是休闲经济形成的社会基础

从世界范围来看，休闲经济是人类进入工业社会之后才出现的。在此之前，休闲只是一种个别现象，是一部分人的特权。在农业社会，社会阶层开始分化，出现了巫师、宗教活动者等与直接的社会生产活动无关的休闲阶层。到了奴隶社会，社会分成奴隶主阶级和奴隶阶级，只有奴隶主阶级拥有大量的财富和闲暇时间，而一般奴隶很少有人问津休闲。奴隶只有到了过年过节等有限的节日时，才进行一些微弱地消费。到了资本主义时代，特别是工业社会之后，工业技术的迅猛发展、机器的采用、劳动者素质的提高，使劳动生产率达到空前的水平，社会必要劳动时间不断缩短，加之工人运动的兴起，其同资产阶级展开了缩短劳动时间的斗争，劳动时间才被限制在一定的范围内。第二次世界大战以后，在发达的资本主义国家，休闲已经不是少数人的特权，而是逐渐成为一种普遍的现象。在我国，改革开放以来，国民经济已经初具规模，人民的生活有了巨大变化，休闲业具有了大众化的趋势。从少数人的炫耀式消费到大众化的休闲消费经过了两千多年的历史。时至今日，休闲经济已经不是"有闲阶级"的经济，而是大众化的经济。

8.3.3 现代休闲消费观念的确立是休闲经济形成的理念基础

休闲消费观念是人们对待休闲的一种态度和价值取向。休闲消费观念制约着休闲消费行为。休闲消费观念的形成和变革与一定的生产力水平相适应，同一定的社会传统文化和社会主流意识形态密切相关。传统的休闲消费观念显然不能适应休闲经济的发展。因此，确立科学的、创新的、积极的可持续休闲消费观念是非常重要的。

案例分析 8.2

"健身经济"成为时尚潮流

随着健康观念深入人心，越来越多的人开始走出家门锻炼，健身、游泳、跆拳道、瑜伽等成为时尚潮流，"花一笔钱买流汗"的健身消费热了。在朝阳市，大大小小的专业健身俱乐部形成了一定规模，吸引大批人前去健身消费。

(1) 健身被看成时尚。

"以前提到健身，大家都认为那是很时尚的事情，距离老百姓的生活挺远。如今，健身受到多数人认同，在室内健身房、室外各种活动中都有人们锻炼的身影，健身变得离我们很近。"市民张女士对记者说。"一到周末就带着孩子去学习游泳，和孩子在一起很高兴，每周游泳已经是我和孩子的必修课了。"市民刘先生说。尤其是进入暑假以来，去游泳馆的学生族人数迅速增加。而对于没有时间和精力去健身房，没有足够的钱买昂贵的健身器材的人们来说，经济方便的健身器材成为其最好的选择。

(2) 专业健身受关注。

记者了解到，老人们青睐公园和广场，而很多年轻人并不满足于简单的健身运动，他们更希望得到专业人士的健身指导。也正是看好这一市场，专业的健身场所增多了。当人们真实感受到健身是生活中不可或缺的一项活动时，健身经济会上一个新的台阶。

如今，很多老百姓已经认识到健身的重要性，但是面对还不算大众化的健身消费，还难以真正进入其心中的"高档健身场所"。市民在选择健身方式时，经济因素是最关键的。如果每年需要花费上千元甚至更多的钱去健身消费，很多人一时难以接受。据了解，接受专业健身的人群大多工作稳定，有不错的经济收入，生活状态比较充实，他们有各自的健身目标，或强身健体，或减肥。总之，这部分人成为健身群体中最积极的一部分。

(3) 运动器材卖得好。

运动器材店也开始争抢"健身经济"这块大蛋糕，"健身经济"不仅仅是指人们在健身馆里的消费，更有在器材、服装等方面的消费，人们在运动器材上的消费将会不断增加。据了解，人们对各种传统健身活动的热情不减，对于新兴健身方式更为关注。记者在各家商场体育用品销售区看到，按摩椅、跑步机、沙袋等健身器材受到消费者关注。销售人员表示，如果家里空间足够大，在家里设置一个小型健身房完全可以实现。此外，篮球、羽毛球、网球等商品销量较好。

随着生活节奏加快，人们工作和学习的压力逐渐加大，花钱买健康就成为很多人的生活方式。人们似乎意识到，现在拿健康去赚钱，将来却不一定能拿着钱买回健康，于是，健身市场变得火热。

（资料来源：郑宗波. 花钱买流汗　健身经济成时尚. 朝阳新闻网 [2011-07-25].）

8.3.4　休闲供给条件的改善是休闲经济形成的必要条件

休闲经济的发展不仅取决于休闲消费需求，而且还取决于休闲供给。休闲消费不是生活的必需性消费，而是选择性消费。休闲设施的供给状况会直接影响到休闲消费者的满足程度。改善休闲供给条件，提高休闲供给效率，在短期内可以扩大休闲需求，使休闲经济进一步高速增长；而从长远看，则能使休闲经济走上持续发展之路。目前，我国的休闲供给在结构上不能与休闲需求相适应，供大于求、供非所求、供求错位现象比较明显。而且，休闲供给的价格也不适应公众的收入水平。因此，应该改善休闲供给条件，让人们玩得愉快、玩得文明。

8.3.5　科学技术的进步和劳动生产率的提高是休闲经济形成的前提条件

在市场经济条件下，劳动生产率较低时，劳动时间是不可能减少的，这是因为如果减少劳动时间，就会增加产品成本，其产品也就缺乏竞争力。由于劳动时间不能减少，人们就不可能增加用于休闲消费的闲暇时间，因而就不可能有真正的休闲经济。从根本上看，只有推动科学技术进步，提高劳动生产率，才能创造出可供消费的产品和服务，从而促进休闲经济的发展。科学技术的进步和劳动生产率的提高，直接导致生活时间分配结构的变化，主要变化是劳动时间减少而闲暇时间增加。因为休闲消费不仅仅是对休闲产品和服务的消费，同时也是对闲暇时间的消费，也就是说，休闲消费需要时间。劳动时间包括市场劳动时间和非市场劳动时间（家务劳动时间）两个部分，这两部分的劳动时间比以前减少了很多。劳动时间的减少必然导致闲暇时间的增加。而劳动时间的减少，从根本上取决于劳动生产率的提高。当然，国家劳动制度的改革也是劳动时间减少的一个主要原因。

8.3.6　各种社会保障制度及消费信贷制度的确立是休闲经济形成的重要保障

完善的社会保障制度及消费信贷制度是发展休闲经济的保障。它们可以增强人们的经济安全感，提高边际消费倾向，因而对启动休闲消费、推动休闲经济的发展具有积极的意义。在社会保障水平较低的时候，公众要为养老、医疗进行储蓄，所以不能不为未来的风险进行更多的自我储备。相反，那些社会保障水平较高的公众则没有后顾之忧。因此，不断完善城乡养老保险制度、城镇失业保险制度、医疗保险制度是非常必要的。消费信贷制度是适应大额消费(如汽车、教育、旅游等)的一种信贷制度，是鼓励公众适时消费的一种政策。

另外，消费者的成熟、休闲消费的信息化和国际化也是休闲经济形成所必备的条件。

8.4 我国发展休闲经济的重要意义

为了应对当前金融危机和经济危机，扩大内需和建设两型社会(资源节约型、环境友好型社会)，促进经济社会和人的全面协调发展，发展休闲经济更具有重要的理论和现实意义。

8.4.1 发展休闲经济是促进两型社会消费转型和节能降耗的现实需要

近年来，我国经济快速增长，各项建设取得巨大成就，但同时也付出了巨大的资源和环境代价。而休闲消费更多地强调精神文化消费，人们在旅游、运动和欣赏各种文化遗产时，不仅不会消耗大量物质资源、制造大量消费垃圾，还可提升自我消费素质，它是满足"两型社会"消费转型的"绿色消费"。国外的经验表明，休闲产业属于典型的"无烟产业"，它对许多经济衰竭地区还具有经济造血功能，特别是旅游业。例如，英国的曼彻斯特市通过政府的帮助，把旧仓库改造成全新的科学博物馆，把旧中央火车站改造成大型展览中心，新建了帝国战争博物馆和欧洲最大的室内娱乐中心；德国的鲁尔工业区，从浓烟滚滚的传统制造业转向现代服务业；澳大利亚的达令港、美国的巴尔的摩市等都成功地从"黑色经济"城市转型为"休闲经济"城市。

8.4.2 发展休闲经济有利于培育新的消费热点

历史经验也表明，在历次经济危机中，经济不景气使人们的空闲时间增多，一些契合人们新需求的产业对经济起到了很好的拉动作用。最突出的例子就是20世纪30年代经济大萧条时期，美国出现了华特迪士尼公司等一批世界著名的文化企业。经过长时期经济的快速增长和社会发展，我国城乡居民收入水平和生活水平不断提高，并进入了全面建成小康社会的关键时期，消费结构的全面升级也为休闲经济发展提供了广阔的市场空间。同时，由于休闲消费是从经济机体内部释放出的有效需求，对经济过程的调节是软性、内在和自然的，因而对需求的调节是良性而和缓的，不会对社会经济发展造成震荡和过度反应，因此休闲消费将对扩大内需和促进社会经济发展产生深远影响。

案例分析 8.3

"玩经济"时代到来

"消费者需要娱乐因素",企业管理顾问公司资深合伙人迈克尔：J.沃尔夫断言道。玩乐是人类的普遍意愿,这一意愿既可直接转化为某种特殊商品,亦可作为任何其他商品的附加价值而存在,因而具有极其广泛的文化和经济适应性。今天,玩乐成分在经济领域的渗透之广之深,已使其成为全球经济价值链中具有决定性意义的一环。

一直密切关注数字娱乐产业发展的万新恒博士在其新著《玩经济：数字娱乐拷问中国》一书中说："所谓'玩经济',是将'玩'的要素全面渗透到传统经济形态之中,借助最新的科技与文化成果,所实现的真正满足大众精神需求的经济升级；消费者消费的也不再是实实在在的商品,而是一种玩乐的感觉及由此产生的愉悦体验。"

但是,如果仅仅把"玩经济"理解为传统的娱乐产业,那就错了。事实上"玩"正在成为一种霸权力量,以其无所不在的影响正逐渐渗透到经济增长、文化演进,以及社会生活中的绝大多数层面。

韩国艺人"鸟叔"朴载相(PSY)的《江南 Style》MV 设计了"骑马舞","玩"遍全球,是 YouTube 迄今为止观看次数最多的视频,播放数超过 30 亿次,每次播放产生了 0.65 美分的收入,这就意味着《江南 Style》在 YouTube 上收入已经超过 1 950 万美元之多。

花旗银行聘请埃尔顿·约翰为公司的音乐形象大使,让他与人们在自动取款机前跳舞。它所推出的一种名为"办公室休闲时间货币"的信用卡,可以让持卡人从购物、电影、音乐、电子信息和游戏的消费中赢取积分,从而打发短暂的休闲时光。这家著名的金融机构如今看起来更像一家娱乐公司。

"玩经济"时代,一切价值都在重估,以致连工作与玩乐的界限也变得不那么明显。在欧莱雅的总部巴黎,为了使招聘过程变得"更好玩",欧莱雅把招聘搬到了足球场上。

"玩经济"时代没有跟风者,一切取决于人们能玩出什么新花样。对于那些不善"玩"的企业而言,唯一的结果就是出局。

我"玩"所以我快乐,我快乐所以我存在。"如果经济增长不能增加人们的快乐,则经济增长并不重要,如何增加快乐才重要。因此,经济增长能否增加快乐是一个极重要的问题。"澳大利亚社会科学院院士、著名福利经济学家黄有光说。

"玩经济"以一种前所未有的对普遍人性的尊重和迎合态度,全方位多层面地满足人类对"玩"的需求。参与性、过程性、体验性与完全属于个体的不可复制性取代了工业化大生产中的机械性与模式化。

(资料来源：廖海青."玩经济"时代来临[N].中国证券报,2007-04-29.)

8.4.3 发展休闲产业有利于促进就业

休闲产业是以提供服务和劳务为主的劳动密集型行业集合,它强调劳动者的技能、技巧多样化,可以吸纳不同知识层次的劳动力,是劳动力市场上对就业者需求较宽、就业容量较大的新兴产业。由于休闲产业就业容量大、就业层次多、就业成本小和就业门槛相对较低，因此适合不同类型的劳动者参与就业。发展休闲产业有利于促进就业，缓解社会矛盾。休闲产业具有较大的就业乘数。以旅游业为例，旅游产业的发展极大地促进了社会就业。2016 年，全球旅游业总收入为 7.6 万亿美元，共提供 2.92 亿个工作岗位，即全球每 10 个工作岗位中就有一个来自旅游业。

8.4.4 发展休闲经济有利于促进人的全面发展

从哲学角度看，人的全面发展是指人们在认识世界和改造世界过程中走向自由自觉。衡量人的全面发展有一个标志性范畴——个人闲暇时间的占有和利用，它们在一定程度上综合反映了社会进步、社会享用和社会活动的全面性。同时，人的全面发展是休闲消费价值合理性的内在根据，是休闲消费的伦理本性。发展休闲消费、提供有效休闲消费品，可以让人在消费中从更高层次反思自我，审视、品味个性化的生活意义，追求自由自觉的活动，实现自我的全面发展。

8.5 我国发展休闲经济的制约因素

8.5.1 对休闲观的误解

休闲的概念在相当一部分人中仍然没有确立起来。对于一部分人来说，在休息日往往考虑如何做一些家务，或者在单位加班获得额外收入，休闲消费观念淡漠。在民众中，对休闲观的误解主要存在以下几个方面：误区之一是"过早论"，认为"发展休闲经济，为时过早"；误区之二是"帮穷论"，认为"全国还有许多地方尚没有达到温饱水平，目前重要任务是帮助他们提高生活水平，而不是在城市发展休闲经济"；误区之三是"玩物丧志论"，认为"发展休闲经济就是玩物丧志"。

8.5.2 限制某些休闲产业的发展

人们在对待休闲产业的发展上，认识片面，思想保守，并限制其发展，如电子游戏产业、博彩业。而对特殊服务业的"犹抱琵琶半遮面"则会引发如腐败、不诚实的社会风气、卫生健康、暴力、税收、经营暴利、人权侵害等诸多问题。我们应该规范和引导相关休闲产业的健康发展，而不是完全一刀切地扼杀，否则只会把相关休闲经济发展的机会推向周边国家和地区。

8.5.3 消费率过低影响休闲支出

统计数据显示，2013 年，我国最终消费占 GDP 的比重达到 49.8%，而在发展中国家，这个数字平均为 62%，在美国，这个数字超过 90%。此外，我国居民消费占 GDP 的比重一直处于下降之中，由 1978 年的 48.8% 降至 2013 年的 36.2%。这表明，改革开放以来，虽然人民生活水平显著提升，但居民消费却一直受到挤压。居民消费率偏低，影响居民收入的增长，影响消费需求的扩大，从而影响消费结构的优化，最终制约休闲经济的发展。

8.5.4　休闲企业管理体制比较单一

休闲经济的大部分领域仍然保留着"国有企业"或"事业单位"的形式。一方面是资产迅速增长，另一方面却是总收入和增加值下降，其结果是效率低下，如出版社、新闻传媒、艺术团体、体育设施等。

8.5.5　休闲企业间的约束协调机制不够

休闲品的消费往往是众多行业互相配合才能完成的。因此，行业间要加强合作与信息沟通，才能使整个休闲活动一环扣一环地顺利进行。目前，国家只制定了针对各行业进行的有关管理条例等，但缺少它们之间如何合作、协作的规定。

8.5.6　假日制度和休假制度不完善

2016 年的"十一"黄金周长假，中国多地景区出现客流"井喷"的现象，规模震撼，人潮涌动。多位专家表示，从拥挤的交通到挤爆景区的人潮，种种现象都是国人"假日渴求"的表现，其背后是生活条件提高、带薪休假制度难以落实等一系列因素。专家认为，要解决长假景区"不堪重负"的问题，应通过制度设计将"假日渴求"转化为"细水长流"，既减轻交通、景区的负担，也切实提高国民的休闲质量。

8.5.7　企业提供的休闲品种较为单一，经营管理水平参差不齐

企业提供的休闲品种较为单一，每逢节假日，消费者集聚于一些消费热点，势必造成拥挤和供给不足。目前，休闲类企业特别是旅游企业忙于开拓旅游市场，重视产品数量，却忽视了产品质量。从总体上看，休闲业服务水平尚不能令人满意。我国的休闲类企业目前有 3 个问题，即规模小、分散、素质低 (经营管理质量差)。许多企业缺乏经营理念和长期规划，没有工作规范。

8.5.8　休闲方式过于单调

大多数城市居民的双休日安排都比较单调，平时的娱乐、休闲活动方式也比较单一。在周日平均全部闲暇时间 (5 小时 45 分钟) 中，看电视为 2 小时 39 分钟，占全部闲暇时间的 46%。休闲活动是被动的和低层次的。另外，缺乏适合大众的俱乐部式的休闲组织。国外盛行的各种类型的休闲俱乐部制度是值得我国借鉴的。

8.5.9 消费者尚未成熟

面对平时闲暇时间的增加和"黄金周"长假，消费者缺乏必要的信息和心理准备，模仿、跟风、炫耀式的消费动机，驱使人们到一些著名旅游景点消费。消费具有较强的从众心理，缺少个性。

8.6 休闲经济的发展趋势

8.6.1 休闲消费发展的五大趋势

我国休闲消费发展呈现以下五大趋势。

(1) 大众化。伴随着国民经济的发展，休闲也具有了大众化趋势，国民普遍有了休闲消费的需求。从少数人炫耀式消费到大众休闲消费经过了两千多年的历史。时至今日，休闲消费已经不是少数"有闲阶级"的特权，已具有大众化趋势。

(2) 多元化。是指因消费的层次和消费偏好不同带来的多元化。由于收入水平的不同，消费档次差异很大。因为每个人兴趣爱好的不同，消费呈现出个性化趋势。

(3) 远程化。是指与前几年相比，休闲消费出现了空间上的远程化。例如，在旅游消费中，几年前，大城市出现过"新马泰"旅游热，现在又掀起了到欧美等国家旅游的潮流。

(4) 短期化。短期化有两方面理由：一方面，由于交通的便捷，会相对节约旅程时间，缩短了消费时间；另一方面，人们的时间价值相对提高，人们会计较时间成本，出现了休闲消费的短期化行为。

(5) 娱乐化。这是指人们对于休闲消费的娱乐性、趣味性需求。人们喜欢在轻松愉快的气氛中进行休闲消费。

8.6.2 国民生活轴心由劳动转向休闲

科学技术的进步和劳动生产率的提高，直接导致生活时间分配结构的变化，主要是劳动时间的减少，闲暇时间的增加。因为休闲消费不仅仅是物质产品和服务产品的消费，同时也包括时间消费。换句话说，消费需要时间。按照现行的节假日制度，我国公民的法定休息日为115天，再加上带薪假期，总休息时间已经超过1/3。闲暇时间的大幅度增加，是休闲经济发展的条件之一。

近年来的时间分配调查显示，城市居民的闲暇时间已经超过劳动时间。休闲与劳动在时间上的比例分配，揭示了人类自身需求发展的内在规律，表明城市居民生活的轴心发生了变化，由过去的以劳动为生活轴心转向以休闲为生活轴心，休闲已经成为人类的生活方式，这是人类生活方式发生的革命性变化。伴随着劳动效率的提高，国民收入和用于消费的闲暇时间的不断增加，国民的生活水平和生活质量不断改善。从消费角度讲，"有钱有闲"是休闲社会的重要标志。

8.7 休闲经济的发展战略

为了使休闲经济健康有序地发展，在战略上应该注意以下几个问题。

8.7.1 制定休闲产业政策，实施宏观调控

政府应该通过制定休闲产业政策和国家休闲发展战略规划，从国家战略高度积极推动、引导休闲产业的发展。例如，通过设立公共休闲设施发展基金，用于加大扶持公共性的文化娱乐休闲设施的建设；放宽准入条件，鼓励企业、民间资本及外资介入休闲产业发展。政府应通过政策引导，吸引各种资金，特别是民间资本，在我国各地投资兴建不同档次的休闲设施和项目，满足国内居民和境外游客的需求，拉动休闲经济的发展。

8.7.2 推动休闲产业结构升级换代

进一步推动休闲产业的结构调整和产业升级，从根本上拉动我国整体的休闲供给水平。同时，通过发展休闲产业，带动国民经济的持续发展。

8.7.3 提高服务和管理水平

提高我国休闲企业和服务机构的管理和服务水平，促进竞争能力的形成。目前，我国休闲产业管理和服务的整体水平不高。与国外休闲企业相比，我国休闲企业规模小、相对分散、员工素质较差、缺乏服务意识、企业管理水平低，严重缺乏竞争能力。建议通过组建行业协会，建立产业信息沟通平台，制定行业标准，积极推进员工培训，落实持证上岗制度。

8.7.4 促进我国休闲产业的区域协作

城乡协作。把城市的高科技和创意产业融入传统农业，通过发展休闲农业，带动农村经济。休闲农业以农业为主题，利用自然环境、农事活动、农村生活等农业自然与文化资源，满足休闲者对与农业体验相关的需求。休闲产业城乡互动式的发展模式是城乡双赢的发展模式，既能增加农民收入，又能使城镇居民获得休闲的满足。

区域的休闲产业协作。例如，我国在东西部和南北方休闲产业发展过程中就有区域产业分工的问题。国家在实施产业政策引导时，应注意休闲产业在空间地域上的合理布局。同时，也应该注重产业聚集效应，提倡因地制宜、优势互补、资源共享、分工合作等。

8.7.5　大力发展休闲教育

当前，休闲教育在西方国家已经相当普及，由于社会经济发展阶段不同和休闲教育观念不同等原因，我国的休闲教育相对滞后。除了部分高校设有旅游学院或旅游系、体育运动系之外，很少设置休闲专业。社区、家庭、单位、社会及福利机构等的休闲教育也比较少见。

我国应该尽快在社区、家庭和幼儿园、学校、单位、社会机构及福利机构建立休闲教育体系。同时，建议高校尽早建立休闲专业，开设休闲教育课程。另外，制订和实施国民公共休闲教育计划，并且设立专项财政资金，用于国民公共休闲教育计划的实施、改进和效果评估。

8.7.6　设立研究机构

建议尽快由政府和科研院所出资设立各类休闲经济研究机构，加强休闲理论研究，以指导实践的发展。

本 章 小 结

休闲经济是建立在休闲的大众化基础之上的，由休闲消费需求和休闲产品供给构筑的经济，是人类社会发展到大众普遍拥有大量的闲暇时间和剩余财富的社会时代而产生的经济现象。

休闲经济的基本特征：①休闲经济参与经济创造；②休闲经济带动消费、调节再分配；③休闲经济是物质与精神的统一；④休闲经济注重人与自然的协调；⑤休闲经济是发展生产力的高级阶段的合理形式；⑥休闲经济引导一种新的"进步观"。

休闲经济的形成条件：①高度的物质文明；②休闲成为一种普遍的现象；③现代休闲消费观念的确立；④休闲供给条件的改善；⑤科学技术的进步和劳动生产率的提高；⑥各种社会保障制度及消费信贷制度的确立。

我国发展休闲经济的重要意义：①发展休闲经济是促进两型社会消费转型、实现节能降耗的现实需要；②发展休闲经济有利于培育新的消费热点；③发展休闲产业有利于促进就业；④发展休闲经济有利于促进人的全面发展。

我国发展休闲经济的制约因素：①对休闲观的误解；②限制某些休闲产业的发展；③消费率过低影响休闲支出；④休闲企业管理体制比较单一；⑤休闲企业间的约束协调机制不够；⑥假日制度和休假制度不完善；⑦企业提供的休闲品种较为单一，经营管理水平参差不齐；⑧休闲方式过于单调；⑨消费者尚未成熟。

我国休闲消费发展呈现以下五大趋势：①大众化；②多元化；③远程化；④短期化；⑤娱乐化。

休闲经济发展战略：①制定休闲产业政策，实施宏观调控；②推动休闲产业结构升级换代；③提高服务和管理水平；④促进我国休闲产业的区域协作；⑤大力发展休闲教育；⑥设立研究机构。

 **关键术语**

休闲经济 (leisure economy)

休闲消费 (leisure consumption)

休闲产业 (leisure industry)

 知识链接

1. 王琪延. 休闲经济 [M]. 北京：中国人民大学出版社，2005.
2. 田松青. 休闲经济 [M]. 北京：新华出版社，2005.
3. 陈来成. 休闲学 [M]. 广州：中山大学出版社，2009.

课 后 习 题

一、多项选择题

1. 下列属于我国发展休闲经济的重要意义的是（   ）。
   A. 促进两型社会消费转型　　　　　　B. 实现节能降耗的现实需要
   C. 有利于培育新的消费热点　　　　　D. 有利于促进就业
   E. 有利于促进人的全面发展
2. 我国休闲经济发展的趋势主要有（   ）。
   A. 大众化　　　B. 多元化　　　C. 远程化
   D. 短期化　　　E. 娱乐化

二、填空题

1. 休闲经济形成的条件：_____、_____、_____、_____、_____。
2. 休闲经济的基本特征：_____、_____、_____、_____、_____。

三、思考题

1. 目前，我国休闲经济的发展还存在哪些制约因素？
2. 我国休闲经济的发展可以采取哪些战略措施？

四、案例分析题

娱 乐 经 济

娱乐，是吃喝玩乐的最高级，是人类心理活动的重要元素，是社会生活质量的标尺之一。吃喝到了境界，就是美食文化；娱乐玩出了花样，就是创意。如今娱乐经济流行，人们当欢呼雀跃。

经济也娱乐。销售汉堡薯条的麦当劳更改了企业理念，宣称自己不再属于餐饮业而是属于娱乐业。靠卖半导体收音机起家的索尼，在企业转型中告别家电业进入传媒业。最明显的标志是收购哥伦比亚广播公司的余音未了，"索尼探梦"就星罗棋布在大街小巷。

娱乐也经济。具有80多年历史的华特迪士尼公司在全世界疯狂拷贝，其营业收入已经上升到娱乐产业的第二位，仅次于美国在线。2003年，湖南卫视取消原来的湖南"宣传频道"的定位，锁定"娱乐、年轻、全国"。2004年6月，湖南卫视正式确定"打造中国最具活力的电视娱乐品牌"的目标，秉持"快乐中国"的核心理念，结果一鸣惊人。

从20世纪60年代起，以美国为代表，发达国家开始进入"后工业化社会"。我国目前正处于工业化中期，已经步入人均GDP 8 000～10 000美元的界点，随着新兴工业化进程的加快，"后工业社会"即将到来，娱乐元素悄悄地注入，娱乐产品形成产业链，娱乐经济方兴未艾。

创造内在体验是娱乐经济的核心。人们从原来的追求物质和精神效用发展到追求"幸福"体验，因为超越了物质资料而将"欲望与满足"作为娱乐经济的范畴，这就预示着新商机的到来。

在日本，娱乐业已经是除汽车业外的第二大产业。在美国洛杉矶，娱乐就是一切，从电视频道到百万巨制的好莱坞电影，就连新闻也出现娱乐化倾向。旅游、娱乐、传媒、信息产业目前已名列全球产业排行榜的前四名。

在文化娱乐、体育娱乐和休闲娱乐这三大版块中，休闲娱乐将成为新的经济航母。而因为娱乐不挑战现存社会制度的游戏规则，作为最普遍的传播产品类别，可以受到大多数人的欢迎，所以它的走红才刚刚开始。

其一，娱乐元素注入产品。产品有了精美的包装，服务产品的趣味性增强，产品销售与娱乐活动相结合。从超市的自选到百货大楼的打折再到网上购物、团购等，经营者变着法讨消费者的喜欢，消费者却一反往日的精明，而是爽快地掏腰包，经营者就这样成为赢家。

其二，娱乐与传媒联姻。媒介的力量首先是给人以听觉、视觉上的感受，给人以快感、刺激，形成自觉接触习惯，在快乐中接受传播媒介。有统计表明，传媒内容20%的产值在新闻，80%的产值在娱乐。

其三，娱乐与教育融合。从大学课堂里的多媒体教学，到现代远程教育方式的实施，再到大众媒体文化艺术和科教版块新面孔的出现，无不渗透着寓教于乐的"快乐教育"思想。

其四，纯娱乐业的发展。以演艺产业和游戏产业为主体的纯娱乐产业，成为娱乐经济的重要增长点。

[资料来源：刘志明.娱乐经济[J].商业时代，2009(19).]

根据上述材料，分析下列问题：

(1) 作为休闲经济的重要组成部分，娱乐经济为什么会成为经济新的增长点？

(2) 举例说明旅游企业如何利用娱乐元素来引领经济大潮？

(3) 娱乐经济发展的模式有哪些？

第 9 章 休闲产业

知识目标	技能目标
① 了解休闲产业的概念； ② 掌握休闲产业的分类； ③ 认识休闲产业的作用； ④ 了解休闲产业的发展趋势	① 熟悉休闲产业的划分； ② 分析休闲产业的作用； ③ 分析休闲产业的发展趋势

未来 5 年我国休闲产业进入发展黄金期

由于改善民生成为"十二五"规划的亮点和重点,未来 5 年将是我国旅游、体育、文化娱乐消费等休闲产业快速发展的黄金时期。

2011 年 6 月 10 日,中国社会科学院发布的 2011 年《休闲绿皮书》认为,中国休闲产业的发展有以下四大支撑。

一是民富导向总体发展目标的确立。纵观"十二五"规划,改善民生成为其中最大的亮点和重点。例如,城镇居民人均可支配收入和农村居民人均纯收入年均实际增长超过 7%,城乡基本养老、基本医疗保障制度实现全覆盖,提高并稳定城乡三项基本医疗保险参保率,政策范围内的医疗保险基金支付水平提高到 70% 以上,将新型农村社会养老保险试点范围扩大到中国 40% 的县,全国城镇保障性住房覆盖面达到 20% 左右等。围绕这些目标,中国各级政府必将加大相关工作力度,为人们休闲生活提供必要的经济基础保障。此外,推进基本公共服务的均等化也成为未来 5 年内的重点,就业、收入分配、社会保障、医疗卫生、住房等领域的一系列举措,都将使发展成果惠及国人。居民收入的增长,社会保障的增强,都将极大地提高居民的消费能力,释放居民的消费潜能,这就在相当程度上舒缓了有关休闲的基础性制约。

二是休闲公共服务体系的建设与完善。休闲公共服务体系建设的任务和目标,已经在旅游、文化、体育等部门的规划中有了相当的体现。随着这些部门工作的不断落实,休闲的公共服务体系将会成为居民休闲优化的坚实基础。这将为休闲的供给创造基础性的保障。

三是休闲主管部门工作的继续推进。行政主管机构已经明确了"休闲"在国务院工作部门的归口;同时,在"十二五"规划时期,中国将实施《国民旅游休闲纲要》。工作的归口,纲要的实施,对增强国民休闲意识,提高国民休闲参与度,对加快推进休闲公共服务建设,都建立起了引导发展的有效工作体系。

四是国民休闲意识的不断提高。在现代思潮的影响下,国人的休闲意识已经逐渐地浓厚。随着大众媒体的传播,即使未能接触到这些休闲的受众,其向往的意愿也已经使其成为休闲的潜在消费者和未来享用者。

《休闲绿皮书》强调,"十一五"是中国休闲发展快速起步的重要时期,休闲首次出现在国家领导人的讲话和社会经济发展的总体部署中,之后成为特定部门的职能,并积极引导和推动休闲发展进入国家发展战略,进而推动中国休闲相关产业步入黄金期。

(资料来源:中信证券.未来五年我国休闲产业进入发展黄金期.中国证券网 [2011-06-11].)

思考:
(1) 休闲产业指的是哪些产业?
(2) 休闲产业快速发展具有什么意义?
(3) 我国休闲产业得以快速发展的原因是什么?

进入工业社会以来,随着社会物质产品的丰富和人们闲暇时间的增多,越来越多的人参与到休闲活动中,产生了大量的休闲需求,从而推动了休闲产业的迅速发展,使其成为极富生命力的产业之一。

9.1 休闲产业的概念

休闲产业的概念是在休闲活动逐渐为普通民众所享有、休闲消费日渐普及、休闲活动带来地区经济的增长这些现象出现时才逐渐被人们提及的。但休闲产业的研究,尤其是休闲产业范围的界定,因为直接关系到对休闲产业的经济统计,以及人们对休闲产业在国民经济中地位的认识,却很难达成一致。休闲概念的宽泛性导致休闲活动的多样化,而多样的休闲活动关联的产业也多种多样,这导致休闲产业概念的界定比较困难。

"产业"在产业经济学中定义为具有使用相同原材料、相同工艺技术或生产产品用途相同的企业的集合。从休闲的内涵出发,立于产业经济学视角,休闲产业可以解释为"与休闲相关的产业"或者可以定义为"生产产品或劳务主要用于满足休闲活动的企业的集合"。

由于人们休闲需求的满足除了通过休闲消费的方式之外,很多时候是通过非消费的方式来完成的。休闲消费对休闲产业的经济贡献比较明显,而非消费形式的休闲需求的满足对休闲产业的经济贡献就不够明显。非消费形式的休闲活动基本上是属于自给性的,并未直接涉及相应的商业化休闲产品和服务,或者说这些休闲活动的开展是通过搭"顺风车"的形式,利用一些生产或生活设施进行的。例如,沿街散步,人们利用了道路,但道路并不直接为休闲活动的开展而修建。因而,此类休闲活动的经济贡献并不明显,提供给此类休闲活动开展的产品的生产企业严格意义上就不易列入休闲产业,但它们在实际功能上又起到了满足休闲活动的作用。鉴于此,可以根据企业产品和劳务是否直接提供给休闲活动的开展,从广义和狭义两个角度对休闲产业进行理解。从广义的角度看,凡是能够直接和间接为休闲活动的开展提供产品和劳务的产业都可以算作休闲产业,其涵盖面相当广泛。从狭义的角度看,休闲产业仅指直接为休闲娱乐活动提供产品和服务的产业,既包括公益性的休闲娱乐单位(如城市公园),也包括经营性的休闲娱乐单位(如咖啡馆)。

知识链接 9.1

休闲学者论休闲产业

于光远(中国著名经济学家、当代中国休闲学研究创始人):休闲产业是指为满足人们的休闲需要而组织起来的产业,它是休闲得以实现的条件。

马惠娣(中国休闲文化研究中心主任):休闲产业是指与人的休闲生活、休闲行为、休闲需求(物质的与精神的)密切相关的产业领域,特别是以旅游业、娱乐业、服务业为龙头形成的经济形态和产业系统,一般包括国家公园,博物馆,体育(运动项目、设施、设备、维修等),影视,交通,旅行社,导游,纪念品,餐饮业,社区服务,以及由此连带的产业群。

王琪延(中国人民大学休闲经济研究中心主任):休闲产业是指从事休闲产品生产(包括服务)活动的厂商集合。

它远不止是一个传统意义的产业，而是与人的休闲消费需求（物质的与精神的）密切相关的产业群或产业链领域。

韩德乾（国家科学技术部原副部长）：休闲产业是涵盖旅游、观光、休闲、度假，以及与此相关的餐饮、住宿、交通、通信、文化娱乐、纪念型工艺美术品等多方行业的综合产业，又是一个不仅能不破坏生态环境，而且还能优化和美化生态环境的可持续发展的产业。

卿前龙（广东金融学院休闲产业与高端服务业研究中心主任）：休闲产业是指由消费者的休闲消费需求引发的、国民经济中那些生产休闲物品和休闲服务行业的总称，它广泛存在于国民经济三大产业之中。

美国维基百科：休闲产业是指为人们提供娱乐、消遣及旅游等相关产品和服务的部门集合，即为满足人们休闲需要而提供娱乐、消遣、旅游及相关产品和服务的产业集群。从广义上看，美国的休闲产业涉及国民经济的各个领域，而狭义上的休闲产业则主要是艺术和娱乐、运动和游憩、旅行与旅游等三大类别，具体领域为影视戏剧、艺术表演、音乐舞蹈、录音传媒、体育健身、文学出版及旅行旅游等产业。

9.2 休闲产业的类型

休闲产业包罗万象，涉及不同的行业和领域，只要是与人们的休闲行为和休闲消费有关的产业，都可以列入休闲产业。总体来说，尤其是从理论上来说，休闲产业作为一个完整的系统，是由不同的产业层次构成的，包括休闲基础产业、休闲延伸产业和休闲支撑产业三大类型。这三个产业层次组合起来，形成了较为完整的休闲产业体系。

9.2.1 休闲基础产业

1. 旅游业

旅游业是休闲产业的重要组成部分，是以旅游这种方式和活动，通过提供相关旅游产品和服务，来满足人们在休闲生活、休闲行为、休闲消费、休闲需求中的物质和精神文化需求的产业业态。旅游是休闲活动的重要实现途径和表现形式，休闲则是旅游活动的根本目标和最终归宿。从产业领域的角度讲，休闲产业是旅游业的"蓝海"。

2. 文化休闲业

文化休闲业是新兴的消费内容，也是新兴的产业形态，是满足人们在休闲消费中的精神文化需求的行业和部门，包括一切以精神文化内容来满足人们休闲需求的服务和产品。文化休闲业包含的内容非常丰富，具有多样性的产业特征。目前，我国文化休闲产业的主要特点：总体规模大，人均占有低，发展不均衡，文化休闲少，市场不成熟，产业成长缓慢，国际竞争弱，严重不匹配。作为文化休闲业，可以细分为以下6类。

(1) 游戏产业。游戏产业是文化休闲业的重要组成部分，主要包括以棋牌、游乐园、游戏机、网络游戏等游戏类的产品和服务，来满足人们休闲需要的产业业态。普及性、便利性、边缘性、变化性是游戏产业的主要特点。

(2) 娱乐产业。娱乐产业是以提供各种娱乐的产品和服务来满足人们在休闲活动中的物质和精神文化需求的相关产业业态，以电视、广播、歌舞厅、城市秀场、唱片工业、无线网络音乐等为主要内容。

(3) 品尝产业。品尝产业是通过餐饮等产品和服务来满足人们在休闲活动中的物质和精神文化需求的产业业态。主要涉及餐厅、咖啡厅、酒吧、茶馆及其他休闲食品。这里没有用餐饮产业这个词，因为不能让生产者主导，而是很多概念都要以消费者为出发点。

(4) 观赏产业。观赏产业是通过提供观赏类产品和服务，来满足人们在休闲活动中的物质和精神文化需求的产业业态，主要包括戏剧、电影、博物馆、科技馆、动物园等。

(5) 阅读产业。阅读产业是以提供阅读类产品和服务，来满足人们休闲活动中的物质和精神文化需求的产业业态。主要涉及书籍、刊物、报纸、图书馆等产品和服务，基本上现在大型报纸的主体功能是新闻功能；而城市晚报都是休闲读物，主体功能都是休闲功能。从电视来说也是这样，现在各类电视节目的主要功能不是新闻传播功能，而是娱乐功能。这都体现了一种转换。

(6) 养趣产业。养趣产业是通过提供相关动、植物养殖和相关有价值的物品收藏等产品和服务，来满足人们休闲生活中的物质和精神文化需求的产业。主要包括饲养花鸟鱼虫、宠物和进行相关收藏等。

3. 体育休闲业

体育休闲业是休闲产业与体育产业的交叉部分，它以休闲为主要目的，通过体育活动的途径和手段，来满足人们在休闲活动中的相关健身、娱乐、交际等物质和精神文化需求的产业，包括竞技体育表演、群众体育、健身服务、体育用品等。体育休闲活动是现代人生活的必需，其具有从小开始、贯穿终生，以户外为主、室内为辅，身动为主、神动为辅，团队为主、个人为辅，参与为主、收获为辅，欢乐为主、成长为辅，社会为主、经济为辅的特点。但体育休闲业是现在比较薄弱的环节，首先是文化因素，中国人作为东方民族、农耕民族和西方游牧民族、草原民族存在根本的不同，我们习惯于静下来，西方人习惯于户外运动。其次是活动设施等条件不足。最后是独生子女政策，使孩子们不能更多地参与户外活动，可是这方面应该是未来潜力最大的一块市场。

2016年10月25日，国务院办公厅下发了《关于加快发展健身休闲产业的指导意见》，要求推广适合公众广泛参与的健身休闲项目，加快发展足球、篮球、排球、乒乓球、羽毛球、网球、游泳、徒步、路跑、骑行、棋牌、台球、钓鱼、体育舞蹈、广场舞等普及性广、关注度高、市场空间大的运动项目；发展冰雪运动、山地户外运动、水上运动、汽车摩托车运动、航空运动等户外运动；推动极限运动、电子竞技、击剑、马术、高尔夫等时尚运动项目健康发展；发展武术、龙舟、舞龙舞狮等民族民间健身休闲项目，传承推广民族传统体育项目，加强体育类非物质文化遗产的保护和发展；加强对相关体育创意活动的扶持，鼓励举办以时尚运动为主题的群众性活动；促进健身休闲与文化、养老、教育、健康、农业、林业、水利、通用航空、交通运输等产业融合发展。

9.2.2 休闲延伸产业

1. 休闲农业

随着体系化的发展，休闲农业产生了，在一定意义上休闲农业也是一种工业化的发展方式，这与传统的农村、农业的概念是截然不同的。休闲农业的要求，第一是自然；第二是在享受自然的过程之中形成一系列的延伸性要求，自然而然就形成了多样化的休闲农业。休闲农业不是简单的农家乐概念，而是在发展的过程中逐步构成一个体系。例如，农家乐的采摘很受消费者青睐，下一步必然是从种植开始，而不仅是采摘，因为采摘培养了一种掠夺的思想，而不能培养一个全程体验精耕细作的习惯，这就是升华的过程。

2015年8月18日，农业部会同发展改革委等11个部门联合印发了《关于积极开发农业多种功能 大力促进休闲农业发展的通知》。2016年9月1日，农业部会同发展改革委、财政部等14个部门联合印发了《关于大力发展休闲农业的指导意见》。休闲农业是现代农业的新型产业形态、现代旅游的新型消费业态，为农、林、牧、渔等多领域带来了新的增长点。大力发展休闲农业，有利于推动农业和旅游供给侧结构性改革，促进农村第一、二、三产业融合发展，是带动农民就业增收和产业脱贫的重要渠道，是推进全域化旅游和促进城乡一体化发展的重要载体。

2. 休闲商业

休闲商业是指通过商业所提供的产品和服务及商业活动本身，来满足人们在休闲生活、休闲行为、休闲消费、休闲需求中的物质和精神文化需要的产业领域，主要包括商业游憩区、步行街、特色消费店等内容。休闲商业街下一步也会越来越兴盛，因为休闲商业的主体功能转换了，大家更重要的不是买东西，而是到那样一个氛围里去休闲。

3. 休闲地产业

所谓休闲地产业，是指在一般住宅要素的基础上，依托项目周边良好的自然生态环境，把房地产和房地产以外的其他产业资源，包括生态资源、旅游资源、体育资源、教育资源，进行嫁接，并在社区生活配套设施中导入休闲、健身、娱乐、益智等多元概念，使居住者有足够的条件充分放松自我，享受休闲生活。休闲地产业可以归为6类：①酒店房产，核心地产；②休闲房产，景观地产；③文化房产，主题地产；④生态房产，田园地产；⑤娱乐房产，聚合地产；⑥复合房产，生活地产。

休闲养生地产深耕时代到来

伴随着人们物质生活水平的提高，现代人对于健康水平及健康质量的关注越来越多。在这种大环境下，一种以健康和养生为主题的地产开发形式逐渐走进了人们的视野。这种健康、养生与地产联姻的模式是一种新型的地产开发模式，而且社会越发展，其受关注程度就会越高。相对于地产与其他行业的组合，休闲养生地产由于其市场的需求契机好，发展前景将更加广阔。

休闲养生地产的出现是人居水平发展到一定程度后的必然规律。英国的哲学家罗素曾经说："人类的最终极产品就是休闲产品。"在经济比较发达的沿海城市，把家安在自然风景怡人的地方，是所有追求高品质生活享受的先富裕起来阶层的共同选择。例如，香港维多利亚海湾的高档住所、山东烟台的近海度假洋楼、海南三亚的海景别墅，都是有名的富人阶层社区。这种趋势正在从沿海城市向经济发展强劲的中、西部城市延伸，刺激了内地休闲、养生地产的发展。

休闲养生地产从时间上来说，是个"躲不掉"的时代。20世纪，美国在60年代，欧洲在70年代，日本在80年代基本都经过这个过程。人均GDP达到六千美元以上，人们用于日常消费的费用递减，占收入的一半以下，而一半以上的费用则将用于精神享受和文化消费需求。今天我国的13亿人口，至少有3亿人口已经全面进入了休闲时代。

在"十二五"规划所提及的5类地产发展趋势中，养生产业及养生地产也被多次提及。它所倡导的宗旨就是在中西结合的现代养生学理论指导下，通过以养生为中心，集休闲、娱乐、社交、商务为一体的高品质多元养生活动，导入全新的健康理念，倡导和营造全新的健康生活方式，致力于养生方法科学化、养生活动家庭化、养生行为生活化、养生意识社会化。无论从生理还是心理上，它都为人们的健康提供高度的科学化和人性化的专业关怀，为国人生活质量的提高做出贡献。

休闲养生地产是人居产品的理性回归，也是对人生价值的全新认定。休闲养生地产所倡导的环保、健康、低碳、养生、自然、和谐也迎合着这个时代发展的最终方向。"造房子就是造一种生活方式"，休闲养生地产更应该努力遵循这句话，在提供居所的同时，更要营造一种适合人类生存的"诗意的栖居"，营造一个自然与人文和谐共生的现代休闲人居社区。

因此，将养生融入地产，以养生回馈社会，创造养生与地产相融共生的开发模式，既是在这个全新时代开发商们迎来的千载难逢的历史机遇，同时也是这个时代赋予他们的历史使命。

（资料来源：刘瑛. 休闲养生地产深耕时代到来[N]. 华商晨报，2012-11-01.）

9.2.3 休闲支撑产业

1. 休闲工业

休闲工业是依托现代化大工业生产方式和技术，为休闲需求直接与间接服务的产业体系。休闲工业大体包括三类：一是直接对应旅游者自身需求的；二是对应休闲市场而产生的新型中间需求；三是与休闲产品相关的。

(1) 休闲服装。

休闲服装有别于工作服装、职业服装和正式服装，其特点是宽松、时尚和主流化，这也是很多时装在追求的一种方向。例如，福建的石狮市，满城都是休闲服装，所有的广告都是休闲服装，这个城市的特点就是不生产其他服装，这就反映了一个新的社会潮流。

(2) 休闲用品。

休闲用品的特点是方便、丰富和生活化。正因为很多休闲用品主要是为休闲服务的，所以首要的要求就是方便、小巧灵便的各类用品不断产生。其次是丰富，各种各样的用品产生，由于休闲是一种生活方式，因此休闲用品也涉及生活的各个方面。最后，由于使用起来非常方便，品种非常丰富，得到了人们的喜爱，从而使这种边缘化的产品变成了一种主流化的产品。这也就意味着由休闲需求产生了休闲工业，而且前景非常广阔。

(3) 休闲装备。

在中国，由于目前还没有产生足够的高端休闲消费需求，同时工业生产缺乏对市场的敏感性，因此休闲装备还基本没有，高端产品主要依靠进口。但从发展的角度来说，这将是一个非常大的市场。一些休闲装备科技含量高，品牌性也强，我国对休闲装备的市场需求正在不断增强，这必将促进休闲装备工业的发展。中国休闲装备的市场需求很大，但是产品的生产能力跟不上。例如，高尔夫球、滑雪装备、缆车装备等，这些都属于特种装备，都需要一流的生产能力，但是我们现在基本都要靠进口，也不能说是工业部门不重视，这里的关键是缺乏供给和需求之间的整合。

中国户外休闲产业蓬勃发展

近年来，随着人们对于休闲观念、运动理念认知的不断加深，户外运动已逐步进入由原先的小众"驴友"群体向大众普通人群加速扩展的阶段。特别是在 2008 年北京奥运会之后，户外运动及户外精神都在向更广阔的人群推广，户外运动的影响力在逐步彰显，更多的人加入户外运动的行列，体验认识及感受户外运动带来的兴趣和精神享受，这也推动了户外休闲产业的蓬勃发展。

根据中国户外商业联盟数据统计，2011 年的中国户外用品市场经济从 2010 年的 71.3 亿元增长到了 107.6 亿元，增长了 51%。从 2010—2012 年在中国市场活跃的户外用品品牌数量也上升了 29%，已达到 717 种。其中，国内品牌增长近 46%，达到 334 种。

(1) 户外关键词：大众时尚化。

过去，户外品牌所生产的主流装备只重功能、价格昂贵、普通随性、流于平庸，缺乏时尚和美感，只能满足少数专业级"驴友"的需求。如今，户外装备的品种和款式越来越多元化，无论从细节设计还是颜色搭配都别具匠心，并为越来越多的大众消费者所接受。特别是在 2008 年北京奥运会之后，户外品牌全面进入城市主流商场，形成了"户外进，体育退"的局面。

户外专家表示，户外品牌主要营销渠道已经由原来的专业户外店发展为主流商场，这标志着户外装备的消费人群已经由专业小众发展为普通大众。此外，北京奥运会可以说是户外产业发展的一个分隔点。北京奥运会之后，不分季节都随处可见身着时尚户外服装、脚穿户外休闲鞋、身背户外背包的人群，适逢周末或节假日，在城市公园和城市周边随处可见扎营者、徒步穿越者、登山者、骑行者。可以说，户外装备已走入"寻常百姓家"。

(2) 户外活动关键词：专业化。

户外休闲活动日趋大众化，这已是一个不争的事实。特别是在北京奥运会之后，各地政府和景区都把组织户外活动节作为宣传旅游的重要手段，"露营大会、帐篷节、登山节、自驾穿越节、户外电影节、户外嘉年华、户外音乐节、拓展基地"，户外活动及展会创意百出，同时也更加公众化、专业化。

据悉，在北京奥运会之前，专业的户外展会只有 ISPOCHINA(亚洲国际品牌体育用品及运动时尚博览会），而如今，每年在全国各地举办的相关展会达数十个。而国内目前也已有四大国际精品运动项目品牌（北京国际马拉松赛、中国网球公开赛、斯诺克公开赛和北京国际山地徒步大会）。

户外专家指出，户外产业与旅游业联手，互为增值借势点，可以获得双赢的局面。说明中国的户外休闲产业已在摸索中找到理性的前行点，专业化是一个产业规模化发展的必经之路。

(3) 户外用品关键词：品牌化。

户外运动产业要想发展，必然要有新型材料、设计和生产工艺来提供产业配套。例如，打造一整套户外运动系列装备，所涉及的户外用品的种类主要包括户外登山服、速干衣裤、登山鞋、徒步鞋、涉溪鞋、登山手套、登山帽、睡袋、帐篷、户外背包、护具、辅助用具等一系列专业户外用品。户外专家表示，对于户外用品而言，材料的绿色、环保、低碳等都必须考虑到，产品品牌标准化也是户外用品的大势所趋。

北京奥运会之前，中国市场的户外品牌数量少、规模小，而如今，户外大品牌越来越多，渠道越来越深入广泛。据了解，探路者已经于2010年成功上市，其他品牌，如三夫户外用品有限公司、KAILAS(凯乐石)、KINGCAMP(康尔健野)、KOLUMB(哥仑步)、MoBIGArDEW(牧高笛)、OZARK(奥索卡)等相继获得不同渠道的融资，都可能进入股市。可见，现在中国户外产业的竞争已经由原来以产品和渠道为主的竞争上升为资本和品牌为主的竞争。户外产业发展正步入一个崭新时代。

户外专家表示，我国户外休闲产业不仅仅是一个新兴的产业，而且是一个充满活力、保持着高速增长率的朝阳产业。从产业发展的规律来看，中国户外用品产业在未来3～5年内仍将保持高速增长态势。回首过去的一个奥运周期，中国户外休闲产业的发展在一系列良好环境的推动下取得了质的飞跃，今后，户外休闲产业必将飞得更高、更快、更远。

（资料来源：佚名．装备之都见证中国户外休闲产业后奥运时代腾飞．飞象网 [2012-01-31].）

(4) 休闲食品。

休闲食品其实也是快速消费品的一类，是人们在闲暇、休息时所吃的食品。最贴切的解释是吃着玩的食品。休闲食品一般包括两层内涵：一是作为一种小吃有别于一日三餐的常食；二是以这种闲食作为一种休闲活动或休闲辅助活动。休闲食品是三餐常食以外的附加物。人们以"醉翁之意不在酒"的心态享用休闲食品，旨在寻求一种精神享受，用吃解闷。就物质意义而言，不过是尝味，绝无求饱的目的。休闲食品主要包括干果、膨化食品、糖果、肉制食品这几类。

案例分析 9.3

养生产业显示广阔发展前景

随着我国城市经济的高速发展和人们生活水平的持续提高，越来越多的人开始关注健康，注重身体的保健，人们更渴望时尚、健康、享受的消费形式。

> "根据世界卫生组织一项全球调查结果显示：约有75%的人群正处于亚健康状态；约20%的人群需要到专业医疗机构进行诊治；而真正达到健康标准的人群仅占5%。"在2010年9月10—12日举办的首届威海（文登）国际养生产业峰会上，这一组数据为养生产业的广阔前景提供了论据。
>
> 与会专家普遍表示，养生产业正作为一项极具潜力的朝阳产业迅速崛起。中华医学会秘书长高峻璞指出，当前，由于城市环境污染、气候变化、精神压力等多种因素，都市人口的亚健康问题，已成为我国乃至世界许多发达国家的共同问题。而随着老龄化社会的临近，人们对生命健康的追求则进一步加速和提升，这成为养生产业发展的内在动力。
>
> 中国社会科学院城市与竞争力研究中心主任倪鹏飞教授认为，养生产业是提升城市竞争力的优势潜力产业，它不仅具备了高技术含量、高附加值的特点，而且还具备了低能耗、低污染、多功能的特点，符合城市绿色可持续发展的主流理念，对提升城市品质，彰显城市个性，实现城市社会、环境、文化和人的全面发展和跨越性提升都将发挥重要作用。
>
> 北京大学中文系教授张颐武则表示，养生产业带来的养生文化氛围将为人的精神发展提供"滋养的土壤"，这在社会转型过程中的今天尤其意义深远。
>
> 养生产业方兴未艾，必须以全球化视野和长远目标来制定科学的发展战略，实现高起点的定位、高标准的建设和高效率的管理，让生命健康与产业健康相得益彰。
>
> 2010年，美国《财富》杂志统计，中国保健养生产业每年的市场份额高达15 000亿元人民币，而且这个市场还仅仅处于初级阶段。《财富》杂志预测，中国保健养生产业未来5年将扩大10倍，是名副其实的朝阳产业。
>
> （资料来源：文艺橙，赵秋丽. 养生产业显示广阔发展前景 [N]. 光明日报，2010-09-13.）

2. 休闲信息业

休闲信息业是为休闲者提供相关信息咨询和休闲活动策划，并服务于休闲消费者的经营性行业，包括广播电视媒体、平面媒体、网络媒体、咨询、科研和教育等相关内容。休闲需求的增加和休闲消费能力的增强，必然会引起各种媒体及咨询服务、科研和教育等机构对休闲产业的关注，以经济利益为诉求而将产品与服务延伸到休闲领域来，从而促进休闲信息产业的形成和发展。

3. 休闲中介业

休闲中介业是为满足休闲消费者的休闲需求，而提供相关中介服务和中介产品的经营性行业，主要包括旅行社、俱乐部等。各种类型的俱乐部，将成为休闲消费增长过程中一种重要的休闲中介形式。通过俱乐部形式，有共同兴趣爱好和追求的人们可以聚集到一起，根据自己的兴趣做事情，一定会有充分的休闲心态，这在客观上形成了一个具有巨大潜力和市场的休闲中介业。

总体来说，休闲产业包括三大类，即休闲基础产业、休闲延伸产业、休闲支撑产业，这三大类如果再进一步细化，大体上能够覆盖到国民经济的各行各业。因为休闲是1/3的生活，因为人们有各个方面的需求，所以必然要涉及各行各业。

9.3 休闲产业的作用

休闲产业的丰富与发展对整个社会的经济发展、文化繁荣及社会进步都有一定的作用。

9.3.1 增加消费，促进经济增长

消费是国民经济增长非常重要的贡献因子，在人口数量一定的情况下，生活必需品的消费随着人们收入的增加会增长。但当人们的收入达到一定水平后，生活必需品的消费支出在收入中所占的比重会下降，对经济增长的贡献作用反而会下降，那么对经济增长贡献的消费就主要靠非必需品。随着国民收入的提高和闲暇时间的增加，人们更加注重生活和生命质量及自身的发展，于是会把更多的收入用于旅游、健身、娱乐、游戏等休闲活动，带来休闲消费支出的大幅增长。

9.3.2 刺激生产，增加就业机会

休闲产业的关联性很强，除了直接带来旅游、娱乐、餐饮、体育健身、商业、文化等行业的发展之外，还带动交通通信、金融保险、社区服务甚至制造业等的繁荣与发展。例如，户外休闲旅游活动的开展就激发了人们对汽车、户外用品等的需求，从而刺激这些产业的发展。而这些产业的生产活动，以及休闲服务需求的增加产生了大量的就业机会。美国学者杰弗瑞·戈比预测，在未来的经济结构中，休闲产业的从业人员将占整个就业的80%～85%。

9.3.3 丰富精神产品，推进人类文明

休闲产业不仅包括物质产品的生产，还为人们的文化精神生活提供保障。休闲产业提供丰富的娱乐、游戏、文化消遣产品和服务，丰富了人们的精神世界，缓解了日常的工作压力，消除了紧张和疲劳。报纸、期刊、影视、网络、健身场馆等丰富的休闲产品为人类提供了精神享受。而且，杂志、咖啡馆、音乐厅、网络、旅游等休闲产品被生产出来满足人们休闲需求的同时，也推进了人类文明的进程。

9.3.4 减轻心理压力，提高劳动者素质和工作效率

休闲是人们在闲暇时间里从事的放松自我、愉悦心情的活动。因此，休闲产业的发展，为人类提供了更多的放松自我、愉悦心情的机会，大大减轻了人们在日常工作中产生的心理压力。同时，人们在放松自我的时候，有助于增长知识、提高技艺，身心皆得到发展，其素质得到提升，工作效率自然也会提高。有关研究表明，每周工作日中，星期二、星期三的工作效率最高，这说明通过周末的休闲活动带来了生产和工作效率的提高。

9.3.5　改善投资环境，促进地区经济发展

休闲产业在地区性经济发展中起着重要作用。如今，要想吸引投资，仅有好的政策、完备的工业配套设施及可观的市场收益已远远不够。对于许多企业来说，是否对某一地区进行投资，在很大程度上取决于企业所依赖的员工群体是否满意那里的社区生活服务水平，即生活质量问题。而衡量生活质量好坏的指标，如公园绿地、体育健身设施、娱乐场所、自然环境状况、艺术场馆等大多与休闲产业有关。因此，休闲产业的兴旺对地区的经济繁荣起着举足轻重的作用。

9.4　休闲产业的发展趋势

近年来，我国的休闲产业保持了持续、快速、健康的发展。由于在我国没有对休闲产业进行专门统计核算，很难用一个数值进行说明其变化。但是，可以从旅游、体育等核心休闲产业的成长，来说明休闲产业发展变化情况。总体而言，休闲产业的发展呈现出以下十大趋势。

(1) 产业连连升级。指休闲产业本身不断地升级换代。因为休闲消费者都有一种求新求异的心理需求，为了不断地满足消费者的这种消费需求的变化，休闲消费品生产者在传统产品上，不断地融入大量的创意，升级换代，推出新的产品。

(2) 向传统产业渗透。例如，渗透到传统的农业、工业中，有农业观光、工业观光等。

(3) 投资力度加大。最近产业界已经发现休闲产业的巨大商机，加大了对休闲产业的投资力度。

(4) 结构不断完善。在我国，休闲产业的发展起步较晚，许多休闲项目还没有在我国出现。近年来，从国外引进了大量的休闲项目，我国的休闲产业结构将逐步完善。

(5) 休闲设施更加人性化。在休闲产品市场竞争不断加剧的前提下，休闲产品只要更加舒适、方便、尊重人的个性，就会受到消费者的青睐。

(6) 个性化。休闲产业是伴随着人们自我意识的增强而出现的，因此与一般生活必需品所不同的是，人们在进行休闲消费时往往偏向于自我个性的展现及对生活品质的崇尚与追求。在未来，人们的思想将会变得越来越前卫，因此对于个性化的追求也将越来越明显。对此，休闲产业也必将朝着个性化的方向发展。无论何种休闲产品的开发，都将针对不同人群和不同需求来设计不同的产品。

(7) 市场化。随着休闲产业的进一步发展，各类休闲活动的档次也会逐渐提升，无论是基础的劳动力、资金、土地等生产要素，还是更高层次的技术、设备、管理要素，都将作为资源因素而受到市场经济规律的影响。因此，随着休闲产业的进一步成熟，这些资源因素也必将会变得越来越市场化。

(8) 规模化。虽然我国的休闲产业在近几年取得了快速的发展，但相比西方发达国家，我国的休闲产业还是相当不成熟的，在竞争力上也有所欠缺。因此，随着休闲产业的进一步发展，一些具有比较优势的公司为了提升自己在市场上的地位，增强自己的竞争优势必

将注重品牌化的经营,通过扩大知名度,提升市场形象,从而扩大企业规模,取得规模化优势。

(9) 持续化。休闲产业被称为"无烟产业",它之所以能在现在取得如此的发展,很重要的一个原因是其符合全球可持续发展的主题。随着自然和社会资源的逐渐短缺,人们对于资源的保护意识越来越强烈,而休闲产业既能满足人们对于休闲娱乐的需求,又能保护自然生态环境,达到资源、环境、社会的协调发展。在未来的发展中,可持续发展也将成为休闲业发展必须遵循的原则之一。

(10) 全球化。随着经济的快速发展和国际地位的提升,我国对于外国居民的吸引力已变得越来越强。因此,随着我国的休闲产业进一步发展,休闲管理理念进一步完善,必将会吸引更多的国际友人对我国的休闲产品进行消费。

9.5 休闲产业的发展对策

改革开放以来,随着我国经济和科技事业的快速发展,人民的生活水平有了极大的提高。特别是随着中国加入世界贸易组织(World Trade Organization, WTO),中国经济的各个方面将逐渐与世界接轨,休闲和休闲产业的概念也将逐渐深入中国老百姓的日常生活。在我国,发展休闲产业势在必行。我们应该借鉴发达国家发展休闲产业的成功经验,大力推进我国休闲产业的发展。

9.5.1 转变休闲产业发展的思想观念

当前,陈旧的社会观念成为阻碍休闲产业发展的重大因素。理论研究和实践都表明休闲产业在扩大内需、刺激经济、拉动经济增长、加快城市化进程、提高人民群众生活质量等方面具有重要作用。然而,中国历来是一个崇尚节俭的国家,轻视服务经济的观念在人们的头脑中根深蒂固,人们对"休闲"存在种种偏见。如果这个问题不解决,必会成为制约我国休闲产业发展的瓶颈因素。因此,必须通过积极引导,纠正人们对休闲和休闲产业的认识偏差,为休闲产业的发展营造良好的氛围。同时,要积极倡导绿色消费,实现休闲业的可持续发展。当今世界,人们"保护环境,崇尚自然"的意识日益增强,表现在消费上,就是要求企业生产和销售对环境负面影响最小的绿色产品。提倡绿色消费、实现可持续发展,也应该是我国休闲产业的发展趋势。

9.5.2 做好休闲产业理论研究和教育工作

我国应成立专门从事国家休闲规划的部门和国家休闲研究的机构。据有关资料显示,在 20 世纪 80 年代初,世界上大约有上百个国家的行政机构中,均有与休闲相关的领导部门和直属的研究院所,而现在这样的机构,在国外更是有增无减。随着经济全球化的到来和我国加入世界贸易组织,国外的休闲产业必将进入我国市场,因此,我们必须加强这方面的研究,培养自己的产业队伍,做出规划和部署,才能迎接国外强大竞争对手的挑战。

另外，应加强休闲教育，建议选择有相关学科基础的高等院校开设休闲专业，如休闲产业策划、休闲产业管理、休闲文化学、休闲社会学、休闲心理学、休闲行为学、休闲经济学、休闲统计学等，培育休闲产业的经营管理专门人才。

9.5.3　形成合理的休闲产业发展格局

目前，在我国，由于休假时间过于集中，已造成交通系统紧张，各旅游景点和休闲度假场所过度拥挤。在地区分布上，休闲产业也因为过于集中在少数几座城市，特别是东部沿海城市，导致这些城市拥挤不堪，环境严重污染。所以，要积极倡导个性化和分散化休闲。休闲规划需要充分考虑分散化，例如，在休假时间上实行全年分散化，并允许人们自主决定何时休假，鼓励游客到人口不很稠密但却有丰富的文化和历史以及优美的自然风光的乡村去体验生活。要充分认识我国城乡之间、地区之间存在的经济发展差距，重点发展城市的休闲度假带，而小城镇和农村应以大城市为中心，结合自身特点发展辅助休闲业。

9.5.4　促进休闲产业的健康发展

有效竞争是规模经济与市场竞争活力相兼容的一种理想状态，它是各国政府制定产业政策的出发点。作为在我国颇具发展潜力但仍处于幼稚状态的休闲产业，如果过度竞争，缺少有力的保护，必将在市场竞争中被挤垮。我国休闲产业的形成和发展是一个历史过程，面临着来自其他传统产业、外来同类产业的强大竞争压力。只有通过休闲产业政策，进行适度的保护，才能把休闲产业培育成我国经济体系的支柱产业或主导产业。所以，应该加强对休闲产业的法制建设，明确休闲产业的地位，通过出台《关于加强休闲业发展的意见》等相关条例、法规，支持休闲产业的发展。同时，要促进休闲企业之间的专业化分工与协作，推进休闲企业实现集团化发展，提高休闲企业的规模经济水平。根据产业组织原理，拥有主导地位的大公司对竞争压力有更强的抵抗力，因此集团化就成为休闲业经营的最有效方式。随着休闲市场的发展，单个休闲企业在经营规模、管理手段、营销模式等方面的劣势将逐渐显示出来。因此，寻求投资主体多元化，实现休闲业的商业化经营，组建集团，将是休闲业发展的必然趋势。

9.5.5　开发特色休闲新产品

休闲新产品要符合我国的国情，因为休闲产业的定位关键是国内市场。根据我国现在的国情，在产品结构上应采取"以中低档为主，兼顾高档"的设计模式，满足大众需求；在产品开发上要实施多元化战略，以满足不同层次休闲者的个性化需求。同时，要树立品牌意识，以品牌化经营为导向，注重休闲企业整体形象塑造，形成鲜明特征，获得市场竞争优势。

本 章 小 结

休闲产业的内涵可以从广义和狭义两个角度来理解。从广义的角度来看，凡是能够直接和间接为休闲活动的开展提供产品和劳务的产业都可以算作休闲产业。从狭义的角度看，休闲产业仅指直接为休闲娱乐活动提供产品和服务的产业。

休闲产业的基本类型包括休闲基础产业(旅游业、文化休闲业和体育休闲业)，休闲延伸产业(休闲农业、休闲商业、休闲地产业)和休闲支撑产业(休闲工业、休闲信息业、休闲中介业)三种类型。

休闲产业的作用：增加消费，促进经济增长；刺激生产，增加就业机会；丰富精神产品，推进人类文明；减轻心理压力，提高劳动者素质和工作效率；改善投资环境，促进地区经济发展。

休闲产业的发展趋势：产业连连升级；向传统产业渗透；投资力度加大；结构不断完善；休闲设施更加人性化、个性化、市场化、规模化、持续化、全球化。

休闲产业的发展对策：转变休闲产业发展的思想观念；做好休闲产业理论研究和教育工作；形成合理的休闲产业发展格局；促进休闲产业的健康发展；开发特色休闲新产品。

关键术语

休闲产业 (leisure industry)

休闲经济 (leisure economy)

知识链接

1. 魏小安. 旅游业态创新与新商机 [M]. 北京：中国旅游出版社，2009.

2. 刘嘉龙，郑胜华. 休闲概论 [M]. 天津：南开大学出版社，2008.

3. 王婉飞. 休闲管理 [M]. 杭州：浙江大学出版社，2009.

课 后 习 题

一、多项选择题

1. 文化休闲业包括游戏产业、娱乐产业和(　　)。
   A. 品尝产业　　　B. 观赏产业　　　C. 阅读产业　　　D. 养趣产业
2. 休闲工业大体包括(　　)等类型。
   A. 休闲服装　　　B. 休闲用品　　　C. 休闲装备　　　D. 休闲食品

3. 休闲产业的发展趋势主要有（　　）等。
   A. 市场化　　　B. 个性化　　　C. 规模化
   D. 全球化　　　E. 持续化

二、判断题

1. 休闲农业和休闲工业都是休闲延伸产业。　　　　　　　　　　　　　　　（　）
2. 休闲产业可以改善投资环境，促进地区经济发展。　　　　　　　　　　　（　）
3. 从广义的角度来看，凡是能够直接和间接为休闲活动的开展提供产品和劳务的产业都可以算作休闲产业。　　　　　　　　　　　　　　　　　　　　　　　　　　（　）

三、思考题

1. 休闲产业具有哪些发展趋势？
2. 休闲产业主要具有什么功能？

四、案例分析题

扬州的沐浴业

提起扬州，"三把刀"（厨刀、修脚刀、理发刀）名扬天下，它们都是民间技艺。从改革开放开始，特别是近几年来扬州政府扶持服务行业发展以来，原来的"三把刀"已经慢慢发展成为烹饪、沐浴和美容美发3个行业。

1. "四心级"沐浴企业

目前扬州大大小小的沐浴企业有1 000多家，具规模的有300家左右，整个行业（不包括足疗）的年营业额超过10亿元，对扬州GDP的拉动是明显的。扬州商贸局和沐浴协会对扬州的沐浴企业进行了正规的管理和指导，2004年就制定了全国首个沐浴业服务标准，这项标准对浴室的结构、设施、服务各个方面都有详尽的指标要求，甚至连工具、招待语言等都做了要求。

对于很多沐浴场所给人"藏污纳垢"的感觉，扬州沐浴协会会长张泉生说："对于形成规模的沐浴企业，我们的目标是把它们打造成'四心级'企业。"所谓"四心"，是指卫生放心、领导放心、太太放心、本人舒心！

2. 扬州师傅遍天下

扬州沐浴行业的发达，最大的贡献就是提高了地方财政收入，解决了就业问题。扬州几家规模较大的沐浴企业，面积都超过2万平方米，工作人员都超过500人。目前，扬州沐浴行业的从业人员超过2万人。扬州沐浴协会成立了一个"中国（扬州）沐浴行业人才培训基地"，每年培训毕业的搓背工、按摩师达1 000多人。

沐浴行业是一个朝阳行业，对技师的需求量很大，每年毕业的1 000多人就业很容易，有证书的搓背工月薪达到2 000~4 000元。除了在扬州本地外，扬州师傅遍布全国，甚至名扬海外。有统计显示，扬州江都、仪征两地，共有5万人在市外、省外做搓背工的工作。

扬州有一个"扬州师傅"的评比，获中级以上扬州师傅称号的搓背工非常抢手。北京有一个大型沐浴企业，40名搓背工里有37名扬州人。他们在扬州的沐浴企业月薪为4 000元，跳槽到北京后，月薪一下上升到 7 000 元。

3. 不敢自诩"浴城"

对于扬州在沐浴行业的地位，扬州商贸局副局长倪锡宏称："扬州的沐浴历史比较悠久，沐浴文化比较深厚，要说在全国的地位，没有具体的衡量标准。"对于"中国浴城"之类的称谓，倪锡宏认为，这是一种宣传手法，至于是否名副其实，是另外一回事。

张泉生则说："目前各种'城''都'泛滥，对于这样的称谓，信也可，不信也可，关键是看市场认不认可。"张泉生作为扬州、江苏乃至全国沐浴协会的一位资深人士，到全国各地进行过实地考察。他颇有感受："东北、北京等地的沐浴业很发达，沐浴企业的规模是扬州不能比的。河南的洛阳、开封、焦作等经济并不太发达的城市里，超大规模、超豪华的浴场多的是。从洗浴企业的规模和实力来讲，扬州根本比不上这些地方，不敢自诩'浴城'。"

"但是，扬州有扬州的优点，这是扬州沐浴的历史文化所给予的。例如，扬州的修脚刀就给沐浴行业增加了一块金字招牌，著名的陆琴脚艺、苏扬足疗和叶红足艺纷纷走出扬州，"张泉生说，"从这个角度来看，扬州是无人可比的。"

（资料来源：作者根据相关资料整理。）

结合上述材料，分析下列问题：
(1) 沐浴业带动了哪些产业的发展？
(2) 沐浴业的发展存在哪些问题？
(3) 沐浴业如何深化发展？

第10章 休闲文化

知识目标	技能目标
① 理解休闲文化的概念; ② 理解休闲文化的影响因素; ③ 掌握休闲文化的分类; ④ 掌握休闲文化的特征; ⑤ 了解休闲文化的作用	① 分析休闲文化的影响因素; ② 熟悉休闲文化的基本类型; ③ 分析发展休闲文化的意义

成都的休闲文化

在北京，时间就是机遇；在上海，时间就是时尚；在广州，时间就是金钱；在成都，时间就是生活。上天赋予了成都"水旱从人，不知饥馑，时无荒年"的天府之利。因为富足，所以悠闲。因此，成都被评为全国最适合生活的城市，成都有了独特的休闲文化。成都有数不尽的茶馆和龙门阵，有畅销的报纸和声声不息的小麻将，有不高的收入和不低的享受，有吃不完的美食和看不尽的美女……整个城市的节奏迥然于现代都市的急管繁弦，所以成都的悠闲是骨子里的气质。

1."吃"文化

"民以食为天，食以味为先"。在成都，你可以花较少的钱，吃到色香味俱全的各种美食和小吃。这里有闻名全国的"韩包子""夫妻肺片""龙抄手""赖汤圆"，还有让人垂涎三尺的"串串香"。

在成都夏天的夜晚，你常常可以看到这样的场面：几个光着膀子的男人，坐在街道边或小巷里，围着一个石头砌成的土灶，手里拿着一根由铁或竹制成的细棍，一边喝啤酒，一边尽情地嚼着东西。他们满身是汗，旁边还开着风扇，但就是愿坐在火边花钱买罪受。你不要惊讶，这就是成都人。他们正在享受物美价廉、一毛钱一串的"串串香"。看他们的吃相——贪婪而执着，让人羡慕而又让人难以理解。没有一个城市能像成都一样，靠"吃"也能吃出"文化"来。

2."玩"文化

成都人喜欢喝茶，所以成都的大街小巷茶馆林立。在这里，你可以看到白发的老者、年轻的先生、漂亮的女士和天真的孩童，他们在茶馆里抑或聊天，抑或看书、读报、听川剧，那副悠闲和怡然自得的样子让人觉得他们是生活在陶渊明的"世外桃源"里。所以，如果你要在成都寻找人，你不必去酒吧，也不必去电影院，去茶馆就能找到你要寻找的人。

"农家乐"是成都市民文化的一大发明创造，花上 15～20 元，就能在郊区农家管吃管玩、包接包送。在这里，你可以远离城市的喧嚣和浮躁，远离城市高分贝的噪声和钢筋水泥的压抑，呼吸农村原汁原味、自然清新的空气；你也可以对着青山和白云浅吟低唱两句唐诗宋词，也可以高吼几声民歌发泄几分忧郁。

成都人推崇三件宝：麻将、足球和彩票。"十家有八家打麻将，还有两家三缺一"，这是成都人的一句流行语。自 1994 年甲 A 联赛开赛以来，成都市体育中心的 4 万个座位立刻被抢购一空，上座率为 100%。你如果是一个"铁杆球迷"，你可以放开喉咙大叫"全兴队雄起"，你大叫三天三夜也不会有人教训你，因为足球也内化为成都不可或缺的一部分。成都的彩票机比比皆是，据说成都人买彩票的热情已经从最新的博彩逐步变成了支撑成都人脸面的大问题。

3."旅游"文化

成都是中国最佳旅游城市之一。成都钟灵毓秀，风光景点不胜枚举，这里有邛海、螺髻山、泸沽湖、杜甫草堂、武侯祠、都江堰、青羊宫……在成都周边有 4 个知名的国际风景区：

第 10 章 休闲文化

> 九寨沟—黄龙、乐山—峨眉山、都江堰—青城山、三星堆遗迹。
> 　　成都的旅游文化可以说源远流长。你可以去都江堰,重拾李冰的足迹;你可以到武侯祠瞻仰诸葛孔明;你可以到杜甫草堂触摸诗人的灵魂,听杜老二苦吟胡马和羌马交践的节奏;你也可以去青城山,感受"青城天下幽"……
> 　　　　　　　　(资料来源:绝望的朦胧.成都的休闲文化.http://www.rongshuxia.com/book.)
> 思考:
> (1) 什么是休闲文化?
> (2) 成都的休闲文化体现在哪些方面?

休闲自古就有,不同国家、不同民族、不同地区的人们由于所处地理环境、生活生产方式、民俗习惯等的不同,形成了独特的休闲文化。而进入全球化时代,休闲文化成为当代社会发展的一个显著特征。即便是在中国,这种休闲文化的精神意识和内涵也正逐步渗透到城市化过程中,扎根在人们的心灵深处。随着新经济革命的深入发展,休闲文化的结构也发生了相应的变化。休闲文化对于人们社会生活的影响力正在日渐显现。

10.1 休闲文化的概念

文化是一个极其宽泛的概念,休闲文化作为人们在休闲活动中创造出来的物质文化和精神文化的统一,与主体文化有着密切的联系。一方面,人们最早是从对休闲文化价值的认识开始认识休闲的,休闲是文化的发源地;另一方面,休闲本身也是一种文化行为,是一种价值取向,是人们的一种生活态度和生活方式。

10.1.1 休闲文化的内涵

休闲文化是人们在休闲活动过程中,由于受到自然经济环境的影响,由民族心理素质、地域文化所创造和构建出来的休闲价值取向和行为方式的综合体。从本质而言,休闲文化是不同个体在对休闲不同认知的基础上所做出的阐释行为,它包括物质文化、行为文化、制度文化及心理文化四个层面的内容。它一般通过个体或群体的行为、活动、思维、观念、态度、价值取向等方式,创造文化氛围,铸造文化意境,影响个体认知,对个体休闲行为产生持续的内推力。

知识链接 10.1

休闲学者论休闲文化

马惠娣(中国休闲文化研究中心主任):休闲文化是指将休闲上升到文化的范畴,在闲暇时间内不断满足人的多方面需要,同时处于文化创造、文化欣赏、文化建构的一种生命状态和行为方式。

楼嘉军（华东师范大学休闲研究中心主任）：休闲文化是人们在工作、睡眠和其他的必要的社会活动时间以外，将休闲时间自由地用于自我享受、调整和发展的观念、态度、方法和手段的总和。

10.1.2 休闲与文化的关系

首先，休闲为文化的发展提供了重要的环境。休闲是改善社会人群普遍存在的亚健康状态的最积极、最廉价、最有效的手段之一；休闲是使创造性活动成为可能的社会空间。

其次，休闲对文化具有再创造性。在休闲的游戏中我们可能尝试新奇和偶然，可能进行创造，实现"未然"。休闲所具有的这种游戏性的再创造性反映了现有社会秩序的薄弱，并提供了对它进行批判的可能性。休闲将成为最开放、最有可能创新的领域。

再次，休闲是文化的重要组成部分。美国学者丹尼尔·贝尔曾指出："休闲既是一种经济现象，又是一种文化现象。"当今，休闲代表着一种新的价值观。一方面，休闲和工作一样重要；另一方面休闲是人民的一种权利。休闲已成为我们这个时代重要的特征之一，以及社会文化生活的重要组成部分。

最后，文化是休闲的基础。休闲与生活中的一切都密不可分。例如，我们在理解休闲的可能性、分析某种行动的意义时，也会用我们所习得的语言来表达我们所经历的认识过程与形式。也就是说，我们从选择休闲活动与地点到进行休闲活动，直到最后活动结束的全过程，都是由有形或无形的文化所构成的。文化是休闲的环境，又是休闲的材料，也是休闲体验得以诞生的地方。

因此，休闲与文化是相辅相成、不可分割的。

10.2 休闲文化的影响因素

在社会的长期发展中，不同的社会形成了各自不同的休闲文化。造成这一文化差异的影响因素主要有以下五个方面。

10.2.1 价值取向

价值观是文化的内核，它是界定生活情趣、做出选择与决策的一般原则。价值取向是价值观的具体化，是在价值观的指导下形成的对一定事物的看法和态度。它的形成受到一定的自然环境、社会经济环境的影响，具有多样性，而价值取向的差异性对休闲文化的影响主要表现在对休闲的态度或取向上，即个体如何看待休闲问题及休闲活动选择的偏好方面，并进而影响到休闲文化的其他方面。西方文化深受古希腊文化的影响，把休闲作为一种生活方式对待，休闲在社会上被广为推崇，地位较高。而中国传统文化一直提倡勤劳进取、兢兢业业的劳动观念，对广大人民产生了深远的影响，新中国成立后，又提出了"劳动最光荣"的口号。长期在这些观念的熏陶下，中国广大居民恪守工作是第一位的价值观，使得休闲的价值取向极低，甚至忽视了休闲的作用。

第10章 休闲文化

日本人眼中的相扑之美

在西方人眼中,相扑是一种荒唐的游戏。他们无法理解,一些少年因体格超常被专门挑选出来,离群而居,像"填鸭"似的被喂得肥重不堪,就是为了从事这样一种枯燥乏味的比赛。法国学者罗兰·巴尔特在有关日本文化的小册子《符号帝国》中,颇含轻蔑地描述相扑:"比赛仅是瞬间的事,只要让对手倒下,就结束了赛事。没有危险,没有戏剧性,没有大量消耗。总之,这根本不是运动,不是争斗的亢进,而是某种体重的符号。"

西方人更不服气的是,相扑比赛不分级别,所有选手不分体重大小,参加只有一个级别的比赛。这等于承认以强凌弱的合法性,根本不符合奥林匹克运动会公平竞赛的原则。崇尚平等的西方人,无法容忍这种光天化日之下的不平等竞赛。

关于相扑竞赛的公正性,日本人有自己的评判标准。对于他们来说,所有选手参加同一级别的比赛恰恰是相扑运动的乐趣所在,相扑手后天的训练和意志的磨炼,比父母先天给予的身体更加重要;力量悬殊的对抗,比起势均力敌的较量,往往更饶有兴味。赛场上,大个子威风凛凛,固然赢得观众仰慕;小个子不畏强敌,更令人敬佩,尤其是当小个子凭借勇气和机敏将庞然大物的对手掀翻在地的时候,观众总是报以暴风雨般的掌声。可见在情感上,日本人更倾向于同情和支持弱小者。当然,这也与日本人独特的平衡观有关。生活中,日本人素来不喜欢机械的对称和均衡,他们欣赏的是那种动态的平衡。

然而,这样一种在西方人看来不公正的比赛,在日本却被奉为国技,受到从平头百姓到天皇华族全体国民的青睐。决赛之夜,万人空巷,静谧的夜空中飘散着电视实况转播相扑决赛的声音。这种情形,颇有点像中国人除夕之夜团聚家中围着电视观看春节联欢晚会的情况。一个获得"横纲"(相扑手最高级别)称号的相扑手,在国民心目中的地位和威望远远超过总理大臣。日本女性对这些超级肥胖者情有独钟,常以嫁一位这样的郎君为人生的最大幸福。

那么,日本人何以如此迷醉相扑?相扑手是从身材不起眼儿的芸芸众生中精选出来的,这些威风凛凛的相扑手,实际上代表了日本人内心深处渴望伟岸、向往强大的愿望,一种在精神上以小胜大的决心。两极的双重性格,由此得到了彰显。

(资料来源:未名天日语.日本人眼中的相扑之美.http://www.pkusky.com.)

10.2.2 地域文化

在不同的地理环境作用下形成了不同的地域文化,地域文化在行为模式、思维模式、风俗习惯、生产制度等方面存在差异性,进而影响到各层次的文化。其中,民俗习惯是民族文化生活的重要组成部分,它指的是一个特定民族在衣、食、住、行、生产劳动、婚姻、节庆等方面的风尚和习俗。可以发现,人们最早的休闲活动就与风俗习惯有着密切的联系。古人的岁时节庆和人生礼仪的活动都可以看成休闲活动。人们在社会交往中,形成了稳定的社交礼仪和社交规范,其发展过程中的很大一部分都被融入休闲活动中,尤其是在我国这样一个讲究"礼尚往来"的国度,很多事情只有在觥筹交错中才能办成,更赋予了休闲很多社交的成分。另外，休闲的很大一部分活动都与风俗习惯有着密切的联系，风俗习惯影响和充实着休闲活动，使得人们在休闲活动上有极大的差异，从而形成了迥异的休闲文化形态。例如，北方人在冬天有"猫冬"的习惯，休闲方式主要以居家休闲为主，通常是三五个人围坐在一起聊天、喝酒；而南方由于气候较温暖，人们喜欢晒太阳、养花养鸟、修身养性。

二人转与东北大秧歌

二人转是东北民间戏曲，深受东北农村人民群众的喜爱。

二人转以东北民歌、秧歌为基础，是吸收东北莲花落艺术表演形式发展而成的，表演中以说、唱、做、舞为基本功。演出时男女演员手中执扇或帕巾，在舞台上边唱边舞，边逗边演。根据表演剧目的内容，男女演员随时充当某一角色。二人转诙谐风趣，灵活机动，极富地方特色。音乐伴奏的乐器有唢呐、二胡、锣鼓、竹板，节奏鲜明，乐音悦耳。演员和着音乐，或急或缓，或悲或喜，说学逗唱，饶有情趣。二人转表现的内容非常丰富，剧目有古代的，如《包公赔情》；有近代的，如《王二姐思夫》；还有当代的，如《麻将豆腐》等。

二人转有点像当代的小品，带有浓厚的喜剧色彩，常常逗引得观众捧腹大笑。民间谚语"宁舍一顿饭，不舍二人转"，形象地说明了它在东北民间文化精神生活中不可缺少的地位。所以这种艺术表演形式已从农村步入城市，并受到了城市居民的喜爱。许多优秀节目还登上了中央电视台。

与东北二人转齐名的就是东北大秧歌。

秧歌，亦称"扭大秧歌"，是北方诸民族盛行的娱乐舞蹈形式。它原为模仿田间劳动的一种原始舞蹈，后来成为农闲或年节时的化装表演。北方秧歌有两种，一种是绑着高木腿的表演，称为"踩高跷"；另一种是在平地扭演的称为"地蹦子"。扭秧歌不分男女老少，着上盛装，摆动彩扇，几十人或数百人排成队列，在锣鼓唢呐的伴奏下，在大街小巷或广场尽情扭跳。其场面宏大，气氛热烈，花样翻新，令观众陶醉。有些观众受其感染，会加入队伍扭跳起来。有些秧歌队由漂亮的姑娘扮成摆汉船，由小伙子扮成老汉推车，由小孩扮成大头娃，由老汉扮成唐僧、猪八戒等古代人物，还有倒骑毛驴的、挑花篮的等，活灵活现，生动有趣。

近年来，在一些城镇，秧歌竟成了人们锻炼身体的一种形式。每到清晨或傍晚，人们集聚到公园、广场、河边、江畔等公共活动场所，自发地扭起秧歌。他们尽情地扭、尽情地跳，扭掉了工作的疲劳，忘记了人生的烦恼，既锻炼了身体，又增添了无限的生活乐趣。

（资料来源：http://hi.baidu.com/xueshirong/item/fda9fd25181fa33195f62b43.）

10.2.3 经济发展水平

休闲活动的产生，需具备两个条件：一有闲，二有钱。只有在经济发展到一定水平的状况下，人们才拥有了自由支配闲暇时间的能力，这样人们在努力工作之余，也才能更加深刻地认识到休闲的重要性，并潜移默化地影响到人们的休闲态度。同时，不同的经济水平决定了居民的消费结构和消费方式，在一定程度上影响了休闲文化。国际经验表明，一个地区人均 GDP 超过 3 000 美元，大众型观光旅游需求将急剧膨胀；人均 GDP 达到 5 000 美元，休闲需求急剧增长，形成对休闲的多样性需求和多样化选择；人均 GDP 达到 8 000 美元，度假需求规模化产生。2017 年 4 月，国际货币基金组织公布了 2016 年世界各国人均 GDP 排名，数据显示：2016 年中国大陆人均 GDP 为 8 113 美元，排名第 74 位；中国澳门人均 GDP 为 67 079 美元，可排在全球第 4 位；中国香港人均 GDP 为 43 528 美元，可排在第 16 位；中国台湾人均 GDP 为 22 453 美元，可排在第 37 位。

10.2.4 社会环境

如今，社会环境(如群体意识、民族和种族特征、年龄结构、性别结构、家庭结构等)的变化为休闲活动的发展带来了巨大启示，在一定程度上影响着休闲文化的形成和发展。随着社会的快速发展，很多发达国家乃至我国北京、上海、广州一线大城市都步入了老龄化社会。对于老年人而言，他们代表的是正在不断变得更庞大的人群，过去那些对他们生活形成的刻板印象已经不适合如今的老年人生活，越来越多的老年人"在信息的高速路"上旅行，他们掌握了电脑技能并可以体验网络的神奇；还有一些人在艺术、写作、社会服务和其他一些新兴领域发现了自己的兴趣，成绩斐然。如今的老年人更长寿、更独立，会更加积极参加各种游憩活动，因此他们的幸福感和生活满意度都有所提高。

10.2.5 政治环境

政治环境是指政府对休闲活动的态度是支持还是抑制，并直接反映在政府的决策及制度中。政府是否关注休闲的发展，在于针对休闲颁布了哪些对休闲产业具有实际或潜在影响的法律、政策及制度。随着时代的发展，休闲文化越来越成为制度化、法律化的文化，"休闲的自由"是被制度甚至法律所保障的"自由"。对于政府部门而言，人的休闲本质的变化可以成为社会进步的一把标尺。所以，要建立和制定相应的机构和政策，支持和鼓励人们体验更富有意义的休闲行为。

10.3 休闲文化的类型

一般而言，按照价值观的差异，休闲文化可分为东方休闲文化与西方休闲文化；按照历史的差异，休闲文化可以分为古代休闲文化、近代休闲文化和现代休闲文化。这种分类方法比较常见，很多著作都做了详细介绍。这里主要介绍我国学者楼嘉军的分类方法。他认为，从空间结构上，休闲文化可分为家庭休闲文化、社区休闲文化、社会公共场馆休闲文化和网络虚拟休闲文化 4 种类型；从层次结构上，休闲文化可分为社会公共休闲文化、高雅休闲文化和大众休闲娱乐文化 3 种类型。社会公共休闲文化、高雅休闲文化和大众休闲娱乐文化构成了一个城市或地区的休闲文化系统，其中社会公共休闲文化和高雅休闲文化代表着一个城市或地区的休闲文化品位和档次，而大众休闲娱乐文化体现的则是当地休闲文化的活力和特色。

10.3.1 社会公共休闲文化

社会公共休闲文化通常是指以城市或地区中的博物馆、图书馆、美术馆、文化馆、纪念馆等场馆为代表的城市公共休闲文化样式。社会公共休闲文化在休闲文化层次中占主导地位，是政府和各类社会组织为人们提供日常休闲文化活动的主要渠道，也是 21 世纪休闲文化发展的主要内容。从国际上看，发达国家或地区十分注重社会公共休闲文化在人们休闲活动中的作用。西方有学者指出自 20 世纪 90 年代起，城市休闲活动就进入"博物馆"年代，因为人们能够从这里汲取更多的知识养分，了解更多的时代发展趋势，有助于人们完善自身的知识结构。

10.3.2 高雅休闲文化

所谓高雅休闲文化，是指"那些具有实验性、示范性、民族代表性的艺术精品；那些表现重大题材，具有较高思想性和艺术性的文艺创作；那些传播科学文化知识的影片、著作。"判断高雅休闲文化的标准是相对的，通常具有国际可比性。例如，作为典型的高雅休闲艺术表现样式的歌剧、交响乐、芭蕾舞，以及具有民族特色的京剧、昆曲等。高雅休闲文化在城市休闲文化体系中占据重要地位，并且具有以下几个特征。

① 高雅休闲文化主要满足人们高层次的精神享受。
② 高雅休闲文化具有精致性、经典性、规范性的文化内涵。
③ 高雅休闲文化的欣赏者应具备较高的文化素养和艺术修养。
④ 高雅休闲文化由于自身的特殊因素，常常表现出"曲高和寡"的文化现状，在休闲文化市场竞争中往往处于不利地位。

10.3.3 大众休闲娱乐文化

大众休闲娱乐文化一般是指通俗的读物、音乐、舞蹈、影视作品，是通俗的艺术表现形式和文化活动方式。大众休闲娱乐文化突出的表现形式是"快餐文化"和"流行文化"的兴起，这与大众休闲娱乐文化主要满足人们浅层的感官享受和精神慰藉密切相关。大众休闲娱乐文化在重视接受者消遣、娱乐和宣泄方面具有独到的社会作用，在引导人们以从容的心态面对生活中的种种压力及提高生活的幸福指数方面也有着不可替代的作用。

大众文化休闲不应成为"奢侈品"

2012年3月29日,《中国青年报》刊登文化报道:《中国青年报》社会调查中心通过题客调查网和民意中国网,对全国31个省(区、市)12 234人进行的一项调查显示,85.8%的公众批评电影、话剧、音乐会等票价过高。受访者中,74.8%的人平时较少有文化休闲活动;86.1%的人认为电影等文化休闲活动不应成为"奢侈品"。

这篇报道反映的正是目前我们大众日常文化休闲活动面临的尴尬和无奈的现实。例如,看电影,现在一般的中小城市,票价都在50元以上,有的职工说:"很多想看电影的人都舍不得花这笔钱,电影院又空置,票价为什么不能降呢?"月薪只有2 000元左右的年轻情侣感叹,若"普通电影票价为50元,两张为100元,两瓶饮料为10元,大份爆米花为18元,看一场电影最少要花128元。看电影算奢侈消费了。"一县城小学教师反映:"组织学生去看电影,因为票价较贵,班里有一半学生没去。在高票价下,家庭条件较差的孩子基本上接触不到课外优秀的文化艺术。"因此,调查中有86.1%的人认为电影等文化休闲活动不应成为"奢侈品"。这的确代表了大众渴望享受文化艺术活动的呼声。

从一些资料看,世界上许多文化发达的国家。例如,德国通过高额补贴剧院的开支,使得低收入的国民也买得起票、看得起戏,国民的艺术教养因此得以提升;纽约通过政府补贴,让18岁以下的人可以低价观看演出,因而培养了年轻人的艺术修养。据美国国家剧院业主协会统计,2011年第三季度美国平均电影票价降至7.94美元,美国月收入为3 000美元的中低收入者,看一场电影的花费只占其收入的0.2%。而在我国,即使以3 000元的月收入计算,每张60元的普通电影票仍占人们月收入的2.0%。

现在,我们国内的很多地方陆续推出了"两元公益电影"活动。例如,以北京市为例,2012年春节期间北京市政府拿出500多万元财政补贴,在全市78家影院安排放映了百部影片,票价统一为两元,10天里约有10万人次观看影片。应该说,这体现了文化的普及意义、民主化意义。调查中,73.7%的人建议增加面向普通观众的公益性文化休闲活动,而93.4%的人则期待电影等文化休闲项目降低票价。

因此,大众文化艺术活动不该是"奢侈品",它应该是非功利性的,满足大众普遍性和参与的需要,真正成为普通大众生活的一部分。从文明进化的角度看,让普通大众乃至贫民和弱势族群也能获得享受文化艺术的权利,已经越来越被认为是文明世界中人的一项基本权利。让社会大众能够亲身感受到平等遍及于每个人的文化福祉,是一个社会的最崇高、最神圣的利益。

(资料来源:袁跃兴.大众文化休闲不应成为"奢侈品"[N].淮海晚报,2012-04-01.)

10.4 休闲文化的特征

休闲文化所具有的特征决定着休闲文化对个体和社会产生的影响。总的来说,休闲文化有以下几个方面的特征。

10.4.1 休闲文化的时尚性

休闲文化的时尚性即是人们在某一社会阶段对特定的休闲生活方式的随从和追求。随着人们休闲时间的增多和国外休闲方式的影响,自20世纪80年代以来,在城市休闲生活中出现了一波又一波流行的娱乐活动方式。从最初的"请你唱歌"形成的卡拉OK、KTV和PTV等自娱自乐休闲活动方式的流行,到"请你打球"形成的桌球、保龄球、网球、高尔夫球等娱乐方式的流行;从"请你开车"形成的卡丁赛车的热潮,到"请你洗澡"形成的桑拿浴,以及相关的洗头屋、洗脚屋等休闲活动方式的流行,再到目前"请你喝茶""请你休闲"所形成的红磨坊、各种休闲主题酒吧等休闲方式的走红。这些娱乐活动方式都表现了在不同的社会阶段人们对某一特定休闲活动方式的追逐和喜爱。

10.4.2 休闲文化的传播性

休闲文化的传播性表示某种休闲文化可以跨越时空界限到达某个个体,使得个体有机会去接触它。而且,这种传递的速度和范围,借助于现代传媒技术的发展,已经变得愈加迅速。尤其是互联网的广泛应用,已最大限度地缩小了城市与乡村的距离,缩小了国家之间的距离,从而使休闲文化能够在全国范围,乃至全球范围内更加迅速地辐射、扩散和传播。

10.4.3 休闲文化的塑造性

休闲文化的塑造性是指个体对休闲文化的接受和认可乃至被其影响而产生一定的改变。在我们这个对外开放的国度里,美国的好莱坞影视文化正将西方社会的生活方式、价值标准、休闲活动形式推向中国的千家万户,并在逐步冲击甚至瓦解中国人固有的文化传统,以致引起不可忽略的生活形态和价值观的裂变。与此同时,西方的快餐文化也正通过各种强有力的促销手段,在中国大地上悄然地培养起美国饮食文化的消费者。

10.4.4 休闲文化的凝聚性

一般而言,休闲文化对群体的影响往往是以社会阶层、年龄阶层或是心理阶层等为范围进行划分的,所谓"人以群分,物以类聚"的说法,也从一个侧面反映出休闲文化对群体的凝聚性。在现代社会,人如果不属于一定的群体或集团,就无法参加社会活动,对同一种休闲活动方式，不同的阶层或群体有各自相应的选择倾向。表面上看，不同群体的选择态度仅仅表现为单纯行为的差异，而在实质上，选择的倾向性是受到文化指令的深刻影响和严格制约的，是各自的文化和对相应群体和集团的强烈吸引所致，从而造成群体之间活动表现方式的差异性。群体和阶层对休闲文化的凝聚性都有明确的归属感和认同感。所以，从某种程度上可以说，休闲文化对群体吸引力的最终表现结果就是这种差异性。

10.5 休闲文化的作用

休闲文化像社会中的许多事物一样，具有一定程度的"双刃剑"特征。也就是说，它对人、对社会既可能产生积极的正价值，也可能产生消极的负价值。当然，如果对休闲文化进行合理利用，则能趋利避害，使其朝着有利于人类的方向发展。

10.5.1 休闲文化有利于发挥人的主体性

能从事自己感兴趣的工作固然是好，但迫于社会生活的压力，人们在工作中不得不服从于自己根本不感兴趣的操作规程、指示命令和规章制度，乃至不得不尽自己最大努力克服重重困难去完成工作任务，其被动性和受制性都是显而易见的。但休闲却不同，它是主体在一种充分自由选择、完全根据自己的人生观、价值观和道德观，纯粹按自己的兴趣爱好投入的一种生活领域或文化状态。可见，休闲文化是人们进一步认识生活、体验生活和拓展生活空间的一条重要途径。

10.5.2 休闲文化有利于增强人的开创性

人们通常会用无所事事、游手好闲来指代休闲。其实不然，休闲是人对于劳动、创造的暂歇。一些当代哲学家和科学家明确指出，休闲文化以"态度的形式"孕育着人的思想和精神。人处在休闲的文化氛围中，独立、宽松的思考时间和空间会激发主体对未知世界无穷探索的欲望，能进一步发挥和提升人的开创性。也就是说，人们在休闲过程中放松心情、储备能量，为重新学习、工作做好身心准备。此外，艺术家、哲学家、诗人等的灵感也往往源于思维、身体极度放松的时刻。社会实践亦反复证明，人在休闲环境中，能更为深入、细密、持久地对自然、社会和人生实践中的各种感受、经验进行反思，对世间的奥秘进行探索，许许多多科学上的发现和证明正是在这种条件下获得或促成的。

10.5.3 休闲文化有利于陶冶人的情操

无论在任何国家，人们都十分注重休闲文化对自我精神的陶冶作用。在中国，当人们利用闲暇时间纷纷投身于自然、游历名山大川时，我们依然能十分轻易地发现在很多情形下，许多人不自觉地继承了中国传统文化的审美心态，并将这种意识融入人们对人生境界的演绎中。例如，观山、赏水和看树，便会由山的高大雄伟引申出人格的崇高完美，从水的浩瀚无垠联想到人胸襟的坦荡博大，从青松翠柏的不畏严寒推导出人品德的高风亮节。可见，休闲文化时时刻刻影响着正在进行休闲的人们，并将文化在无意之中根植于人们的思维、品行和行动之中，以提高人们的文化素养。

10.5.4 休闲文化有利于增强社会的和谐性

休闲文化的普及与发展使每个人都有机会享受生活、享受人生。休闲文化的社会属性决定了休闲的大众化、社会化。政府通过发展公共休闲事业，如公园娱乐设施、文化图书场馆、体育影视场所、餐饮服务系统等一系列公共服务休闲事业使每一个社会成员，不论其身份高低、富贵贫贱都能找到适合自己需要的休闲方式，享受休闲带来的身心愉悦，从而产生对社会大家庭的认同感与归属感。在丰富多样的休闲文化生活中，各式各样的人群通过种种交流、互助、合作等途径，形成了和谐互动、优势互补、相得益彰的社会形态。这有助于创造一个公平、和谐的社会。

10.6 休闲文化的构建

开发休闲文化实际上就是积累一个人、一个民族、一个国家的文化资本，就是对人的教育与教养的投资。这种资本的投资越早，回报率越高。在西方，休闲教育在一百年前就被视为人生必修课，而且几乎是终身教育。只有休闲，才能认清"我是谁"。

10.6.1 培养健康的休闲意识

世界旅游组织亚太部主任哈什·瓦玛认为："中国仍然存在一种文化——即便休假也应该有一些'有用'的内涵，如从事学习、宗教活动甚至商务，不能接受纯粹以娱乐为目的而进行的短期休息。"中国的主流价值观认为，休闲就是好逸恶劳、好吃懒做。这都是一个观念问题，没有认识到休闲对于经济和社会发展的推动作用。事实上，休闲活动有助于增强个人的自尊感，有助于建立社区精神，有助于促进社会交往，有助于改进人们的健康状况，有助于在创造就业机会的同时给人们一个有意义的活动方式，有助于减少危害社会的行为。休闲的这些作用，只有通过休闲活动才能得以实现。

10.6.2 培养科学的休闲价值观

休闲价值观是人们提高对休闲理念、休闲结构、休闲文化等完整而全面的认识后形成的一套价值体系。在人们的休闲活动中，休闲价值观起着引导方向的重要作用。在国内，人们对休闲的认识还停留在初级阶段，主要表现为休闲价值观过于陈旧，将休闲等同于娱乐、消遣的大有人在；休闲方式单一，深层次、富有文化含量的休闲项目欠缺。要转变人们现有的休闲价值观，不仅要注重休闲量的增加，更要注重休闲质的飞跃。要改变现有单一、落后的休闲方式，追求高雅的休闲，以促进个人的自由全面发展。

10.6.3 培养良好的休闲习惯

不健康的休闲习惯体现在心理上和生理上两个方面。心理上的不健康具体表现在人们较多地把闲暇时间用于低级的休闲活动上，而且内容存在低俗的现象。这不仅达不到休闲应有的效果，还会使人的心灵受到玷污，产生不良的社会风气。生理上的不健康主要表现在休闲活动时空上的不合理安排。例如，休闲生活多在户内进行，且多不运动，或者休闲活动持续时间过长，不仅身心俱疲，还会影响第二天的学习和工作。可见，培养良好的休闲习惯对于休闲文化的构建至关重要。

本 章 小 结

休闲文化是人们在休闲活动过程中，由于受到自然经济环境的影响，由民族心理素质、地域文化所创造和构建出来的休闲价值取向和行为方式的综合体。

休闲文化受到价值取向、地域文化、经济发展水平、社会环境和政治环境等因素的影响。

休闲文化可以分为社会公共休闲文化、高雅休闲文化和大众休闲娱乐文化三种类型。

休闲文化具有时尚性、传播性、塑造性和凝聚性四大特征。

休闲文化的作用：休闲文化有利于发挥人的主体性、休闲文化有利于增强人的开创性、休闲文化有利于陶冶人的情操、休闲文化有利于增强社会的和谐性。

休闲文化的构建需要关注三个重要环节：培养健康的休闲意识、培养科学的休闲价值观和培养良好的休闲习惯。

关键术语

休闲文化 (leisure culture)

知识链接

1. [美] 约翰·凯利. 走向自由：休闲社会学新论 [M]. 赵冉，季斌，译. 昆明：云南人民出版社，2000.
2. [澳] 赖辛格，托纳. 旅游跨文化行为研究 [M]. 朱路平，译. 天津：南开大学出版社，2004.
3. [英] 乔治·托可尔岑. 休闲与游憩管理 [M]. 田里，董建新，曾萍，等译. 重庆：重庆大学出版社，2010.
4. [美] 麦克林，赫德，罗杰斯. 现代社会游憩与休闲 [M]. 梁春媚，译. 北京：中国旅游出版社，2010.
5. 楼嘉军. 休闲新论 [M]. 上海：立信会计出版社，2005.
6. 王婉飞. 休闲管理 [M]. 杭州：浙江大学出版社，2009.
7. 郑欣淼. 社会主义文化新论 [M]. 北京：中国青年出版社，1996.
8. 庞桂美. 东西方休闲文化的比较研究 [J]. 青岛科技大学学报，2004，20(01).

课后习题

一、多项选择题

1. 从层次结构上，休闲文化可划分为（　　）。
   A. 社会公共休闲文化　　　　　　　B. 高雅休闲文化
   C. 大众休闲娱乐文化　　　　　　　D. 网络虚拟休闲文化
2. 从空间结构上，休闲文化可分为（　　）。
   A. 家庭休闲文化　　　　　　　　　B. 社区休闲文化
   C. 社会公共场馆休闲文化　　　　　D. 网络虚拟休闲文化
3. 休闲文化的影响因素主要包括（　　）。
   A. 价值取向　　　B. 地域文化　　　C. 经济发展水平
   D. 社会环境　　　E. 政治环境
4. 休闲文化的主要特征有（　　）。
   A. 时尚性　　　　B. 传播性　　　　C. 塑造性　　　　D. 凝聚性

二、判断题

1. 休闲文化无论对个人还是对社会都是百利而无一害的。（　　）
2. 城市或地区中的博物馆、图书馆、美术馆、文化馆、纪念馆等场馆代表着大众休闲娱乐文化样式。（　　）

三、思考题

1. 休闲文化有哪些负面作用？
2. 休闲文化有哪些分类方法？
3. 简述东、西方休闲文化的不同。

四、案例分析题

休闲文化：如何善待工作之外的1/3

目前，我国全年国家法定节假日（含周末）共115天，是一个不小的数目，这意味着大部分工作的中国人一年中有1/3的时间完全是在闲暇中度过的，这段时间想怎么休闲就怎么休闲。然而，一项调查显示，超过半数的人都把"睡觉、看电视、做家务、逛街"作为周末主要的休闲活动。31岁的德国人奥利弗（Oliver）认为，中国人缺乏的不是休闲时间，而是休闲文化。

调查对比：鲜艳的时间 "单调"的外衣

在中国，虽然大部分人都认可"周末的主要意义在于休闲娱乐"，但是75%的受访公众都对周末生活表现出"不好不坏、平平淡淡"的感觉，60% 的人在谈及业余生活的质量时，也流露着"一般"的态度。本是充满了自由新鲜色彩的业余时段被罩上了"单调"的外衣。

1. 攀比成风，不重内容

31 岁的奥利弗是德国麦肯锡顾问公司的高级顾问。由于工作关系，他每年有 1 个多月的时间在中国度过。虽然时间不长，但对于中国老百姓的休闲方式比较熟悉，如卡拉 OK、请客、打牌等。不过，在他的眼中，很多人的休闲方式可以说"休得越贵族感觉越好，闲得越流行越快乐"。奥利弗觉得，中国有很多高雅的休闲方式，如琴棋书画、观花养鱼等。在休闲中，如果人们也能选择静态的休闲，会使自己平日紧张繁忙的生活多一个缓解的空间，多一片思考的天地。

2. 国人的周末睡"呆"了

睡个懒觉，起来后收拾房间，中午去父母家吃顿饭，回家继续睡觉，吃完晚饭后看电视，周六就这样过去了。周日也差不多：打扫卫生，去超市采购，偶尔时间充裕再去逛街。"工作忙碌、压力大"是不少人无法享受休闲生活的最大原因。在 4 493 名参与调查的公众中，60% 的被访者一提到周末，反映出来的就是"单调乏味、无所事事"或者"好好休息、补充睡眠"。

3. 注重吃喝，缺乏锻炼

在杭州一家中法合资企业担任业务总监的法国人贝拉，对杭州的印象很不错。在中国，她最喜欢的休闲活动，就是清晨或傍晚在西子湖畔慢跑。贝拉认为，很多中国人的休闲方式太注重吃喝。同时，她观察到，很多人一放假便没日没夜地打牌、上网聊天、看电视等。所以，有的医院一到星期一，吃坏肚子、玩坏身子的患者便格外多，医生们不得不为这些人起了一个很好听的名字——"假日综合征"患者。

4. 度假仍然"难得清闲"

意大利每年最长的假期是在 8 月，在基督教的圣母升天节前后。这个时候的意大利除了少数轮休的人在工作之外，大部分人都幸福地"逃出"城市去乡村和海边度假。例如，罗马就一下子成了一座"空城"。相反，很多中国人却在休闲时把自己安排得很忙，失去了休闲本身的意义。中国人即使在度假也还是想着工作，好像社会缺了他们，经济便不再发展一样，在饭桌上用手机安排工作是身份和地位的象征。

5. 公共文化休闲场所还是太少

在柏林，仅博物馆就有 180 多座，图书馆也有 200 多家。而在中国，这样的公共文化休闲场所还是太少。调查数据也反映了这一点，在问到公众喜欢在什么样的地方打发业余时间时，35% 的人选择了"家里"，还有 14% 的人选择了"商店"。除了工作压力大、休闲场所不足等因素之外，国人的休闲方式单一也是造成其余时间枯燥紧张的原因之一。调查显示，34% 的人选择看电影作为放松休闲的方式，20% 的人闲下来会去唱卡拉 OK。但与此同时，93% 的人承认自己平时根本不听音乐会或看话剧演出。

理解休闲：工作是手段　休闲是目的

有资料表明，2015 年前后，发达国家将进入"休闲时代"，休闲将成为人类生活的重要组成部分。物质财富的满足将让位于人们追求充实的精神生活。

著名学者于光远先生做过这样的描述："人喜欢有更多的时间由他自己支配，不带任何勉强,不把它视作谋生所必要的,因而这种活动虽不属于休闲的范围,但对本人来说会更有兴趣……休闲活动比上面说的那些活动更为轻松,它没有什么任务要完成,带有一种享受的味道。"他认为:"'闲'是生产力发展的根本目的之一,闲暇时间的长短与人类文明的进步是并行发展的……"过去人们把休闲当作工作之后排除疲劳、缓解压力的一种手段,而不是目的,而现在的观念却是工作是手段、休闲是目的。发展社会生产力就是让人们拥有更优越的生活条件和更多的闲暇时间;人们工作的目的是在生活水平提高后拥有更多的闲暇时间来更充分地享受休闲。

休闲时代是高度社会文明的产物,首先它必须以强大的物质基础为依托。发达的经济将更加以人为本,休闲、娱乐活动、旅游业将成为下一个经济大潮。美国著名休闲学者杰弗瑞·戈比分析说,在稍后的几年,休闲的中心地位会进一步加强,人们的休闲观念将发生根本的变革;在经济产业结构中,休闲产业的从业人员将占整个社会劳动生产力的80%~85%;休闲服务将从标准化和集中化转向个性化,人们对休闲与健康之间的关系更加关注。

沉思感悟:善待生命的"后花园"

休闲作为社会文明建制的出现,显示了人类驾驭生存的能力更为自如,是社会文明进步的结果,是人们在满足基本生活需要之后,追求和进入人类自由发展与享受需要的更高层次。

林语堂先生说过这样一段话:"消闲生活并不是富有者和成功者独享的权利,而是一种宽怀心理的产物。这种心情由一种达观的意识产生。享受悠闲的生活是不需要金钱的,有钱的人也不一定能真正领略悠闲生活的乐趣……他必须有丰富的心灵、爱好简朴的生活,对于生财之道不放在心上。"

目前,我国全年国家法定节假日(含周末)共有115天,这一国家行为表明了我国已融入整个国际休闲文化的背景中,特别是中国加入世界贸易组织以来,不仅促进我国休闲文化、休闲产业、休闲经济的发展,也树立了新的休闲观念。从政府已出台的政策及新的产业布局的调整中,也可以看到休闲文化、休闲产业、休闲经济的社会条件支持系统正在建立。

(资料来源:王丹.休闲文化:如何善待工作之外的1/3[N].金昌日报,2005-02-27.)

思考:

(1) 结合材料分析现阶段我国的休闲文化存在哪些问题?

(2) 你认为这些问题产生的主要原因是什么?

(3) 你是如何理解休闲文化的?针对休闲文化的提升谈谈你的看法。

第11章 休闲规划

知识目标	技能目标
① 了解休闲规划的特点与意义； ② 了解休闲规划的主要类型； ③ 理解休闲规划的构成要素； ④ 了解休闲规划的主要机构； ⑤ 了解休闲设施的定量标准	① 掌握休闲规划的主要类型； ② 熟悉休闲规划的构成要素； ③ 熟悉休闲设施的定量标准

公共休闲娱乐空间不足 城市规划面临新课题

日前，兰州市市民张某投诉了张掖路步行街上部分老人唱秦腔声音太大，扰得一家人无法正常生活。然而，这并不是兰州市近年来市民投诉噪声扰民事件中的个例。因为市民活动导致噪声扰民的背后，凸显着兰州市城市公共休闲娱乐空间不足的严峻现实。

1. 现场一：步行街成了市民活动场

张掖路步行街作为兰州市标志性步行街之一，自建成以来，每天晚上都会成为老人们活动的乐园。这些老人在跳舞、唱秦腔时，使用的都是高分贝的大音响，从晚 6 时左右开始到晚 8 时左右结束。老人们活动的这段时间却成了周边居民"备受煎熬"的时段，噪声污染导致大人、孩子根本没法静下心来看书、学习。家住兰州市城关区城隍庙附近的市民张超实在无奈地说："我们一家人不到晚上 8 时不敢回家，恳请相关部门还我们周边住户一个安静的居住环境。"

2. 现场二：人多音杂，享受变噪声

家住雁滩某小区的刘某，在晚饭后带着妻子、儿子来到新港城十字北边的小广场上散步。刚走出小区门口，小广场广播里传出跳休闲舞蹈的伴奏乐声，已超越了雁北路车水马龙的嘈杂声，顺着声音望去，一个不大的空闲场所已经满是跳舞、休闲的人们……伴随城市的发展，感受到城市市民公共休闲娱乐空间不足的，已不仅仅是雁滩。行走在兰州市城关区大小广场、公园、滨河路上，随处可见自发组织活动的人群，集中在一块，和着节拍，跳着舞蹈。但部分活动区域的音响声音实在太大，原本轻快的乐曲声此时无异于噪声。

3. 现场三：老年人活动室，社区有点少

记者就兰州市近郊四区的一些老年人室内活动场所做了一项粗略的统计调查，发现各社区提供给老年人的室内活动场所平均也就是一个社区设有一二处，并且这些室内活动场所狭小，条件落后，远远不能满足广大老年人的要求。随着现代生活节奏的加快和兰州市老龄化程度的加深，养老托老的担子越来越需要社区挑起。但就目前情况来看，社区提供的服务还远远不能满足居民的这种需求，尤其是不能满足老年人对社区服务的要求。

4. 现场四：商品房小区配套设施几乎为零

为老年人提供娱乐服务的主要职责在于社区，但业内人士表示，房地产开发商在提供楼房配套设施时也忽略了这一点。记者随机拨打 10 家房地产开发商的售房电话，得到的答复是几乎都没有老年人活动场所，只是称在住宅附近有草坪、池塘，老年人可到草坪上娱乐，而配套建设的一些健身房、卡拉 OK 室主要面向青年人，适合老年人娱乐的配套设施几乎是零。正在挑购房屋的刘先生表示，因为平常工作很忙，如果能买到适合父母娱乐配套设施的楼房，可以减轻很多压力。但刘先生遗憾地表示，他挑来挑去，结果很令人失望。

5. 结果分析：公共休闲场地少，分布不均衡

城市公共空间包括街道、广场、绿地等，是以景观为背景，以建筑为主要围合手段的外部空间，面向公众开放，供大家休闲。伴随城市功能的转变和经济社会的发展，公共空间已成为城市生活的舞台。而公园、游园数量少，分布不平衡，成为兰州市城市公共休闲空间面

临的一大挑战。

而造成这一现状的原因之一，是老城区土地资源严重不足。兰州市城市空间局促，城区人口众多。随着城市工业用地、居住用地等功能用地呈现出激增态势，城市公共设施用地已经处于国家指标的最低限度。同时，由于历史原因，中心城区聚集了大量商贸物流、文化教育等单位部门，城市主要人口集中分布在该区域内，导致城市绿地面积、公共场所面积偏少，而扩大这些地方的面积将会面临着土地少、成本高等问题。

（资料来源：李杨. 偌大个兰州 找个活动场所真难 [N]. 西部商报，2011-11-07.）

思考：

(1) 兰州市休闲活动场所不足的原因是什么？

(2) 休闲规划的必要性和重要性是什么？

在休闲服务业中，规划具有很重要的管理功能。规划在休闲服务业的发展中起到了控制和科学利用、组织一定地域范围内的休闲资源、休闲设施以满足市场和全社会所有公民的休闲需求，以及保护自然、文化资源和环境的作用。在提供服务的过程中，规划至关重要。规划是一种手段，通过规划为大众提供休闲、游憩机会，人们才能更好地享受闲暇时光。规划是一种途径，通过规划，企业和组织才能实现自己的目标。

11.1　休闲规划的特点

休闲规划的特点如下。

(1) 大规划定义大产业。休闲是一个非常大的概念，势必会培育出一个极大的产业。这就要求休闲规划必须是大规划，而不能是一个简单的项目规划。

(2) 新思路定义新发展。现在新的需求也处在发展过程之中，所以必须形成新的思路，并与大产业紧密联系起来。

(3) 产品细分对应市场分层。休闲不能笼统地概括为富人的休闲、穷人的休闲、老百姓的休闲和知识分子的休闲，而是各种各样的休闲都有，每一种休闲都有其独特性。虽然需求刚刚兴起，但是市场分层已经开始出现，这样就要求对休闲产品进行细分化培育。

(4) 注重细节对应悠闲形式。休闲和观光不同，观光是走马观花急匆匆，很多细节客人可以感受到，但是不会关注到。而休闲则不同，休闲是抱着悠闲的心态，对细节的关注超过任何时候。注重细节的要求在休闲规划里也必须全面体现。

(5) 体系规划对应全面需求。需求是全面性的，所以休闲规划必须是体系规划。这两者对应起来，休闲规划才能成为一个真正具有科学性和前瞻性的规划。

(6) 特色规划减缓同质化问题。同质化是休闲发展的一个弱点，总体来看，休闲产品都具有同质性。各类休闲产品之所以一哄而起，也正是因为同质化的特点使它们相应联系起来。从根本上来说，必须要构造特色的规划，否则休闲产品走遍全国都一样，走遍世界也都一样，休闲就变成一种文化比较低的、水平比较差的休闲，这样的休闲是不可能持续发展的，也不能满足市场需求和大众的心理需求。

11.2 休闲规划的意义和作用

规划就是指利用资源、设施和人员来为大众提供一系列的服务和活动。因此，规划可以说是休闲和游憩服务业的核心。通过规划实现对现有资源的充分利用，如游憩、休闲设施、人员和资金的最佳利用，以此实现组织目标并满足人们的需求。

11.2.1 休闲规划的意义

休闲规划的意义主要有四个方面：①统一认识；②凝聚力量；③树立形象；④拉动发展。现在人们对休闲的认识普遍不清楚，很少把它当作战略支柱产业来培育，很多地方还认为休闲是吃喝玩乐的事，不如抓工业来得实惠，不如抓商业来得迅速，不如抓房地产来得政绩突出，这是普遍情况。没有认识的统一，也没有力量的凝聚，休闲的发展就存在很多障碍。

11.2.2 休闲规划的作用

一个优秀的休闲规划应该具有以下作用。
(1) 充分利用时间、空间、人员及资金等资源。
(2) 在使用休闲设施时，需要解决时间与空间上的冲突。
(3) 许多游憩、休闲设施具有充分利用的潜力。例如，同一块场地在不同的时间，可以用来开展不同的活动。
(4) 有效利用可能闲置的空间。
(5) 协调活动项目，充分满足老顾客和潜在顾客的需要。
(6) 好的规划是获得最佳效果的手段，它需要对大量的、不同的人群及活动选择进行优化。
(7) 规划能使活动安排更加有序和合理，人们知道什么时候来，来这里能享受到什么。
(8) 没有规划，就会出现混乱，无序、无组织、失衡、不公平，资源也不能被充分地利用，即使临时使用场地，也需要对初次使用安排进行规划。

11.3 休闲规划的要求

休闲规划的要求如下。
(1) 科学性，要符合休闲需求的规律，符合休闲产业发展的规律，符合总体的成长规律。
(2) 前瞻性，休闲规划是立足现状、规划未来的，必须保证其前瞻性。我们总习惯说"五十年不落后""三十年不落后"这样的话，实际上很多规划在制定的过程中已经落后了，这种落后的根源在于思路和理念的落后。
(3) 可行性，一定要便于操作。

(4) 市场性，整个休闲规划的基本要求就是要从市场需求出发，最后落实到满足市场需求。

> **知识链接 11.1**

游憩是城市的四大功能之一

1933年8月，国际现代建筑协会第4次会议通过了关于城市规划理论和方法的纲领性文件——《城市规划大纲》，后来被称作《雅典宪章》。《雅典宪章》指出，城市规划的目的是解决人们居住、工作、游憩与交通四大功能活动的正常进行。

1. 城市游憩存在的问题

(1) 在今日城市中普遍地缺乏空地。

(2) 空地位置不适中，以致多数居民因距离远，难以利用。

(3) 因为大多数的空地都在偏僻的城市外围或近郊地区，所以无益于城市中心区的居民。

(4) 通常那些少数的游戏场和运动场，将来多数是要建造房屋的。随着地价高涨，这些空地又因为建造房屋而消失，游戏场等不得不重迁新址，每迁一次，距离市中心便更远了。

2. 改善游憩功能的对策

(1) 新建住宅区，应该预先留出空地作为建筑公园运动场及儿童游戏场之用。

(2) 在人口稠密的地区，将破败的建筑物加以清除，改善一般的环境卫生，并将这些清除后的地区改作游憩用地，广植树木花草。

(3) 在儿童公园或儿童游戏场附近的空地上设立托儿所、幼儿园或初级小学。公园适当的地点应留作公共设施之用，设立音乐台、小图书馆、小博物馆及公共会堂等，以提倡正当的集体文娱活动。

(4) 现代城市盲目混乱的、不顾一切的发展毁坏了市郊许多可用作周末游憩的地点。因此，在城市附近的河流、海滩、森林、湖泊等自然风景优美之区，我们应尽量把它们作为广大群众假日游憩之用。

11.4 休闲规划的类型

11.4.1 区域规划

区域规划就是休闲目的地的规划，从规划深度来说，这样的规划一般也叫作总体规划。大体上涉及三种类型。

(1) 休闲城市规划。包括城市中心休闲区、城市的一些休闲项目和整个城市休闲体系。中国目前可以称得上休闲城市的有十几个，如杭州、厦门、珠海、三亚、桂林、青岛等。这些城市的共同点在于：第一，基本上是沿海地区城市；第二，在休闲的概念中人们接受的主要是西方文化，也就是说，在休闲城市的建设上，对传统资源利用不足，确实需要构建一批新的休闲城市。这一批休闲城市应该更深入地挖掘传统文化，只是在表现形式上需要另外研究。

(2) 度假区规划。度假区规划在中国已经有 20 年的历史，积累了一些经验，也有很多教训，但是有一个很突出的问题，即偏重于项目，休闲目的地的概念不够突出。

(3) 生态旅游区规划，大体上也可以视为休闲总体规划。

再往下分，还有一些类型。这一类规划要求有总体思路和总体形象，明确整个休闲产业在城市和目的地发展中的位置，才能明确总体思路。

11.4.2 产业规划

总体来说，休闲产业规划是复合型的规划。其中涉及几类，包括休闲产品规划、休闲运营规划、休闲工业规划、休闲房地产规划和城市休闲体系。例如，休闲工业规划，按理来说，休闲目的地和休闲产业提供的就是复合型的产品，为什么提出休闲工业的概念？这就是说，可以把目前的市场需求视为一种终极需求，同时需求服务的运营体系又产生了中间需求，这就需要另外一个体系为之配套，这个体系是工业体系。在发展的过程中，工业体系已经产生了休闲服装、休闲食品、各类休闲用品，再把各类高新科技引入休闲产业体系，形成休闲装备工业，总体上构成了一个新的休闲工业体系。与一些传统工业体系相比，这个工业体系的替代作用更强，所以可以专门提出来。一个休闲产业规划必须把这些问题研究透彻。

案例分析 11.1

未来农业能否被设计

虽然也是盛夏，但在江苏无锡锡山区山联村感受到的却是浓浓的绿意和凉意。整个村庄宛如一幅山水画：从山脚下的凉亭里放眼望去，绿荫环绕，白鹭飞翔，微风吹过，平静的池塘泛起一片涟漪。据当地干部介绍，眼前这个美丽的乡村，3 年前却是一个贫困、脏乱的负债村。山联村的蜕变则得益于设计农业。

苏南，即江苏省南部是乡镇企业的发源地，苏南农村也因为工业而富裕，有"无工不富"的说法。作为中国沿海最发达地区之一的无锡市，工业化、城市化的拉动，市场经济利益的驱动，使得农业发展的最基本要素——耕地和人力流失，越来越不利于农业的发展。过去 30 多年，山联村也发展过工业，但现在只剩下几个废弃的厂房，而农田也因工业而荒废，山联村成为一个负债贫困村。

"农业不是贫穷的代名词，'无工'也能富裕。"这位曾经当过企业老板的村党委书记吴岳平上任后提出了"无工也可以富"的设想。他请来无锡规划设计和农业设计方面的专家，为村里设计农业和村庄。"村庄定位什么，怎么规划，功能区怎么分，种什么、养什么，我们都请专家来做。"吴岳平说。

几个月之后，专家们给山联村设计了完整的发展规划。这个设计规划包含三方面的内容，一是村容村貌的设计；二是农业产业和种养业的设计；三是功能的设计。

山联村"设计农业"的第一步：修山径，搞绿化，美化村庄。经过一年的设计整治，山联村变美了,像个公园一样,还获得了"无锡最美村庄"的美誉。

山联村"设计农业"的第二步:利用低洼农田和河塘改造 1 000 亩水面进行小龙虾和大闸蟹养殖;在优质农田种植高附加值的珍贵树种红豆杉、各类果树 200 多亩并放养草鸡 1 万多只,形成包括小龙虾养殖园区、红豆杉鸡养殖园、特色水乡精养园、水果采摘园、乡村动物园的"一村五园"特色农业园区。

山联农村观光休闲游也是"设计农业"环节中的重中之重。"山联村有山有水,村民委员会充分发挥独特的自然资源优势,重点规划发展休闲观光旅游业。"吴岳平说,如今山联村以生态农业园、山前景区为基础,配以茶楼、宾馆、农家乐餐饮的休闲农庄,每年接待观光旅游人数超 10 万人次,这些农副业和服务业有效地转移了闲置劳动力。近 3 年来,山联村从一个贫困薄弱村蜕变成"经济强村",村民年人均收入从不到 1 万元增长到如今将近 1.5 万元。

(资料来源:王伟健,徐力维. 未来农业能否被设计 [N]. 人民日报,2011-08-05.)

11.4.3 项目规划

休闲项目规划涉及观光、城郊、度假、商务、运动、文化、特种七种类型,每一种类型都可以衍生出很多产品,都可以形成很多具体的项目。具体的项目规划就要充分体现可操作性,体现从休闲理念到项目操作、从天上到地上的过程。总体来看,在休闲项目规划方面,已经积累了很多经验,但是缺乏理论总结,缺乏提升;休闲产业规划还没有开始,休闲目的地规划也才刚刚开始。

休闲项目必须有新意

最近,长沙市望城区的一家休闲农庄的老板谭先生愁眉不展,自己一直经营的经典项目"钓鱼、打牌、吃饭",过去着实"火"了一阵子,可最近来捧场的人怎么就越来越少了,"土鸡煲汤、仔姜炒叫鸡"的牌子立在路旁,少人问津。而几百米之隔的百果园农庄新推出的一项"林中抓鸡"活动,让都市人在奔跑、协作中体验从事农事的快乐,却是场场"爆棚",让人眼热。

兴衰的背后,比拼的是谁家活动更有趣味、更有创意。经过 20 多年的发展,休闲农业已经从当初各地大同小异、互相"复制"的钓鱼、打牌、吃饭等单调活动,转变为依靠创意,打造鲜明的主题、特色,以此吸引消费者、提升农业效益的新阶段。

纵观省内外,有创意的休闲农业企业才能走得更远。台湾有一家名为"紫色梦想"的农庄,根据当地气候和地理条件,以薰衣草为主题,以紫色为主色,打造时尚浪漫的"梦幻世界";同时推出 2 000 多个相关产品,把薰衣草开发到极致,生意一直很红火。位于长沙市开福区捞刀河镇的和道源山庄,以"乡间氧吧"运动为主题,开设 12 个标准的羽毛球场。到乡下打羽毛球，欣赏田园风光，呼吸新鲜空气，品尝农家饭，真是一举多得。目前，和道源山庄已培育了一批"铁杆"消费群体。株洲市有一家沙坡里生态农庄，推行龟、鳖养生饮食，还用布料做成龟鳖吉祥物出售。张家界绿色大地生态园主推民俗风情，"拦门酒""抢新郎"等特色活动，成为张家界的乡间一景。湘乡市茅浒水乡度假村的湘军军旅生活体验，安乡土生源农庄的"快乐田园大闯关"，长沙滴翠山庄的"葡萄大战"，同样以各自的特色吸引了大批消费者。

目前，一些休闲农庄司空见惯的单调活动逐步受到冷落，新开发的富有特色的"玩法"受到追捧，这也充分说明，有创意就有生意、有效益。

（资料来源：刘勇，张尚武. 创意提升休闲农业 [N]. 湖南日报，2012-08-04.）

11.5 休闲规划的构成

休闲规划包括了休闲和游憩活动的方方面面，内容非常广泛，但总体来讲，主要围绕活动项目、环境和设施、服务、人员、资金这5个方面进行。

11.5.1 活动项目

活动项目既可能是完全自发的，也可能是通过精心组织的，或者是介于两者之间的。社区的休闲服务一般会策划一些非正式的活动，充分利用可用的空间、时间、设施资源为大众创造休闲的机会，鼓励他们主动参与各种休闲活动。例如，借助墙面的反弹进行球类活动，在墙面上绘画、写字，在轻便折叠躺椅上享受日光浴等。根据策划时的目的，常见的活动项目有艺术、工艺、舞蹈、戏剧、游憩、游戏、体育活动、健身、业余爱好、音乐、体验大自然、社会交际、旅行和社区公益服务等。

11.5.2 环境和设施

环境和设施主要包括为休闲活动所提供的活动场所、建筑物、活动设施和装备等。有些是为了专门的目的而设计和建造的，如公共艺术中心和游泳馆；有些是为给大众提供一个公共休闲和户外活动的场所而设计的，如公园；还有一些则是简单利用现有自然资源为大众创造休闲的机会和空间，如河边小道、树林和海滩等。

11.5.3 服务

服务包含了所有为人们提供享受休闲和游憩的方法、手段，如信息服务、宣传、推广、交通、护照办理、会员卡，以及为带小孩的母亲提供的儿童看护和假期服务等。

11.5.4 人员

人员包括工作人员、联络员和管理人员，如经理、监督员、教练、护林员、教师、技术人员、清洁工、布景师、图书管理员、博物馆馆长、运动发展官员、社区工作人员和接待员等。

11.5.5 资金

不管是为获得利润，还是使经营达到盈亏平衡，或者是在政府的合理补贴下使各项设施、休闲、游憩项目、服务正常运转，投入资金都是必需的。

休闲规划者必须有效地利用现有资源使规划成为现实，实现组织的目标。然而，休闲规划并不是一系列个体活动的简单汇总，而是基于个人和团体的利益、要求和计划，为了实现组织的目标、满足个人和团体的需要，精心组合和综合策划各种活动的过程。

11.6 休闲规划的主要机构

有许多机构、组织都从事休闲活动服务和设施的规划工作，如当地政府、休闲信托机构、休闲管理承运商、商业组织、教育行政部门、学校、公司、体育俱乐部，以及大量非政府组织和机构、俱乐部、协会等。它们大致可以分为四类：商业部门、公共部门、非政府部门、当地政府部门。

11.6.1 商业部门

商业部门从事专门的、明确的休闲活动，即具体的细分目标市场和顾客群，如电影院、赌博游戏厅、夜总会、健身中心、高尔夫球练习场、保龄球中心、网球中心、乡村俱乐部和度假中心等。

11.6.2 公共部门

公共机构，如大学、专科院校和社区学校，需要精心的规划。然而，通常它们具有分散的主体市场，主要服务目标是自身，其次是社区。行业部门的很多休闲和体育健身设施也需要规划，但是由于它们是内部使用而不对外提供服务，高标准的规划就显得没那么必要了。

11.6.3 非政府部门

对非政府部门，规划主要是针对一些有特殊爱好的群体，如体育俱乐部或活动团体等。然而，一些休闲信托机构和非营利性的自治组织，如香港基督教青年会和大型的社区协会，也具有许多休闲设施。在规划过程中，所面临的很多问题与休闲管理者们在规划公共休闲中心遇到的问题一样。

11.6.4 当地政府部门

当地政府部门面对不同人群的需求，要考虑该建设哪些休闲设施，设置什么样的活动项目等问题，因此最需要多种多样的规划技术。此外，休闲项目经理一方面基于机会公平原则，向社会大众提供可公平享受的休闲服务；另一方面还必须提供更多的收费服务。他们需要对各种各样休闲设施(如游泳馆、休闲中心、小型足球场、剧院，以及既可供学生使用又可供大众使用的学校休闲中心)进行精心规划，以保证大众享有公平使用这些设施的机会。然而，政府公共部门提供休闲设施所产生的一个重要问题就是在缺乏足够的休闲设施和资源的情况下，做出一个能保证大众公平使用这些设施的规划是相当困难的。规划时要兼顾公众的平等参与性与开支的控制，但是财政开支、物资和设施是有限的，因此要做到公众参与的平等性很困难。

11.7 休闲设施及定量标准

休闲规划是通过一定的技术手段，整合利用休闲资源、合理布局休闲设施的过程。但是，在一定的空间内，具体需要什么休闲设施、需要多少休闲设施却是需要认真预测的，否则会出现休闲设施不足或过剩的问题，这就需要我们全面了解各类休闲设施的定量标准。

11.7.1 室内休闲设施及定量标准

在诸如滑雪场、度假区或游憩综合体这样的目的地，由于受气候条件的限制较多，同时又有对晚间活动场所的需求，所以室内设施非常重要。而在类似海滨这样的目的地，室内设施就相对次要一些。休闲区所需要的设施取决于客源市场结构及休闲区形象，但是一般应该包括下述内容(见表 11-1)。

(1) 电影院：一般在较小的度假区内，可用于多种目的(会议、演出)。

(2) 多功能厅：用于多种活动，如音乐表演、民俗演出、社交活动及会议场所，其规模从小型度假地的 200 平方米到大型休闲区的 1 000 平方米。如果会议旅游是重要的目标市场，还需要结合其他设施。

(3) 露天剧场：在气候宜人的小型度假区可以取代剧院和多功能厅。

(4) 青年中心：在大型度假区和游憩中心作为青年人的聚会场所，大小为 200~800 平方米，包括大堂、主厅、游戏室和实习基地。

(5) 夜总会和歌舞厅：有两个主要使用群体，16~25 岁，迪厅和劲舞厅；25 岁以上，交谊舞厅和夜总会。

(6) 图书馆和阅览室：一般配置在大型度假区，其间应配备供讲座、音乐表演的设施和介绍当地情况的资料。

(7) 电视室：在那些住宿设施内没有配备电视的度假地，要另设电视室。它还可作为游客享用饮料的休息厅。

(8) 赌场：赌场设施经常受到国家政策和规划条例的限制，仅限于特殊要求。

(9) 游客中心：为国家或区域性景区设立，可以在靠近度假区的地方建立。

上述设施可以集中布局或在度假区内适当地组合，以增加其吸引力和活力。其他可考虑的设施还包括：增加设施以形成度假区的休闲吸引物，特别是在使用集中的旺季；增加游憩设施以补偿天气或者自然条件的不足。

表 11-1　新型综合度假区中的标准设施

休闲设施	设施规模 / 平方米	度假区类型	游客床位数 / 个					
			1 000	2 000	4 000	7 000	12 000	20 000
电影院 / 座	300～600	海滨度假区			1	1	1	2
		山地度假区		L	1	1 或 2	2 或 3	2～5
多功能厅 / 个	200～1 000	海滨度假区					1	1
		山地度假区					1	1
露天剧场 / 座	500	海滨度假区	L	1	1	1	1	1
图书馆 / 个	150～500	山地、海滨度假区			P	P	1	1
青年中心 / 个	—	山地、海滨度假区		L	P	1	1	1
舞厅、夜总会 / 个	150～200	海滨度假区	L	1	1	1 或 2	2 或 3	3 或 4
		山地度假区	L	1 或 2	1～3	2～5	3～8	6～12

P：可能的；L：新建较大度假区。
估计的总建筑面积：海滨度假区为 0.1 平方米 / 床位；山地度假区为 0.2～0.3 平方米 / 床位。

(资料来源：[英] 曼纽尔·鲍德·博拉，弗雷德·劳森 . 旅游与游憩规划设计手册 [M]. 唐子颖，吴以虎，等译 . 北京：中国建筑工业出版社，2004.)

11.7.2　陆地运动设施及定量标准

因为社区服务的运动设施多位于城市中或城市边缘，这些地段的土地相对短缺，并且地价很高。为确保资源的充分利用，对各类运动设施进行仔细评估是很重要的，评估时需要考虑三方面的因素：①潜在使用者的数量及对土地大小的需要；②投资估算 (通常由社区居民共同承担)；③社区居民和使用者之间的运营费用分摊比例。

1. 运动场地

(1) 网球场。

大多数网球场都有渗水性能良好的人造地面和泛光照明，以延长使用时间。这些网球场多由地方政府为公众提供 (按小时收费) 或是供私人使用 (会员制)。大的网球中心一般都有草地或是室内网球场、壁球场及其他俱乐部设施。网球设施是一种相对比较便宜的设施。

① 占地面积较小，一个面积为 1 500 平方米的场地可以供 75 个业余选手使用，平均每人为 20 平方米。

② 投资少。

③ 在小型俱乐部中，每个使用者花费较少 (但随着俱乐部的专业化程度费用会增加)。

(2) 绿茵场团体运动。

英式和美式足球、橄榄球、曲棍球、棒球等都是最受欢迎的运动项目，其等级规模从地方俱乐部一直到国家队。其场地经常是当地学校和俱乐部共享，使用强度根据当地土地的稀缺程度来定。

① 乡村：一个场地通常仅供 50 人使用 (平均每人约为 200 平方米)。

② 城镇：通常供 150 人使用 (平均每人为 65 平方米)。

③ 城市人工草坪：通常需供 250 人使用 (平均每人为 40 平方米)。

城市区域较高的使用强度反映了土地的稀缺程度和较高的维护费用 (是城镇所需费用的 10 倍)，尽管对于使用者来说比较便宜，而绿茵场上的团体运动对市政府来说却较昂贵。

(3) 操场或运动场。

操场或运动场可以进行羽毛球、沙滩排球、手球等活动 (成人或儿童使用)，在海滨度假区应该位于海滩附近，在滑雪度假地应该布置在滑雪道的开端 (考虑夏季使用)，这些场地应仔细地利用树木等进行景观建设。在高强度 (乒乓球或篮球) 使用的地方，可以有硬质渗透性能较好的表面处理。

2. 室内运动场馆

室内运动设施可以减少游憩活动对天气状况的依赖，达到全天候高密度的使用，因此其非常重要。室内运动场馆主要分为以下 4 种类型。

(1) 乡村体育馆和社区游憩中心。

乡村体育馆和社区游憩中心可为 5 000～10 000 人的社区人口提供服务。这类场馆通常并不区分专业类型的活动，同一场所可以开展多种项目 (体操、舞蹈、羽毛球) 或是一些社会活动，而是否对场地进行分割是无所谓的。这种场地的面积一般和 1 或 2 个羽毛球场相等：最小标准为 16.4 平方米 ×8.4 平方米，净高为 7.6 米。馆内通常包括舞台、更衣室、储藏室、咖啡吧和 1 或 2 个小型会议室。

(2) 小型运动中心。

小型运动中心服务的人口可达 25 000 人。其大小通常相当于 4 个羽毛球场 (16.4 平方米 ×15.4 平方米)，包括一些小型的具有多种娱乐和社交功能的小间。这种中心通常作为陆上运动的场所，但有时也设室内泳池或与其相连，其中设有桑拿、仿浪泳池、蒸汽浴及其他设施。

(3) 大中型运动中心。

这种体育中心根据使用要求的不同而被分为 "湿区" 和 "干区"，其中包括为不同赛事提供专业化设计的空间。大型运动中心同时提供休闲用泳池和比赛用的标准水池 (通常包括隔离开的训练池和跳水池)，还可能包括一个溜冰场。大型运动中心通常还将室外运动场、游乐场作为其必要组成部分，甚至将大型停车场和公共交通服务一起作为其配套设施。

(4) 休闲中心。

区域开发的一个趋势是为居民家庭提供更大范围的娱乐设施。许多大型娱乐中心有景观优美的休闲泳池、溜冰场、保龄球道、室内草地保龄球场、健身中心、多种咖啡/小吃吧，以及一些竞技性运动设施。有些休闲中心有专门房间供人们开展艺术、手工艺、瑜伽、舞蹈及其他活动之用，以及类似托儿所、美容和按摩的服务。

乡村体育馆和社区游憩中心、小型运动中心可以在旅游度假区里提供，有时还可以和壁球场、游泳池、健身中心等结合配置。如果增设一个大的酒吧和运动用品商店，则可以为度假区营造一种活泼的休闲氛围。

3. 骑术中心

骑马和马驹拉车对于当地居民和外来游客来说都是很受欢迎的。一个骑术中心要有足够的空间(12～15 匹马至少需地 1 公顷，1 公顷 =10 000 平方米)。马舍用于训练马匹，马舍的大小可容纳 10～100 匹马或更多。

一般来说，一匹马平均一周可供 15～20 个新手使用(40～50 平方米/骑手)，可供 4 名较熟练的骑手驱使(150～200 平方米/骑手)，或者仅供一位马的主人使用(600～700 平方米/骑手)。

娱乐性骑术是一个很奢侈的爱好，尤其是对于骑术较高的人来说。从城市到骑术中心通常距离较远。骑术中心应有出入口与骑马小径相连，马道则是远离公路的具有宜人风景的乡野或森林背景的小径。骑术中心通常是私人企业，或者属于某个协会，拥有 30～100 匹马，其中一些属于私人所有(寄养马匹)，另外一些用于出租。地方政府一般对公共马道的指定和养护负有责任，有时候还会提供土地甚至是贷款。骑术活动可能会与驾车者、农业和林业开发者、步行者及生态主义者之间经常产生冲突，因此，在编制区域休闲发展规划时应考虑到这些问题的存在。

骑马是一项非常吸引人的旅游项目，特别是在具有骑术指导、骑马飞奔、长途马道的地区更是引人入胜。长途马道可以沿途每隔 30 千米左右提供过夜设施及相关服务。用于数天至两周的骑马小道正在逐渐发展成为一种旅游产品，其住宿设施一般相对简陋，但也出现了提供更加舒适住宿设施的趋势，譬如骑士旅馆。

4. 高尔夫球场

(1) 场地需求。

高尔夫球场需要较大面积的场地、高标准的景观设计和较昂贵的维护成本。一般来说，一个 18 洞(球道长约 6 000 米)的球场，需要 45～60 公顷的用地，每天最多可以接待 250 名高尔夫球员(也就是说，每个球场只能接待 500～600 名长期球员)。这意味着，假如每个星期打两场球，一个长期球员平均占用的土地面积约为 1 000 平方米。

由于高尔夫球场的修建会带来交通问题以及对自然景观和生态环境的破坏，而且由于农药的使用还会增加环境污染。同时，开发项目带来的就业机会相对较少(每个开发项目仅创造 5～10 个就业机会)，因此有许多人提出反对修建高尔夫球场的意见。

(2) 设施种类。

高尔夫球场可以分为下列 4 种主要类型。

① 私人俱乐部：通常是私人拥有或是会员制（缴纳一定数量的入会费，每年缴纳会费）。私人俱乐部为增加会员数量，常增加一些其他服务项目（如游泳池、健身中心、网球场、马术中心等）。

② 住宅开发：通过在球场周围开发景观地产、度假地产和简易木屋，来平衡球场开发所带来的资金压力。这种类型的游憩区配以其他服务项目，可成为周末度假区。

③ 公共高尔夫球场：由当地政府投资建设，作为社区游憩设施或是凭此增加该地区的吸引力。使用者每打一次球都要临时购票，当然门票仅为整个成本的一部分，另外则由政府从提供给社区的游憩补贴中支付。提供一个公共高尔夫球场的成本很大，平均每个使用者的费用几乎相当于私人俱乐部的入会费用。

④ 高尔夫酒店或高尔夫度假区：以高尔夫球场和周围景观为主要吸引物。球场通常由知名专业人士设计和运营，球场有时还通过开发一些住宅（出售或租用）来降低成本。一些旅游区（例如，西班牙的太阳海岸，在 120 千米长的海滩地带建有 48 个高尔夫球场），已经成为特殊的高尔夫旅游目的地，旅游者可以在多个球场之间换着玩球，平均每个球场停留 30 分钟。这些球场多由宾馆或外国投资商私人所有。有时候某些球场的果岭费用可能很高，或者不对外开放。

(3) 构成要素。

高尔夫球场的基本要素包括以下几项。

① 9 洞和 / 或 18 洞的带障碍区和果岭的球道。

② 开球区一般长 250～300 米、宽 100～125 米，是打球者集中使用的区域，为开球之需而设计（一般每边 25 人，有时有泛光照明）。

③ 有一定坡度和沙坑的较大轻击区和训练区（2 或 3 洞）。

④ 初学者的训练区（通常配有人工绿地）。

⑤ 俱乐部会所和服务区（包括摄像头监控）。

⑥ 停车场、维护间和高尔夫用品店。

知识链接 11.2

高尔夫球场清理结果公布　今后不得批准新建球场

为何要清理整治？——制止违法违规建设高尔夫球场现象

国务院办公厅曾在 2004 年印发了《国务院办公厅关于暂停新建高尔夫球场的通知》（国办发〔2004〕1 号），要求各地各部门一律不得批准建设新的高尔夫球场项目。

国家发改委有关负责人就高尔夫球场清理整治工作答记者问时表示，在《通知》印发后，盲目建设高尔夫球场的现象得到了遏制。但此后一段时期，一些企业无视《通知》和法律法规要求，仍违法违规建设高尔夫球场。

为切实加强监督管理，坚决制止违法违规建设高尔夫球场现象，经国务院同意，2011 年 4 月，国家发改委等部门联合印发《关于开展全国高尔夫球场综合清理整治工作的通知》,启动了全国高尔夫球场清理整治工作。经过各地各相关部门的共同努力,目前各项清理整治任务基本完成,全国高尔夫球场清理整治工作基本结束。

清理整治结果如何?——目前全国剩 496 个高尔夫球场

2017 年 1 月 22 日,国家发改委官网发布了《国家部委联合公布高尔夫球场清理整治结果》。"通过此次清理整治工作,已经掌握了我国高尔夫球场建设情况。"国家发改委有关负责人透露,全国共有高尔夫球场 683 个,除西藏自治区外,各省(区、市)均有高尔夫球场,环渤海、珠三角、长三角地区以及海南、云南等旅游大省的高尔夫球场数量较多。

据介绍,全国 683 个球场全部按照取缔、退出、撤销、整改四类进行了清理整治,其中,111 个球场已取缔到位,18 个球场被责令退出,47 个球场已落实了撤销要求,11 个球场已被地方政府和企业主动关闭,其余 496 个球场已进行整改。

国家发改委有关负责人表示,全国高尔夫球场清理整治任务基本完成,主要取得了三方面的成效。

(1) 刹住了违法乱建球场之风。违法乱建球场之风得到明显遏制,顶风新建球场行为基本消除。

(2) 纠正了各类违法违规建设行为。经过清理整治工作,各类高尔夫球场已不再占用耕地、天然林和国家级公益林地,不再占用自然保护区核心区或缓冲区、饮用水水源一级和二级保护区、国家级风景名胜区二级及以上保护区(含核心景区)等,球场排放污染物达到了相关环保标准,消除了防洪隐患,制定了节水措施,规范了取水行为,各类违法违规行为得到有效纠正。

(3) 严肃追究了责任。根据球场存在的违法违规行为,各地严肃追究了相关单位和人员的责任,对有关负责人员给予了党纪、政纪处分。同时,对清理整治工作开展以来、特别是党的十八大以来存在顶风新建、拒不停工、隐瞒不报行为的球场,多次通报中纪委进行"一案双查",严肃追究相关单位和人员的责任。

今后如何监管?——一律不得批准新建球场 民众可监督

对于今后高尔夫球场建设的监管工作,国家发改委有关负责人表示,要按照部门监督、地方主责的机制,继续严格执行好《国务院办公厅关于暂停新建高尔夫球场的通知》(国办发〔2004〕1 号)及相关法律法规的要求。

同时,国务院各相关部门要按照职能履行好监督责任,统筹利用多种方式完善监管制度。地方各级政府要切实发挥好管理职责,一律不得批准新建球场,严格规范管理运营球场,依法监控球场环保、节水、取水等行为。

"今后再发现顶风新建、违规扩建的高尔夫球场,各地要坚决一案双查,球场一律予以取缔,严肃追究监管责任。"国家发改委有关负责人说。

据了解,国家发改委已经会同国务院相关部门和各地人民政府联合公布了全国高尔夫球场清理整治结果,民众可以到相关网站上进行查询和核实,对高尔夫球场清理整治结果进行监督。

(资料来源:李金磊.高尔夫球场清理结果公布 今后不得批准新建球场.中国新闻网 [2017.01.22])

11.7.3　陆地游憩设施及定量标准

1. 野餐区

下列场所常常提供野餐设施：道路或高速公路旁的野餐区；特定的野餐区，设有内部道路和经过铺砌的停车场，有时需收取一定额度的门票；作为市郊公园要素一部分的野餐区。野餐区的规划标准常常与变化范围很大的密度概念有关。使用密度则与区位、该区域配备的设施相关，如停车场大小、草坪面积、树木灌木的屏蔽性能等有关。

专门野餐区的推荐标准：每公顷 15～40 个单元，相当于每单元占地 40 平方米，包括一张以上的板凳、一张桌子、烧烤用的火架和垃圾桶。每个小单元包括野餐设施和停车位，可以供 4～8 个人使用。如果可能，应该尽量避免汽车进入游客的视线内，一般来说，停车场应设在野餐区 100 米以外。通常情况下，每公顷 40 个单元(150 人) 的密度可以保证草地能自我更新。

野餐者通常自己携带专用的野餐桌、折叠椅和烤肉架，但是野餐区也应该提供野餐设施的租借服务，同时还要为游客提供饮用水和冲水厕所。

2. 公园、休息区和游戏区

公园可以为居住于城市和城镇的居民提供一个接近自然、在舒适的环境中游玩、并远离拥挤的交通的机会。

(1) 城市公园：位于城市中心的公园在经过长时间的衰退和被漠视后，正在受到越来越多的重视。一个拥有大面积草地的城市公园中，每公顷可以容纳 150 位游客进行休闲。为了更加节约地利用，可以铺设卵石路，将草地换成树木、灌木。在规划一个新的城市公园或是对已有的城市公园进行改造的时候，应该同当地居民协商，以解决在所有权问题上的冲突，并且明确城市公园的作用。大多数城市公园要考虑安全问题、对公物的破坏问题和维护问题。

(2) 郊区公园：位于城市边缘的公园通常可以提供更加宽阔的面积和更多的活动机会。以一片或是一行树木为界限的有起伏的草地可以为游客提供安静的休闲场所，或是为家庭提供游戏场所。后者通常和野餐设施相结合。由于市郊的草地受到的压力要小于城市内部的，因而草坪不是必需的，每年割 3 或 4 次草就已经足够了。为使大型割草机顺利运转并且转移垃圾，郊区公园必须有较大的空间。

3. 步道、徒步游径

游憩性步道、徒步游径可以分为下述三种类型。

(1) 短距离环形散步道：一般根据地形情况，基于步行时间的不同，分为若干种步道：从半小时到 2 个小时 (1～8 千米) 的路程。一般来说，小径成环状围绕在停车场、餐厅或是野餐区周围，延伸至观景台。通常情况下，游径的密度取决于地貌和植被状况。在树木郁闭、灌木掩映的地区，每千米每天 5 人的密度可以使游客产生身处原野及与自然亲近的感觉，但是每千米每天 50 人的密度就会使人产生拥挤的感觉。

(2) 中距离步行观览游径：是指从一个地方出发步行到另外一个目的地的游径，如果在乡村地区，可以是从一个度假区到邻近的村庄或湖滨参观的游径。在城镇地区，游径通常在沿途设立指路牌,这类步道通常具有以下用途:在不同的目的地之间(学校、公园、体育场等)提供步行通道,或者连接相关的游憩区(带状公园)和旅游景点。这种小径通常与繁忙的交通要道区分开,最好是相对独立,沿途有绿地或吸引人的景点。它们可以沿着早期运河的纤道,沿着城市的堤岸、废旧铁路或是步行街等展开,这种游径对城市规划十分重要。

(3) 长距离徒步旅行游径:这类游径距离可达几百千米,它们可以沿着古时候的朝圣者、旅行家和移民遗留下来的阡陌蜿蜒伸展;也可以是穿过景色宜人、通常是遥远的自然区域。这种长途跋涉路径在欧洲随处可见。例如,从德国开始穿过阿尔卑斯山到地中海沿岸。

根据游径的密度、区位和无障碍通行的便利水平的不同,其修建可以选用柏油、石基卵石或者自然路面(考虑到排水、必要时恢复原来的地貌)等不同方式。小径应该避免对步行方式的干扰,避免对野生动物环境的影响。游径应考虑水土流失的防治、避免对脆弱的土壤的影响,尽量采用影响较小的铺路方式(如架设木板路)。一条精心修建的小径可以减少维护和再建设的费用。此外,还应该包括下列设施:解说牌或路标、防治自然和地质灾害发生的设施、自然游径沿途的指导与教育性设施。

4. 其他种类的游径

(1) 自行车道。

自行车道分为以下四种类型。

① 市区小径和经过精心设计的自行车道:将市中心和郊区公园与位于乡村的游憩区连接起来。

② 城镇自行车道:沿着公路系统的自行车道应尽量远离主要车流,或者使用特殊的自行车道。

③ 乡村自行车道:穿过乡村的自行车环道,路面是未经铺砌的自然状态,长度通常是1.6~3.2千米。

④ 山地自行车道:在山地度假区附近的自行车道,通常是穿过牧区或是在行人使用的土路上。经过特殊设计的自行车道已在美国得到广泛的应用,对于不同的情况有下述不同的标准。

A. 一日游的长度,15~80千米;B. 最大坡度,10%~30%;C. 最大持续坡度,5%~15%;D. 空地宽度,90~120厘米;E. 车迹宽度,30~60厘米;F. 路表,时而相对平坦,时而起伏不平,必要时设计一些涉水区域。

(2) 骑马、乘坐马车。

骑马、乘坐马车类活动一般是3~5人一组,行走在2.5~3米宽的路上,也就是两匹马并肩行走或是一辆维护车行驶需要的宽度,马场内部应该有可供10匹马休息的地方。石基上铺设土或卵石是比较可取的,一些部分应该铺上沙子以供马匹奔跑。马和骑马者所需的空间一般是2.4米高、1.2米宽。

(3) 动力伞滑翔。

动力伞是在滑翔伞基础上发展起来的,简单地说就是滑翔伞加发动机,它是在座包后加上一个轻型航空发动机,由飞行员背负或使用简单的三轮起落架起飞,重15~25千克,推力为40～80千克，飞行高度为1～6 000米，飞行时间可达1～7小时。动力伞可以在平地起落，有一块净空200米见方的空地即可起降，受场地限制小，较为方便，但飞行时噪声较大，价格也贵。动力伞现在主要用于培训及商业飞行，随着社会经济水平的发展与提高，动力伞开始越来越多地成为航空爱好者们的飞行娱乐工具。

 知识链接 11.3

动力伞运动

滑翔伞运动在20世纪70年代起源于欧洲。1974年，美国人Dan Pointer出版了一本关于"滑翔翼"的书。1978年，法国登山家贝登和朋友用方形降落伞从阿尔卑斯山山腰起飞，进行了一次飞行尝试，成功地飞到山下，一项新的航空运动诞生了。1984年来自沙木尼的罗杰·费龙 (Roger Fillon) 从勃朗峰上飞出，滑翔伞一夜之间声名大振，迅速在世界各地风行起来。驾驭滑翔伞，人不仅可以挑战自然，实现自我，还能锻炼人的意志和奋发向上的品质，使人回味无穷。由于滑翔伞具有独特的挑战性和刺激性，使它在世界上广泛普及，仅在欧洲，滑行伞飞行者已有300多万人。

动力伞也称乌拉伞或鸟拉伞，是在1989年传入我国的，蒙古族牧民乌拉巴特从德国带回国内第一台动力伞，由此在乌拉特草原开始向全国范围内流行。伞友为纪念乌拉巴特，故将动力伞俗称为乌拉伞，因乌字与鸟字就差一点，飞伞的人也都将自己称为鸟人，所以也有伞友称鸟拉伞。乌拉巴特在内蒙古包头成立乌拉山动力伞俱乐部，然后四川成都、江苏邳州、安徽亳州、河北行唐、山东淄博、福建漳州也陆续成立了乌拉山动力伞俱乐部。动力伞简单易学、安全可靠、运载方便、不需要太大的体力，逐渐成为广大航空运动爱好者向往、追求和迷恋的体育运动。动力伞是飞行器中最安全的一种，即使空中停车也能像滑翔伞一样滑翔降落。动力伞分轮式和背式两种。轮式应比背式更安全一点，因为轮式着陆有避震缓冲设置。目前，我国动力伞运动还处于发展阶段，2010年后平均每年大约增加100多位爱好者，全国动力伞运动爱好者在2012年5月还没超过2 000人。

(4) 摩托车竞赛。

摩托车竞赛或是其他类似的穿越乡村的竞赛活动需要仔细地进行功能分区，以将噪声造成的危害降低到最小；另外，应考虑车辆的维修点、观众较为集中的观赏区等的布局。平时的训练基地通常安排在一些废弃的矿坑、荒弃的土包附近。

(5) 探秘游径。

探秘游径将游人领回到旧日时光，通常与历史古迹、考古遗址、传统农业（如葡萄园）和社会发展等地方相关。它们可以在城市，也可以在乡村；可以乘车前往，也可以骑车或步行到达。

(6) 适航水道。

在可航行的水道及运河上，可以开展游船、帆船、独木舟漂流等活动，这些活动需要沿岸陆地的配套设施和服务；在沿岸还可以开辟纤道，供游人步行或骑车。

(7) 雪地车道。

在加拿大和美国是很普遍的：一般是15～50英里（1英里≈1 609米）长、2～5米宽，弯道半径为7.5米。

11.7.4 水上游憩设施及定量标准

1. 自然泳浴区

在自然环境中的游泳可以在小溪、池塘和小湖中进行，这些活动可以独立进行，也可以和其他活动相结合，如划船等。现在，越来越多的水库、废弃的采石场和陶瓷厂的开挖基地也在逐渐发展成为游憩地。

自然泳浴区应注意以下几个问题：一是控制细菌数量；二是水面利用（包括分区）和使用密度的管理；三是限制游憩区附近的建筑和造成视觉污染的建设行为；四是严格控制来自船只、岸上活动、植物、藻类和蚊子等的污染。

为了集约利用，应该对滨水堤岸加以修整和加固，以减少来自自然或人为波浪的破坏和冲刷，同时还应该为游泳者、船只的启动和着陆提供码头。景观设计和树木栽培应起到遮挡、加强、排水的作用，因而应有不同的形式，同时还应起到加强人与自然接触的体验。自然泳浴区的使用密度和海滩游泳区的密度相当。在荷兰，一些旅游热点海滨泳浴区的使用密度已达到了每公顷6 000人(1.7平方千米/人)，这已大大超过规划目标。一般地，同时在水中泳浴的人数不超过在岸上人数的1/4，一般情况下应该更少一些。每天的周转率变化在1.5~3之间。

自然泳浴区设施通常包括：沙质或是卵石岸，附近有可供野餐和游戏的草坪；浮动平台，保障安全的漂浮线或是分界浮标；淋浴室、更衣室、救生服务。

2. 人工游泳池

人工游泳池是一个很重要的游憩设施，有时甚至会成为众多活动的焦点。在夏季，露天人工游泳池对于很多城市游憩者来说是很有吸引力的，同时也是大多数旅游区中比较独立的元素，而室内游泳池则在全年都有较高的使用率。为了保证池水的透明度和清洁卫生，人工游泳池应通过有水泵维持水的流动，并需对水质加以处理。在许多情况下，水温加热设施（或是在十分炎热地区的降温设施）也是必要的。人工游泳池可以分为三种类型：露天游泳池、室内运动游泳池和室内娱乐游泳池。

(1) 露天游泳池。

在气候温和的国家，露天游泳池的使用具有季节性，池水温度应保持在相对稳定的舒适水平。露天游泳池一般经过景观设计，周围铺设了硬质地面和草坪，草坪周围有由灌木或树木组成的树篱作为遮掩。有时在河滨或湖滨附近修建人工游泳池，目的在于为游客提供组合式的游泳条件，增加其选择的机会。露天游泳池的选址应接近公共交通服务设施，这一点是很重要的。设施在设计时应考虑更大范围的使用需要。

常见规范包括：水池本身面积为2 000平方米（适合游泳者、游泳生手、跳水者、儿童使用）；供休息和游戏的草坪面积为16 000平方米；建筑面积为2 000平方米（存衣柜、小吃店/咖啡吧、厕所、更衣室等）；总面积为20 000平方米，不包括停车场。上述露天游泳池在高峰期每天可供4 000人同时使用（平均每人为0.5平方米水域），每年可供14万~20万人次使用。

露天游泳池的标准与人们对它的需求有关。一般为每个城市居民有0.5~2平方米的游泳池面积。因此，上述一般标准对于一个有1万~4万人的社区比较合适，但可能会接纳更多游泳者。

(2) 室内运动游泳池。

室内运动游泳池可以全年开放，用于练习、训练和比赛，并可供当地学生上课使用。游泳池一般是长方形的，主池长度标准为16.6~50米(奥林匹克标准)。在大型的游泳中心，一般有两个或者三个游泳池(分别供游泳者、初学者和跳水者使用)，包括一个有观众看台的主比赛池。室内运动游泳池的深度也各不相同，可以通过改变可移动的池底来调节水深。室内游泳池需有外设中央机房、工程服务和更衣室等设备。室内游泳池的投资和运营成本都很高，而且使用人数有限。

(3) 室内娱乐游泳池。

面对公共运动型室内游泳池的困境，一些社区通过扩大室内运动游泳池的空间，成功地将其转换成室内娱乐游泳池(更大的人工海滩、适量的绿化、快餐店、桑拿、健身器材、乒乓球、台球、儿童泳池和水流按摩浴缸)，扩展了市场。这种类型的室内娱乐游泳池可以看作微型水上乐园。

更加特殊的情况是，可以运用商业性投资，将室内娱乐游泳池同其他具有较强经济可行性的娱乐项目相结合来综合开发(保龄球、健身中心、电影院、迪厅、酒吧和批发价商品店)，或是作为一个大型购物中心的吸引物。

3. 帆航活动和驾船活动

池塘或湖泊水面的游憩使用标准根据水域面积大小，以及所使用的船舶的类型不同而不同。

(1) 帆航游艇。

以轻型船体进行的竞赛型或游憩型帆航活动所需的最小水面为6公顷。但是，对于综合性帆航活动来讲，更大些的10~20公顷水面更加合适。水滨岸线应较为笔直，或者有较平缓的曲线。两岸或岸线与任何岛屿和浅滩之间的净宽要达到45米。用于航行的最小水深应为1.6米，最好是1.8米。对于较大型的带龙骨的游艇来讲，需要更多特殊条件。

(2) 摩托艇。

在开放水域上，摩托艇活动至少需要6公顷水面，大于10公顷更加合适。摩托艇行驶区域内应避免有杂草和碎石块，同时应和其他用途之间有明显的界线。摩托艇起锚和入港所需的条件和帆航游艇相似。对于比赛用的大型开放赛场，最小水面为2 000米×200米。为避免突发事件，防止撞击堤岸和减少波浪危险，在面积小于25公顷的水库、河流和运河上，禁止进行摩托艇和滑水运动。

(3) 风帆冲浪。

风帆冲浪是一种相对比较便宜而且受欢迎的运动，可以作为帆航活动的替代品。在风力条件较好的地点，至少需要20公顷(更大则更好)水面和0.5米或更深的水域。用于风帆冲浪的船体可以搬移到其他地方或是存放在适当的船架上。

(4) 滑水。

滑水运动的水域需要和其他水上活动区域隔离开，水域面积要求不少于10公顷，同时要有20米(最好是50米)的净宽，根据使用目的进行适当的分区。

(5) 小型手划船和脚踏船。

供小型船只使用的水道要浅并且要避免受到干扰。线路通常是不规则形状的，大约长700米，沿着岸线延伸，或环绕着岛屿，或是设计成蜿蜒曲折形以增加乐趣。

(6) 垂钓。

在许多国家，垂钓于河流、小溪和专门放养家鱼的池塘都是一种很受欢迎的运动方式。水面在0.5～2公顷的池塘，便于管理并适于家鱼放养。对于垂钓活动来说，进行分区管理以避免不必要的干扰是十分必要的。一般来说，垂钓活动被限制在岸的一侧，以便为鱼类留下较大的自由空间。可以通过发放许可证、规定特定的钓鱼期、制定特殊的垂钓条件等方法，进行垂钓活动的管理。如果垂钓区和野餐区相连，就要设置清洗鱼的设施(处理台、水龙头、有盖的垃圾桶等)。

(7) 内河游船游览。

内河游船游览是利用内陆水道(河流系统和运河网络)、通过游船租赁进行的一种巡游活动。内河游船游览最小场地要求是75米长、9米宽的水域。水道经常由水政部门管理，沿途会穿越一些水闸(用于控制水位及防洪)。游览线路上每隔一段距离就需要布置用以补充船上给养、为游客提供餐饮服务、娱乐设施的停靠码头。内河游船游览在世界上许多地方都已发展成为一种旅游产品。

(8) 遥控船模。

遥控船模活动场地要求有30米宽、200米长的池塘水面，也可以是圆形或其他自然形状的池塘水面。池塘岸线交通方便，并经砌岸和铺设路面处理。遥控船模活动区通常布局于公园或一般游憩区内。

(9) 潜水区。

潜水区是指在适合的地点，有供水下潜泳者使用的永久性的海滨设施，包括停靠船只的码头、防波堤，提供潜水装备的商店、俱乐部会所、更衣室和卫生间等设施，另外还有潜水技能培训、电信、救生/急救设施。重要旅游区还需备有减压舱及其他应急服务。

本 章 小 结

休闲规划的特点：①大规划定义大产业；②新思路定义新发展；③产品细分对应市场分层；④注重细节对应悠闲形式；⑤体系规划对应全面需求；⑥特色规划减缓同质化问题。

休闲规划的意义主要体现在四个方面：①统一认识；②凝聚力量；③树立形象；④拉动发展。

休闲规划的作用主要体现在两个方面：①休闲规划可以指导发展；②休闲规划可以引导市场。

休闲规划的基本要求：①科学性；②前瞻性；③可行性；④市场性。

休闲规划的主要类型：区域规划、产业规划、项目规划。

休闲规划的构成主要包括活动项目、环境和设施、服务、人员、资金五个方面。

休闲规划的主要机构大致可以分为四类：商业部门、公共部门、非政府部门、当地政府部门。

关键术语

休闲规划 (leisure planning)

休闲设施 (leisure facilities)

娱乐设施 (recreational facilities)

休闲标准 (the standard of leisure)

休闲活动 (leisure activities)

知识链接

1. [英] 曼纽尔·鲍德·博拉，弗雷德·劳森. 旅游与游憩规划设计手册 [M]. 唐子颖，吴必虎，等译. 北京：中国建筑工业出版社，2004.

2. [英] 乔治·托可尔岑. 休闲与游憩管理 [M]. 田里，董建新，曾萍，等译. 重庆：重庆大学出版社，2010.

课 后 习 题

一、多项选择题

1. 休闲规划的要求主要包括（　　）。
   A. 科学性　　　　B. 前瞻性　　　　C. 可行性　　　　D. 市场性
2. 休闲规划的机构主要包括（　　）。
   A. 商业部门　　　B. 公共部门　　　C. 非政府部门　　D. 当地政府部门
3. 休闲规划的构成主要包括（　　）。
   A. 活动项目　　　B. 环境和设施　　C. 服务　　　　　D. 人员　　　　　E. 经费
4. 休闲规划的类型主要有（　　）。
   A. 区域规划　　　B. 产业规划　　　C. 项目规划　　　D. 概念规划

二、思考题

1. 谈谈休闲规划的重要性。
2. 调查一下你所在学校休闲娱乐设施的规划是否合理，并提出改进意见。

三、案例分析题

三亚——国际休闲度假胜地

在三亚冬日的暖阳下,外国游客舒适地躺在银色沙滩上……一直以来,"在沙滩上晒太阳"被认为是外国游客在三亚最主要的度假休闲方式。而在外国游客的眼中,阳光下的"三亚度假"其实丰富多彩。

1. 理想国:原生态沙滩令人最放松

布莱恩特先生随 MyTravel 集团包机从英国飞来三亚度假,住在了亚龙湾边的家化万豪度假酒店。他曾到过南美、东南亚等许多国家度假,这些地方的海洋环境资源有太多人工雕饰的痕迹,度假人数也非常多。而在三亚,许多地方还保存着相对原生态的沙滩,这让他兴奋不已。他不住地感叹,这里充足的阳光更能给喜欢晒太阳的欧洲游客带来健康的体验,纯净的海水似乎源自天堂,银色沙滩简直能让每个人都心花怒放。沙滩排球、沙滩足球、游泳等各类项目让布莱恩特找到了最放松的快乐体验。布莱恩特激动地告诉记者,如果让他说出心目中的"理想国",三亚的滨海沙滩将是唯一选择,他渴望每年都来三亚度假。

2. 绿世界:暖阳下的激情挥杆

入冬以来,亚龙湾高尔夫球会场地一直在"满场"状态。在每天近 300 人次的接待量中,来自韩国、日本等国家的游客占了 60%。他们不远万里到三亚只有一个目的,即体验一下冬日暖阳下的激情挥杆。韩国游客金顺龙拿着一张地图,指着三亚的地理位置,兴奋地说:"在冰天雪地的韩国,如果你忍不住想挥几杆,那将是非常痛苦的忍受。当你转换思维,从首尔往南,经过几个小时的飞行后,你便来到三亚这个高尔夫球爱好者的天堂,这里太棒了。"每年冬季,三亚各大高尔夫球场地都供不应求。

3. 夜朦胧:近距离体验三亚韵味

每天晚上,在鸿洲埃德瑞酒店入住的帕克女士都会拿个小相机,来到三亚河两岸。当看到和自己同龄的中老年市民扭秧歌、跳集体舞时,她也忍不住加入进去,跳一跳,拍下精彩的瞬间。据一些国际旅行社工作人员介绍,来到三亚后,一些游客自己"开发"了很多体验游,这让他们感到很意外。很多游客喜欢登上游艇体验"夜游三亚"的别样风情。

4. 新天地:时尚网球无国界

刚刚开业两个多月的三亚丽源体育俱乐部天天都"门庭若市",每天 500 多人次的接待量令员工们忙得不亦乐乎。该俱乐部负责人说,韩国、俄罗斯、美国等国家的游客纷纷慕名来打网球、切磋球技等,这让他们倍感意外。韩国业余网球联合会的 20 多名会员日前特意飞抵三亚,为会员们寻找冬季基地。副会长金荣哲说,韩国已是冰天雪地,无法打网球,而三亚却是阳光明媚,让人羡慕不已。他说,没想到三亚的网球场地已经具备很高的国际水准,回国后一定鼓励更多的韩国人到三亚度假,打网球。

已在三亚定居的加拿大人罗伯特 (Robert) 说,在三亚,只有想不到的快乐方式,没有做不到的"三亚度假",每个人都会在这里找到快乐的源泉。

(资料来源:广东秋天的落叶.三亚丰富休闲设施和场所. http://my.tianya.cn[2012-05-29].)

根据上述材料,试分析下列问题:
(1) 是什么成就了三亚国际休闲度假胜地的美誉?
(2) 三亚的休闲规划是否合理?哪些方面可以进一步完善?

第12章 休闲政策

知识目标	技能目标
① 了解休闲政策的概念; ② 了解休闲政策的主体; ③ 掌握休闲政策的类型; ④ 理解休闲政策的作用; ⑤ 掌握休闲政策的发展趋势; ⑥ 了解《国民旅游休闲纲要》的相关内容; ⑦ 了解中国旅游日相关内容	① 熟悉休闲政策的类型; ② 分析休闲政策的作用; ③ 分析休闲政策的发展趋势; ④ 掌握《国民旅游休闲纲要》的相关内容; ⑤ 熟悉中国旅游日相关内容

《山东省国民休闲发展纲要》五大政策促进发展国民休闲

2011年7月25日,山东省政府第105次常务会议讨论通过了《山东省国民休闲发展纲要》(以下简称《纲要》)。为贯彻实施《纲要》,全面启动休闲活动,山东省政府决定在全省范围内组织开展"国民休闲汇活动",这是山东省大力推进国民休闲的一项重大战略举措。

《纲要》将实施以下五大政策促进发展国民休闲。

第一,培育国民休闲意识。破除传统观念束缚,倡导发展休闲产业就是发展生产力的现代国民休闲观,激发全民参与休闲的兴趣和热情。加强国民休闲教育,把国民休闲纳入素质教育的重要内容。

第二,加大休闲投入力度。制定实施国民休闲设施建设规划。加大金融支持力度,整合农林水、新农村建设、国土治理等专项资金,鼓励休闲经营主体拓宽筹资渠道,通过股份制改造、租赁经营、资产整合等多种方式,盘活国有休闲资产。

第三,实施休闲促进政策。全面开放公共休闲资源,努力实现各行各业公共休闲资源的公共化、社会化。原则上,凡是政府投资的休闲设施和产品都要免费开放。将国民休闲逐步纳入社会养老福利范畴,关注老年人、残疾人等特殊群体的休闲需求,鼓励企业安排福利休闲、奖励休闲。

第四,落实带薪休假制度。严格落实国务院《职工带薪年休假条例》,将职工带薪年休假的落实情况纳入同级文明单位考核、企业社会责任体系考核,确保职工带薪年休假制度落实到位。鼓励职工根据个人意愿,灵活安排年休假时间,实现与法定节日相连接,形成集中休闲时间。

第五,强化组织领导。各级要从全局战略高度认识国民休闲的重要地位和作用,将其切实提上重要议事日程,纳入经济社会发展总体规划,逐步建立休闲经济统计核算与考核体系。建立部门协调联动机制,把落实情况和工作成效纳入各级各部门的绩效考核。

(资料来源:《山东省国民休闲发展纲要》五大政策促进发展国民休闲.齐鲁网,2011-07-29.)

思考:

(1)《山东省国民休闲发展纲要》在哪些方面促进了休闲的发展?

(2) 山东省出台了哪些政策确保《山东省国民休闲发展纲要》的实施?

休闲是人的一项基本权利。但是,休闲权利的真正实现需要一系列休闲政策予以保障;休闲产业的有序发展也需要一系列休闲政策的扶持和引导。因而,对休闲政策的研究是必要的,也是迫切的。

12.1　休闲政策的概念

"政策"一词是从 1970 年开始流行的。政策是指国家政权机关、政党组织和其他社会政治集团为了实现自己所代表的阶级、阶层的利益与意志,以权威形式标准化地规定在一定的历史时期内,应该达到的奋斗目标、遵循的行动原则、完成的明确任务、实行的工作方式、采取的一般步骤和具体措施。政策的实质是阶级利益的观念化、主体化、实践化反映。

一般情况下,我们可以在一般政策的框架中规定和理解休闲政策,即把上述政策概念引申到休闲政策中,根据休闲政策的目标、达到该目标的手段和方法、影响手段和目标的休闲环境等因素,来定义休闲政策的概念。学术界从这一角度定义休闲政策的概念主要有两种:一种观点认为,休闲政策是组织体采取的各种休闲对策的总体,是政府活动总体的一个方面;另一种观点认为,休闲政策是主体为了追求关于休闲的政策目的,所采取的社会、经济行为,即为了解决休闲问题而采取的行动。

然而,从休闲追求目标的性质和范围看,休闲政策应该具有独特的属性。特别是由于各国历史、文化、政治背景和环境的不同,休闲政策存在显著的差异,而且休闲政策与劳动政策、体育政策、福利政策、家庭政策、文化政策等也有显著差别。休闲政策的实施,必须以国家财政、劳动时间、劳动福利政策、国民生活水平等的提高为前提。

综上所述,我们可以把休闲政策定义为一种计划,是政府机关规划和决定的关于国民休闲的行动指南,休闲政策的目标是通过休闲活动提高国民生活质量,并为此建立健全相应的社会体系和按一定的程序运作的组织。此外,为了综合调整和推进休闲行政,休闲政策还应指出其相应的业务范围和方向。

12.2　休闲政策的主体

12.2.1　公共部门

公共部门主要是指政府机关,包括中央政府和地方政府等,执行休闲政策的研究、制定、普及、指导工作,并对民间团体提供援助和展开合作。执行休闲政策所需的资金来自国家预算、基金、特种税(包括目的税、彩票、手续费、使用费)等。公共部门的主要休闲业务如下。

(1) 制定休闲政策。例如,对建立休闲设施和空间的休闲政策进行调查研究。

(2) 使对休闲部门的投资和支援与其他部门保持协调;维持公益行为和商业行为之间的协调,排除过分的商业活动;为休闲部门的发展培养专门人才,开发投资支援项目等。

(3) 普及国民休闲文化,改善文化生活,提高国民生活质量。例如,开发所有公民都可以参与的娱憩项目,普及有益身心健康的娱憩活动,使之生活化;在学校进行娱憩教育,强调伦理、标准化业务,培养专门人才,扩大娱憩机会及空间等。

12.2.2 公共团体

公共团体包括半官半民性质的学校、社区、教养院、国家公园、医院等。其主要工作包括宣传健康的休闲生活，开发娱憩项目，举办各种休闲活动，经营娱憩中心和设施，举行地区居民参加的庆祝活动、体育运动会等。具体业务如下。

(1) 指导职员、会员、居民的健康休闲项目和活动，雇用娱憩指导人员提供服务。

(2) 设立休闲活动专管部门及专职职员，以促进员工和睦，以及保持明快的氛围、健康的生活、良好的情绪，最终提高生产效率。

(3) 经营与援助体育、娱憩、教养、兴趣活动等各种业余活动。

12.2.3 民间组织

民间组织包括宗教团体、社会福利团体、友好协会、劳动组织、专门机构等，主要从事非营利活动，其主要业务包括娱憩活动咨询、健康娱憩项目的普及、休闲研究、健康休闲活动、健康休闲宣传，以及娱憩指导员教育、培训等。

12.3 休闲政策的类型

休闲政策大体上可以分为户外游憩政策、运动政策、艺术和娱乐政策、旅游政策、针对特殊人群的休闲政策、休闲服务业的人力资源管理政策六大类型。

12.3.1 户外游憩政策

户外游憩包括了所有那些以自然和休闲为出发点，但不一定是竞赛性或有组织的活动，典型的例子，如走路、访问国家公园和乡村公园、森林、海岸、乡村的娱乐性活动、非竞赛式的骑车和一些以水为基础的游憩活动，也包括参观农村和其他吸引物。户外游憩政策包括资源政策、旅游和野生生物政策、海岸游憩政策、海港游憩功能开发政策、森林游憩政策、乡村游憩政策六个方面。

12.3.2 运动政策

运动可以被定义为"竞争性或挑战性的、生理的、有玩耍意义的活动，它形式多样，范围从以非正式的个体、家庭或社区为基础的活动到高度竞争性的商业化的具有世界影响的现象"。1975年，英国《运动和游憩白皮书》认为参与运动能促进国民健康，因此通过政策手段提高国民身体素质也是政府的重要职责之一。政府应该提供运动方面的社会福利，主要途径包括资助消费者、资助商业领域和志愿者领域的供应者，或者直接以比私人生产者更低的价格供应产品。资助的另一个目的是实现运动产品、资源和运动机会的更公平的分配。政府有时还直接提供部分大型公共体育馆等公共产品的建设和服务，以弥补市场的不足。另外，政府还通过制订国家和地区运动计划来促进学校运动与休闲教育的发展。

12.3.3 艺术和娱乐政策

发达国家在艺术和娱乐政策上采取了参与部分艺术和娱乐设施的直接供应、资助商业及志愿者机构提供艺术和娱乐供应等形式，以市场化为主导，促进了艺术和娱乐产业的发展。有的国家还把以发展艺术和娱乐为主的文化产业作为政府的发展战略来实施。例如，美国正是依靠其出色的市场经济体制和产业集聚政策，成功实现了好莱坞电影产品向全球市场的扩张。

案例分析 12.1

文化部：五项举措全面推动文化娱乐行业转型升级

2016 年 9 月 18 日，文化部印发了《关于推动文化娱乐行业转型升级的意见》。针对内容低俗等问题，意见提出要加强文化娱乐行业内容建设；针对经营模式落后、业态单一，提出鼓励娱乐场所丰富经营业态，发展连锁经营。

文化部相关部门负责人表示，歌舞娱乐和游戏游艺等传统文化娱乐行业经营模式陈旧、产品类型单一、消费人群狭窄、管理和服务水平不高等问题长期存在，违法违规行为时有发生，不仅导致行业形象和社会评价不佳，也严重影响和制约了行业发展。

意见针对影响和制约行业发展的主要问题，对行业转型升级的具体内容做出引导。

(1) 针对内容低俗等问题，提出要加强文化娱乐行业内容建设，鼓励企业创作生产更多传播当代中国价值观念、体现中华文化精神、反映中国人审美追求的优秀文化娱乐产品。

(2) 针对游戏游艺设备和产品类型单一、品质不高，提出鼓励生产企业研发生产内容优良、技术先进的新产品和新设备。

(3) 针对经营模式落后、业态单一，提出鼓励娱乐场所丰富经营业态，发展连锁经营，并给予相应的扶持。

(4) 针对行业形象不佳等，提出支持中国文化娱乐行业协会开展游戏游艺竞技赛事活动，以竞技比赛带动游戏游艺产品的研发推广、经营业态的转变和行业形象的提升。同时，鼓励娱乐场所开展公共服务，扩大消费人群，提升正面形象。

(5) 针对行业存在的违规问题，划出行业红线，要求强化行业自律，加强内容把关，并通过环境服务评级，实施分级分类监管。

(资料来源：周玮. 文化部：五项举措全面推动文化娱乐行业转型升级 [N]. 人民日报，2016-09-22.)

12.3.4 旅游政策

旅游政策涉及海滨旅游政策、生态旅游政策、文化旅游政策、乡村旅游政策、国际旅游政策等几种类型。旅游政策包含两个有一定矛盾的目标：一是使旅游目的地的游客数量和花费最大化；二是游客对旅游目的地环境的冲击最小化。以美国为例，1981年美国《国家旅游政策法案》(以下简称《法案》)规定国家商务部有推动美国旅游、减少旅游障碍、便利国际旅行的职责。《法案》第2123条款还授权美国商务部长与外国政府就旅行和旅游事务进行磋商，在外国建立官方旅游办事机构。《法案》规定商务部下设旅行和旅游部(Office of Travel and Tourism Industries)，负责旅游具体工作。这个专业旅游管理机构已经和多个国家签订了旅游协定。协定内容主要包括减少旅行限制、便利双方旅游、建立官方旅游推广机构、信息和统计资料互换等。

12.3.5 针对特殊人群的休闲政策

针对特殊人群的休闲政策涉及妇女、少数民族、残疾人、小孩、老年人等。以前，关于对残疾人休闲和旅游服务的提供往往被看作政府福利的一部分，而现在开始综合考虑残疾人的权利和市场力量。很多国家通过立法来保障残疾人的休闲权利得以实现。例如，英国1995年通过《残疾人歧视法案》为残疾人的休闲和其他权利的拥有制定了指南。政府在制定休闲政策时应充分考虑特殊人群的特点，以"正确的时间、正确的地方和正确的价格"为他们提供休闲服务。

案例分析 12.2

河南落实残疾人景区旅游免门票政策

2012年9月18日，河南省人大常委会、省残联在郑州举行新闻发布会，对《河南省实施〈中华人民共和国残疾人保障法〉办法》(以下简称《办法》)进行了详细解读。

1. 解读：残疾人持证一路"畅通"

《办法》规定，残疾人持残疾人证进入旅游景区旅游的，免收门票，视力、智力残疾人和一级、二级肢体残疾人的一名陪护人员免收门票。影剧院等娱乐场所在国家法定节日、全国助残日、国际残疾人日也应对残疾人免费开放。

持残疾人证的残疾人还能免费乘坐城市市区公共交通工具，并且准予免费携带随身必备的辅助器具或导盲犬。公共停车场应当设置残疾人专用停车位，并免收停车费用。此外，《办法》还在教育、就业、社会保障等多个方面对保障残疾人的权益进行了规定。

2. 落实：经费要列入地方财政预算

为确保《办法》顺利实施，《办法》已经比较明确地规定了各级政府及有关部门的职责：县级以上人民政府负责残疾人工作的机构，协调、督促、检查《中华人民共和国残疾人保障法》和本《办法》的贯彻实施。其中还专门提出，各级人民政府应建立稳定的经费保障机制，经费列入本级财政预算。

3. 提醒："享受"福利"须凭残疾人证

目前，河南省共有 707 万残疾人，占全省总人数的 7.2%，但持有残疾人证的只有 130 多万人。然而，《办法》中很多优惠措施，都须凭残疾人证才能享受。

残疾人证的办理采取"应办尽办、自愿办理"的原则，残疾人需要先去医疗卫生单位做残疾鉴定，符合条件的残疾人携带有效证件去县（区）级残联办理。

（资料来源：周玉荣. 河南落实残疾人景区旅游免门票政策须凭残疾证. 大河网 [2012-09-19].）

12.3.6　休闲服务业的人力资源管理政策

由于游憩、公园和服务业领域十分分散，因此讨论具体的各个领域的人力资源政策十分困难。以美国为例，美国并没有制定专门的为休闲服务业准备的人力资源管理政策和法规，有关人力资源方面的政策更多的是通过国家综合性法令指定通用标准，以及关于退休、就业者福利等有关法令。

12.4　休闲政策的作用

良好的休闲生活离不开休闲政策的引导，休闲政策可以在以下几个方面发挥支持和引导作用。

1. 保障和维护休闲权利

在经济全球化和世界一体化背景下，世界各国政府均在着力促进经济发展和解决民生问题。人类社会经过数千年的演进，也在向提高生活质量、坚持以人为本、促进和谐发展的方向迈进。其中，休闲已经成为一种重要的生活方式和基本的生活权利，丰富多彩的休闲产品和高质量的休闲服务成为社会发展程度和社会进步的重要内容。政府通过制定宏观和具体的休闲政策以保证人们得到基本的休闲娱乐机会，人人有享受休息和闲暇的权利，包括工作时间有合理限制和定期带薪休假的权利。休闲政策还可以引导国家确立基本的休闲理念，推进带薪休假的落实，保障居民的休闲权利。

2. 开发和保护休闲资源

休闲活动是以一定的休闲资源为基础的。随着休闲活动的增加，必然导致休闲资源的过度开发，很多自然和文化资源得不到应有的保护。国家通过制定相应的政策，如遗产资源的分级保护政策、休闲产业发展和规划政策等，来引导休闲资源的开发和休闲项目的设置，进而保护休闲资源，满足高质量的、可持续的休闲需求。

3. 调节和配置休闲设施

休闲是一个涉及经济、文化和教育等社会各方面的现象，一个国家发展休闲文化生活，必须要制定相应的休闲政策来加以规划。政府可以通过制定休闲发展的法律政策，调节和配置休闲设施，使休闲的发展更加均衡、可持续；规范人们的休闲内容，对人们的休闲文化生活加以限定和导引，避免各种"伪休闲"行为肆虐；创建健康良好的休闲环境和休闲氛围，达到自然环境的美化、各项公共设施的健全、文化环境和社会环境的和谐，促进家庭环境、工作环境和社区环境都朝向休闲化方向发展。

4. 引导和发展休闲产业

休闲产业的健康发展离不开政府的指导、培育和引导，凡是休闲产业发达的国家，休闲产业必将有舆论、政策方面的大力支持。政府通过制定休闲产业政策和国家休闲发展战略规划，从国家战略高度积极推动、引导休闲产业的发展。例如，通过设立休闲发展基金，加大扶持公共性的文化娱乐休闲设施的建设；放宽准入条件，鼓励企业、民间资本及外资介入休闲产业的发展，吸引各种资金，特别是民间资本，投资兴建不同档次的休闲设施和项目，满足本国公民和国外游客的需要。通过制定相应的政策，强化国家旅游、文化娱乐、体育、保健等相关产业部门的沟通与协作，建立产业部门间联动合作机制，促进休闲文化生活健康发展。

案例分析 12.3

发展休闲农业　政策利好众多

1. 国家定基调：搞大休闲农业

休闲农业是重要的民生产业和新型消费业态，具有促进农民增收、带动餐饮住宿、农产品加工、交通运输、建筑和文化等关联产业发展，延伸农业产业链等多种功能，是新常态之下农村经济增长的潜力所在。农村改革与土地流转的持续推进，有利于发展规模化、专业化的休闲农业产业链。具体而言，具备农业地理标志与优质旅游资源的区域将受益最大。

据悉，休闲农业是现代农业的新型产业形态、现代旅游的新型消费业态，为农林牧渔等多领域带来了新的增长点。"十三五"时期，随着城乡居民生活水平的提高、闲暇时间的增多和消费需求的升级，休闲农业仍有旺盛的需求，仍将处于黄金发展期。

2016年9月2日，农业部印发《关于大力发展休闲农业的指导意见》提出，到2020年，产业规模进一步扩大，接待人次达33亿，营业收入超过7 000亿元人民币。

2. 休闲农业已经逆天：拦不住

近年来，全国休闲农业和乡村旅游蓬勃发展。2016年全国休闲农业和乡村旅游接待游客近21亿人次，营业收入超过5 700亿元人民币，同比增长30%。《中国休闲农业和乡村旅游发展研究报告(2016年度)》显示，全国休闲农业和乡村旅游上规模的经营主体达30.57万个，比上年增加近4万个，整个行业快速发展。2016年国庆黄金周期间，全国休闲农业和乡村旅游游客接待量占同期旅游人次的69%，休闲农业和乡村旅游越来越成为市民出行旅游的首选。

当前，随着中国城乡居民收入水平进一步提高，消费观念转变和带薪休假制度的逐步落实，加之城乡一体化进程不断加快，休闲农业和乡村旅游发展面临难得的历史机遇。我们必须抓住历史机遇，全力开创休闲农业和乡村旅游发展的新局面。

3. 政策信号：休闲农业将迎来前所未有的发展机遇！

早在2015年9月，我国休闲农业的发展就获得了众多政策支持，将以用地政策、财税政策、金融政策和公共服务作为突破点，拓展农业功能、推动休闲农业发展。中国农业部有关负责人表示，用地政策将成为推动休闲农业发展的突破性政策。

2017年中央一号文件中，涉及大力发展乡村休闲旅游产业的内容引人瞩目，对休闲农业、乡村旅游的经营者明显利好。原文如下：

➢ 充分发挥乡村各类物质与非物质资源富集的独特优势，利用"旅游+""生态+"等模式，推进农业、林业与旅游、教育、文化、康养等产业深度融合。

➢ 丰富乡村旅游业态和产品，打造各类主题乡村旅游目的地和精品线路，发展富有乡村特色的民宿和养生养老基地。

➢ 鼓励农村集体经济组织创办乡村旅游合作社，或与社会资本联办乡村旅游企业。

➢ 多渠道筹集建设资金，大力改善休闲农业、乡村旅游、森林康养公共服务设施条件，在重点村优先实现宽带全覆盖。

在国家政策的指引下，各地纷纷出台落实措施，安徽、山西等省已相继出台了推动休闲农业发展意见，大部分省还编制了休闲农业的"十三五"发展规划。湖北、山东、广东、四川、新疆等地都安排了专项财政资金支持休闲农业发展。

4. 农业部喊你来干休闲农业

农业部部长韩长赋强调，发展休闲农业要鼓励资本下乡，但更要保证农民利益。"搞休闲农业和乡村旅游离不开资本、人才、管理等，我们要鼓励资本下乡、人才返乡，共同做大做强这一产业。但是，农家乐不能光让老板乐，关键还得让农民乐，资本下乡要带动老乡，不能代替老乡，更不能剥夺老乡。"

韩长赋表示，下一步，农业部将创新完善利益联结机制，通过采用合作社、入股等方式，让广大农民平等参与，就地就近实现就业增收，共享发展成果。要帮助农民做好规划布局和策划设计，加大基础设施建设支持力度，扶持发展一批休闲农业特色村、专业园和合作社。

5. 国家、地方政府推进返乡农民创业

农业部总农艺师孙中华指出，现代农业发展方向是一、二、三产业融合，重点是发展农产品加工业为代表的第二产业，增长点是休闲农业、乡村旅游、电子商务为代表的第三产业，亮点是农民工返乡创业创新。要积极支持和鼓励农民工返乡创业创新，激发他们创业创新热情，为现代农业发展增添内生动力。

同时，2017年国务院政府工作报告指出：支持农民工返乡创业，鼓励高校毕业生、退役军人、科技人员到农村施展才华。

针对目前返乡农民工的家庭资产积累较少、资金有限的问题，河南省出台《关于支持农民工返乡创业的实施意见》从财政政策激励、定向减税和普遍性降费、提供创业场地支持、加大金融支持力度等方面，提出了一系列举措。

> **6. 休闲农业五大发展趋势**
>
> 趋势一：农业多产化。城市居民休闲，形成了乡村旅游的核心结构，包括观光采摘农业、大棚生态餐厅、农家乐、农家大院、民俗村、垂钓鲜食等，带动了观赏经济作物种植、蔬菜瓜果消费、家禽家畜消费、餐饮住宿接待、民俗文化消费的全面发展，同时把第三产业引入农村。
>
> 趋势二：农村景区化。用景观的概念建设农村，用旅游的理念经营农业，用人才的观念培育农民，将乡村装点成旅游度假腹地；乡村民居成为观光体验产品，乡村民居与本地资源及文化特色相结合，形成产业型、环保型、生态型、文化型、现代型发展思路。
>
> 趋势三：农民多业化。乡村旅游的发展可以使农民以旅游为主业、种植为副业；农民的身份可以从务农转变成农商并举，农户可以独立经营，也可以形成私营企业；吸引农民大力发展观光农业、生态农业、精品农业。
>
> 趋势四：资源产品化。把农村的生产、生活资料转换成具有观光、体验、休闲价值的旅游产品，并且在一定区域内要差异化发展。具体有田园农业旅游、民俗风情旅游、农家乐旅游、村落乡镇旅游、休闲度假旅游、科普教育旅游等模式。
>
> 趋势五：经营社群化。其实，休闲农业就是一个大大的社群：把具有相同属性的人聚集到一起。不管是健康休闲、农产品采摘、农家乐还是乡村旅游、亲子活动，都应该社群化。
>
> （资料来源：陈立耀.2017休闲农业又要火了！政策、资本、人都来了.农业行业观察，2017-04-11.）

12.5 休闲政策的发展趋势

在各国出台的休闲政策中，既有休闲发展的指导方针、总体原则，也有产业发展政策、就业政策、休闲管理政策、配套与保障政策等。为了适应休闲经济的飞速发展，各国的休闲政策必将做出相应的调整，并将发生根本性的变革。休闲政策将呈现以下发展趋势。

(1) 休闲政策将更多地反映环境、社会和经济改革的需要，而不仅仅是被动地满足需求。政府必须刻不容缓地考虑一些问题，如短期利益对自然资源的破坏，休闲体验与社会问题、环境问题的关系，个人权利与公共利益之间的冲突，文化延续与经济承受力之间的冲突等，并提出相应的切实可行的改革措施。

(2) 休闲政策将包含多重目标。一方面，它激励各种组织向高收入者提供休闲服务；而另一方面，它要参与到对如下事务的改革日程之中：个人对维持自身健康的责任、工作技能与休闲技能之间的关系、保持更多自然原貌的生态需要、创造低消耗的生活和休闲模式等。也就是说，休闲政策也要对弱势群体的休闲需要予以兼顾。在很大程度上，休闲政策将在社会上采取这样的策略：用来自高收入的休闲参与者中的资金向低收入的休闲参与者提供服务。

(3) 休闲服务部门在行使职能时与政府其他服务部门的关系将更为紧密。在许多政府服务部门中将有越来越多的休闲成分,休闲服务在某种程度上也将在整个政府中展开。这意味着,休闲政策将成为政府的一项基本政策。

(4) 休闲政策将更加注重预防性。与其在事情显露苗头之后再着手解决,不如加强预防,使之消弭于无形,这在经济、道德和生理上都具有更大的意义。

(5) 休闲政策将越来越多地响应可持续社会发展的趋势。从全球范围看,北美的休闲模式和对休闲文化的利用已经成为全世界的榜样。许多发展中国家被北美这种高度消费的生活方式所吸引。这种生活方式的诱人之处在于及时享乐、自我的满足及档次不断提高的商品和服务消费。许多发展中国家由于试图追随北美这种模式而造成了资源的浪费和环境的破坏,因而北美的休闲政策和其他相关政策应该重新向可持续发展模式靠拢,应该重新调整其对休闲的利用方式和生活方式。

12.6 国民旅游休闲纲要

为满足人民群众日益增长的旅游休闲需求,促进旅游休闲产业健康发展,推进具有中国特色的国民旅游休闲体系建设,根据国务院《关于加快发展旅游业的意见》(国发〔2009〕41号),2013年2月2日国务院办公厅印发了《国民旅游休闲纲要(2013—2020年)》。根据《纲要》,到2020年,职工带薪年休假制度基本得到落实,城乡居民旅游休闲消费水平大幅增长,健康、文明、环保的旅游休闲理念成为全社会的共识,国民旅游休闲质量显著提高,与小康社会相适应的现代国民旅游休闲体系基本建成。《纲要》主要包括以下内容。

12.6.1 保障国民旅游休闲时间

落实《职工带薪年休假条例》,鼓励机关、团体、企事业单位引导职工灵活安排全年休假时间,完善针对民办非企业单位、有雇工的个体工商户等单位的职工的休假保障措施。加强带薪年休假落实情况的监督检查,加强职工休息权益方面的法律援助。在放假时间总量不变的情况下,高等学校可结合实际调整寒、暑假时间,地方政府可以探索安排中小学放春假或秋假。

12.6.2 改善国民旅游休闲环境

稳步推进公共博物馆、纪念馆和爱国主义教育示范基地免费开放。城市休闲公园应限时免费开放。稳定城市休闲公园等游览景区、景点门票价格,并逐步实行低票价。落实对未成年人、高校学生、教师、老年人、现役军人、残疾人等群体实行减免门票等优惠政策。鼓励设立公众免费开放日。逐步推行中小学生研学旅行。各地要将旅游交通运输纳入当地公共交通系统,提高旅游客运质量。鼓励企业将安排职工旅游休闲作为奖励和福利措施,鼓励旅游企业采取灵活多样的方式给予旅游者优惠。

12.6.3　推进国民旅游休闲基础设施建设

加强城市休闲公园、休闲街区、环城游憩带、特色旅游村镇建设，营造居民休闲空间。发展家庭旅馆和面向老年人、青年学生的经济型酒店，支持汽车旅馆、自驾车房车营地、邮轮游艇码头等旅游休闲基础设施建设。加强公园绿地等公共休闲场所保护，对挤占公共旅游休闲资源的应限期整改。加快公共场所无障碍设施建设，逐步完善街区、景区等场所语音提示、盲文提示等无障碍信息服务。

12.6.4　加强国民旅游休闲产品开发与活动组织

鼓励开展城市周边乡村度假，积极发展自行车旅游、自驾车旅游、体育健身旅游、医疗养生旅游、温泉冰雪旅游、邮轮游艇旅游等旅游休闲产品，弘扬优秀传统文化。大力发展红色旅游，提高红色旅游经典景区和精品线路的吸引力和影响力。开发适合老年人、妇女、儿童、残疾人等不同人群需要的旅游休闲产品，开发农村居民喜闻乐见的都市休闲、城市观光、文化演艺、科普教育等旅游休闲项目，开发旅游演艺、康体健身、休闲购物等旅游休闲消费产品，满足广大群众个性化旅游需求。鼓励学校组织学生进行寓教于游的课外实践活动，健全学校旅游责任保险制度。加强旅游休闲的基础理论、产品开发和产业发展等方面的研究，加大旅游设施设备的研发力度，提升旅游休闲产品的科技含量。

12.6.5　完善国民旅游休闲公共服务

加强旅游休闲服务信息披露和旅游休闲目的地安全风险信息提示，加强旅游咨询公共网站建设，推进机场、火车站、汽车站、码头、高速公路服务区、商业集中区等公共场所旅游咨询中心建设，完善旅游服务热线功能，逐步形成方便实用的旅游信息服务体系。完善道路标识系统，健全铁路、公路、水路、民航等的旅游交通服务功能，提升旅游交通服务保障水平。加强旅游休闲的安全、卫生等保障工作，加强突发事件应急处置能力建设，健全旅游安全救援体系。加强培训，提高景区等场所工作人员、服务人员和志愿者无障碍服务技能。创新人才培养模式，提高旅游休闲高等教育、职业教育质量，加快旅游休闲各类紧缺人才培养。

12.6.6　提升国民旅游休闲服务质量

制定旅游休闲服务规范和质量标准，健全旅游休闲活动的安全、秩序和质量的监管体系，完善国民旅游休闲质量保障体系。倡导诚信旅游经营，加强行业自律。加强跨行业、跨地区、多渠道的沟通和协调，打击欺客宰客、价格欺诈等严重侵害消费者权益的违法行为。发挥社会监督和舆论监督作用，畅通旅游休闲投诉渠道，建立公正、高效的投诉处理机制。依法维护经营者和消费者的合法权益，维护公平竞争的旅游休闲市场环境。

12.7 地方政府的旅游休闲政策

2007年9月,国家旅游局首次公开提出"鼓励有条件的地区制订国民旅游计划"。同年,国家旅游局在向国务院汇报"十一"黄金周旅游情况时,建议国家层面研究编制该计划,提出一方面推动粤、鲁、苏、浙等个别省份先行先试,另一方面谋求和推动尽快在国家层面立项编制。

2008年下半年,呼啸而来的金融危机加速了国民休闲计划的制订。受金融危机冲击最大的广东省,于2009年2月21日正式启动《广东省国民旅游休闲计划》,目的之一即拉动内需,应对金融危机。

事实上,浙江是继广东之后第二个起草《纲要》的省份,《浙江省公民旅游休闲发展纲要》早已于2009年上报省政府审议,但迟迟没有正式公布。2009年3月18日,江西省旅游工作领导小组发布了《江西省居民休闲旅游三年行动计划》,成为紧步广东后尘的又一先行者。2011年7月31日,《山东省国民休闲发展纲要》在济南发布,这是我国首个以"纲要"形式颁布实施的全民休闲促进性文件。2013年11月13日,江苏省人民政府办公厅发布了《江苏省国民休闲纲要(2013—2020年)》。还有一些省市虽无成形方案推出,但都在积极酝酿之中。近年来,在国家旅游局的倡导和先行省份的带动下,全国范围内推行"国民旅游休闲计划"的氛围渐浓,从理论到实践,从试点到推进,从起步到加速,都取得了较大进展。

综观各省国民旅游休闲计划,虽然具体做法各不相同,但仍有很多共同点。在对象上,涉及全民,除了推动公务员、企事业单位职工、中小学生参与旅游休闲外,也致力于促进"农民生产生活方式的改善"。在制度上,多省政府专门成立了工作领导小组,涉及发改委、文化、体育等多个部门。例如,广东成立了联席会议制度,江西也成立了居民旅游休闲行动组委会,成员包括二十多个单位。在措施上,多是围绕落实带薪休假制度、发行旅游消费券、增加免费景点,以及鼓励乡村旅游、银发旅游、修学旅游等。各省之所以要实施国民旅游休闲计划,一个很重要的原因是激活休闲市场,促进经济发展,这使各省落实带薪休假制度的动力更强。

12.8 中国旅游日

中国旅游日,5月19日。该节日是国务院于2011年批准的非法定节假日。该节日起源于2001年5月19日,浙江宁海人麻绍勤以"宁海徐霞客旅游俱乐部"的名义,向社会发出设立《中国旅游日》的倡议,建议《徐霞客游记》开篇之日(5月19日)定名为中国旅游日。2009年12月1日,国务院下发了《关于加快发展旅游业的意见》,提出了要设立"中国旅游日"的要求。2009年12月4日,国家旅游局正式启动了设立"中国旅游日"的相关工作。2011年3月30日,国务院常务会议通过决议,自2011年起,每年5月19日为"中国旅游日"。

根据《关于征集"中国旅游日"日期方案的公告》,设立"中国旅游日"旨在强化旅游宣传，培养国民旅游休闲意识，鼓励人民群众广泛参与旅游活动，提升国民生活质量，推动旅游业发展。旅游日具体日期的选定，体现了下列原则：与旅游有一定的纪念、宣传等关联意义；时间上适于全民外出旅游休闲；有利于加强国民的旅游意识，发挥旅游的教育功能。

知识链接 12.1

中国旅游日的标志

标志的主体创意造型来源于甲骨文的"旅"字及传统的印鉴艺术。甲骨文"旅"字的变形与方形的印鉴外轮廓，凸显了中国传统文化与现代旅游发展"根"与"植"的关系，为"中国旅游日"注入了更加鲜明的文化色彩，在延续传承了中国传统文化精髓的同时，创造了新的视觉意象，符合现代人日益发展的审美需求，体现了社会文明的不断进步。变形的"旅"字形象地描绘出一幅欣欣向荣的旅游场景：一面旗帜引领下的一队游人正秩序井然、兴致勃勃地游走于美妙的旅途中。这凸显了"中国旅游日"的主旨与核心，引导鼓励民众积极参与旅游，体现了"中国旅游日"的号召力、影响力。同时，变形的甲骨文"旅"字暗含了"5·19"这组数字，进一步强调了"中国旅游日"的日期，让"中国旅游日"更加深入人心。

蓝、绿颜色的运用，不仅色彩鲜明，视觉冲击力强，而且渐变的过渡处理让两个主体色彩自然融合，和谐大气。蓝色代表天空，绿色代表自然，象征着中国旅游蓬勃发展的朝气和生命力，以及中国旅游所倡导的绿色、环保、和谐、文明发展的主旨和理念。同时，变形的"旅"字演化的游人们行走在蓝天绿地中，也体现了中国人自古追求的天人合一、人与自然和谐共生的人生境界，在注重环保与和谐的今天，显得尤为珍贵。

标注字体上采用了中国传统隶书的"中国旅游日"及英文 Arial 体"China Tourism Day"，在凸显"中国旅游日"源于中国传统文化内涵的同时，也彰显了中国旅游的国际化视野与现代发展理念。

整个标志造型稳重，创意巧妙，色彩明快，旅游主题鲜明，具有浓厚的文化韵味和鲜明的感召力。

本 章 小 结

休闲政策是一种计划，是政府机关规划和决定的关于国民休闲的行动指南，休闲政策的目标是通过休闲活动提高国民生活质量，并为此建立相应健全的社会体系和按一定的程序运作的组织。

休闲政策的主体包括公共部门、公共团体和民间组织。

休闲政策大体上可以分为户外游憩政策、运动政策、艺术和娱乐政策、旅游政策、针对特殊人群的休闲政策、休闲服务业的人力资源管理政策这六大类型。

休闲政策的作用包括保障和维护休闲权利、开发和保护休闲资源、调节和配置休闲设施、引导和发展休闲产业。

休闲政策的发展趋势：休闲政策将更多地反映环境、社会和经济改革的需要，而不仅仅是被动地满足需求；休闲政策将包含多重目标；休闲服务部门在行使职能时与政府其他服务部门的关系将更为紧密；休闲政策将更加注重预防性；休闲政策将越来越多地响应可持续社会发展的趋势。

《国民旅游休闲纲要》主体内容包括：保障国民旅游休闲时间、改善国民旅游休闲环境、推进国民旅游休闲基础设施建设、加强国民旅游休闲产品开发与活动组织、完善国民旅游休闲公共服务、提升国民旅游休闲服务质量。

中国旅游日是 5 月 19 日。

关键术语

休闲政策 (leisure policy)

国民旅游休闲纲要 (National platform for tourism and leisure)

中国旅游日 (China Tourism Day)

知识链接

1. [韩] 孙海植，安永冕，曹明焕，等. 休闲学 [M]. 朴松爱，李仲广，译. 大连：东北财经大学出版社，2005.

2. [澳] 维尔. 休闲和旅游供给：政策与规划 [M]. 李天元，徐虹，译. 北京：中国旅游出版社，2010.

3. [英] 亨利. 休闲政策政治学 [M]. 徐菊凤，陈愉秉，潘悦然，译. 北京：中国旅游出版社，2010.

课 后 习 题

一、单项选择题

1. 中国旅游日是国务院于 2011 年批准的非法定节假日，该节日是（　　）。
   A. 3 月 29 日　　　　B. 5 月 19 日　　　　C. 12 月 26 日　　　　D. 9 月 27 日

2. 中国旅游日确定的依据在于（　　）。
   A.《徐霞客游记》开篇日　　　　B. 徐霞客首次出游日
   C. 毛泽东出生之日　　　　　　D. 世界旅游日

3. 下列（　　）文件提出要"制定国民旅游休闲纲要"。
   A. 国务院《关于加快发展旅游业的意见》
   B. 国家旅游局《关于进一步促进旅游业发展的意见》
   C. 国务院《关于进一步加快旅游业发展的通知》
   D. 国务院《关于加强旅游工作的决定》

二、填空题

1. 休闲政策的主体包括_____、_____和_____。

2. 休闲政策大体上可以分为_____、_____、_____、_____、_____、_____六大类型。

3. _____年，国务院发布了《关于加快发展旅游业的意见》。

三、思考题

1. 近年来，我国出台了哪些休闲政策？
2. 近年来，广东、江西、山东、江苏等地陆续推出了自己的休闲旅游纲要，请思考这些休闲政策对当地休闲业和旅游业的发展有何影响？

四、案例分析题

美国的户外休闲政策

美国休闲联盟(American Relaxing Coalition，ARC)和其他休闲产业组织共同起草了《2005美国户外休闲政策法案》(以下简称《法案》)，这将首次为休闲政策的发展建立起一个全国性的约束机制。其目的是继续提高全国的休闲产业机会，关注的焦点是公共土地和水资源，重点强调休闲活动对个人和民族健康的意义，身体和精神健康与经济和环境健康同样重要。

该《法案》本身并没有对美国休闲政策和计划做太大变化，但它会加强对联邦国土休闲活动的重视程度。该《法案》有3个目标：第一，宣布联邦政府管辖的土地和水资源管理及使用的国家政策，为美国公众提供高质量和丰富多彩的休闲机会，提高公众的健康和福利，让公众能欣赏更多的自然资源环境，为乡村和其他社区户外休闲的经济效益打开门户。第二，指导内政部秘书处在12个月内成立一个协调机构，明确了全国休闲战略的法定地位，提高和促进国有土地和水资源休闲机会的多样化，提出了提高公众参与休闲机会的数量和质量的合理方法。第三，建立联邦休闲中介协调委员会，协调各州等地方官员和其他休闲产业人士的建议。

美国休闲联盟主席德里克·克兰多尔代表联合会给乔治·沃克·布什总统写了一封信，指出该《法案》看到了最近在保护休闲产业机会上所取得的重大进步，包括改变了原定的延期维修国家公园，逐步提高公共土地志愿活动——"为美国自豪"，并建议对14个公共行政区重新评价和讨论新的一年户外休闲战略发展计划。克兰多尔说，《法案》突出了联邦休闲政策普遍深入的地位，并指出联邦常会忽略休闲活动的好处。"国家的医疗费用正在急剧上升，而身体活动却不断减少，我们和美国医疗机构都知道，休闲活动正是最佳解决方式之一。徒步、划水、爬山、骑车等所有的休闲活动都起着重要作用，这与美国外科医学期刊建议休闲活动是相符的。越来越多的人认识到，休闲活动可以有效减少酒精和药物的滥用、青少年暴力犯罪等社会问题，同时有利于家庭的亲和力教育。休闲产业的经济效益也是有目共睹的，美国人每年花在休闲活动和产品上的费用超过2 500亿美元。"

克兰多尔指出，公共土地和水资源是该《法案》关注的焦点，联邦所属土地占1/3，每年有近20亿人次进行休闲活动，美国人热爱这些土地，《法案》重视公共土地和水资源对休闲的价值，号召国家休闲新战略允许美国人到这些地方创造健康的乐趣和美好回忆。

[资料来源：郝海亭. 2005美国户外休闲政策法案[J]. 体育科研，2006(2).]

结合上述案例，分析下列问题：

(1) 美国的户外休闲政策与我国的休闲政策有何不同？
(2) 美国的户外休闲政策对我国休闲政策的制定有何启示？

第 13 章 休闲教育

知识目标	技能目标
① 掌握休闲教育的概念; ② 理解休闲教育的具体目标; ③ 熟悉休闲教育的具体内容	① 分析休闲教育的具体目标; ② 掌握休闲教育的具体内容

休闲教育　不可或缺的选修课

休闲教育可以培养人对休闲行为的选择和价值判断的能力。早在1918年，美国教育界就将休闲教育列为中学教育的一条中心原则——每个人都应该享有时间去培养自己的兴趣与爱好。我们的学生是否有必要接受休闲教育？教师们是如何看待休闲教育的？记者就这一问题做了采访。

1. 教育不可忽略的0.382

梁立东（大连二十四中学教师）：从美学的角度讲，最美的位置是黄金分割点，即0.618，和谐的教育过程也应该有此美学分割，就是说学生应该有61.8%的时间学习课业知识，而剩下的38.2%的时间就用来享受生活的乐趣、体验生命的华彩。当然准确界定这个比例是没有可操作性的，在这里，我只是觉得应该给予"休闲教育"名正言顺的身份和认同，提醒我们教育工作者和家长注重我们的教育和谐与孩子生命过程的和谐。

准确定位之后，我们还应该准确把握休闲教育的方向和内涵。在休闲实践中培养学生的休闲意识、休闲技巧、正确支配和享用休闲时间；休闲实践的内容也是十分丰富的，如"益智性活动""技艺性活动""民俗性活动""体育性活动""技能性活动""旅游性活动""嗜好性活动""娱乐性活动""闲逸性活动"等，应该说休闲实践机会处处皆有、时时存在。

2. 培养学生玩的能力

王青（中山区实验学校教师）：在假期的家庭调查中，我发现很多孩子都已经不会玩了。学生甲说："放假后的第一个星期，基本没有出家门，因为家长希望我在家里学习。""那你一天的时间都在学习吗？""有时候学习，有时候看电视。"学生乙的家长找到我，说："放假了，孩子整天打电脑游戏，我们上班没时间看着他，老师你教训一下他。"我了解到大部分学生没有健康的休闲时间之后，找到了班长和体育委员，让他们组织学生定期搞课余活动。学生甲参加了篮球小组，每天中午活动一个小时，他说参加活动后不但没有影响学习，还提高了学习效率、增强了与同学的沟通能力。学生乙也参加了兴趣小组，他浪费在电脑游戏上的时间大大减少了。这些帮助学生规划假期的做法正是体现了休闲教育的一种精神。这个寒假，我还向学生推荐电影《霍元甲》，不少学生都高兴得欢呼雀跃，因为家长不允许学生看电影，有了老师的首肯，他们就有了底气。其实，我们不应该把孩子管得太死，学生也需要适当的休闲娱乐的时间。

3. 孩子需要休闲教育

王鹏（初中学生家长）：休闲教育，听起来是一个陌生的词汇，但理解了它的含义之后，我感到很高兴。如果社会对孩子的休闲教育给予足够的重视，就能改变很多学生的精神面貌，培养孩子创造美好生活和享受美好生活的能力。现在，我们身边有的孩子放学后直接钻进网吧，有的一连几个小时都在上网聊天。在这样的情况下，引导孩子健康的休闲习惯绝非易事。在这种情况下，我们不但要使言传与身教结合，而且要创造合理的外部环境，更要根据孩子的情况有计划地引导。休闲教育是一项系统工程，它直接影响着孩子的未来，需要全社会的关注和行动。

（资料来源：修孟清. 休闲教育　不可或缺的选修课[N]. 大连日报，2006-02-27.）

> 根据上述材料,分析下列问题:
> (1) 什么是休闲教育?
> (2) 休闲教育有什么作用?
> (3) 休闲教育一般包括哪些内容?

休闲娱乐是人的天性,是通过各种形式的活动使人全身心地放松,以达到恢复精神与体力的目的。社会的发展与进步使人们拥有了越来越多的过去不曾拥有的财富——闲暇,它与人的自由全面发展相联结,但这并不意味着自由全面的发展可以从闲暇中自然产生。如果没有正确的引导和教育,闲暇也会存在诸多陷阱,因为闲暇让人无所事事、游手好闲,甚至成为从事赌博、吸毒等犯罪活动的时间。在闲暇越来越走进我们生活的时代,对于休闲娱乐基础知识的教育和基本技能的培养就显得更加重要了。目前,休闲娱乐与人的发展的关系越来越密切,以培养人、发展人、完善人为职责的教育学便有了新的历史使命——休闲教育。

13.1 休闲教育的概念

在关于休闲教育的理论研究中,对休闲教育的概念始终没有形成共识。研究娱乐休闲的美国学者查尔斯·K.布赖特比尔以休闲活动的参与为基础,建立了他的休闲教育概念。"休闲教育"意味着应当尽早地让人参与家庭、学校和社区中的休闲活动,帮助他们培养休闲技巧和休闲鉴赏力,以使人们越来越多的自由时间得到充分的利用。

美国的休闲教育家 J.曼蒂和 L.奥杜姆则用一系列肯定句和否定句来阐述休闲教育的概念,她们认为:休闲教育是一次帮助人们提高休闲生活质量的全面的社会运动;一个帮助人们认识和确定自己的休闲价值观念、休闲态度和休闲目标的过程;一种帮助人们在休闲生活方面做到自我决断、自我充实和积极进取的途径;能够使人们明确休闲在自己生活中的位置;能够使人们逐渐认识在休闲方面的自我;能够使人们将自己的需要、价值观和各种能力与休闲和休闲活动联系起来;能够扩大人们的休闲选择范围,满足人们对高质量的休闲生活的需求;能够使人们根据休闲目标确定自己的休闲行为,并对自己的行为产生的长期和短期影响进行评价;能够使人们挖掘自己的潜力,提高休闲生活质量;一个从幼龄到退休年龄的终生的、继续的教育过程;一次由多种学科和服务系统承担义务和责任的社会运动。

休闲教育不是娱乐或娱乐服务的一个新名称;仅仅把休闲内容作为课堂讲授的例子;一个打了折扣的、简化的对娱乐和公园业专业人员进行职业培训的计划;试图用教育工作者的休闲价值观来取代受教育者的休闲价值观;强调娱乐或娱乐行业的重要意义;讲授一套已经制定好的标准,以衡量何为"有利地"或"不利地","有价值地"或"无价值地"利用闲暇;努力使人们参加更多的娱乐活动;仅仅传授进行娱乐活动的各种技能,提供娱乐项目;一种摆脱工作伦理束缚的努力;向每一个人都倡导同一种休闲生活方式;只限于美国的教育系统;把学校的每一教学课目都与休闲联系起来;一个课程或一系列课程;一个独立讲授的课目；只涉及教育工作者的职能而不涉及休闲服务专业人员的职责。

另外，德国学者杜马泽迪尔认为，休闲教育是教人从小就学会合理、科学、有效地利用时间，学会欣赏生命和生活，学会各种形式的创造，学会对价值的判断，学会选择和规避问题的方法，学会能促进身心健康的各种技能，促进人在"成为人"的过程中获得自由而全面的发展，使整个人生充实、快乐且富有意义的教育。

尽管每个国家或个人对休闲教育内涵的认识角度各异，但对于休闲教育的主要任务和内容的观点却是大体一致的。例如，培养科学的休闲观和休闲行为的价值判断力；在休闲时间能自己确定并参加令人满意的和有意义的活动等。对现代意义的休闲教育，国际上已经形成较为一致的认识："休闲教育旨在让学习者通过利用闲暇时间而获得某种变化。这些变化会表现在信念、情感、态度、知识、技能和行为方面，并且它通常发生在儿童、青年和成人的正式与非正式的教育环境或娱乐环境之中。"

13.2 休闲教育的目标

13.2.1 培养人们科学的休闲观

观念是行为的先导。休闲教育的首要目标就是帮助人们树立一个科学的、积极向上的休闲观。首先，告诉人们休闲对于人究竟意味着什么，休闲的本质是什么，休闲不是劳动的附庸而是劳动的最终目的，从而使人们明智、有价值地选择休闲行为，合理利用时间，从而提高休闲生活的质量。其次，纠正人们对休闲的错误认识，不能把休闲仅仅当作休息、游手好闲，等同于玩、娱乐甚至玩物丧志，当成纯金钱的消费，理解为浪费时间。休闲具有多元化的潜在价值，如恢复体力、发展个性、提高审美能力、陶冶情操等，这些潜在价值只有与主体正确的选择和积极的活动相结合，才能转化成现实的价值。最后，明确休闲具有层次性，放松、娱乐等促进身心恢复的消遣性活动属于低层次的休闲，学习、研究、兴趣发展等追求生命的本真、促进人的自由全面发展的休闲活动是最高层次的休闲。

树立科学的休闲观，就是要把闲暇时间理解为一种重要的财富，要科学地、文明地、珍惜地使用、支配和开发这种财富。在闲暇时间里，要自觉地把娱乐和学习、休息和健身、游玩和创造都有机地结合起来，使人们学会生活、学会沉思、学会欣赏、学会承担社会责任、学会如何摆脱诱惑与浮躁、学会对人生价值进行判断。对闲暇时间充实而有效地运用，将有助于人的能力和志趣的全面发展。安排好休闲生活，这是一门科学、一门艺术，也是一种文化素养，它鲜明地标志着现代人生活方式的特点和水平。但是休闲观也受到一定的历史条件、客观实际和人的世界观、人生经历、知识水平等因素的限制，不同时代、不同区域、不同个体的休闲观也会不同。缺乏科学休闲观的指导，人们的休闲生活容易零碎、散乱、肤浅甚至庸俗化。因此，休闲教育必须因地制宜地进行。

13.2.2 强化人们正确的休闲伦理

休闲作为一种生活方式，包含着价值取向。美国休闲学者托马斯·古德尔和杰弗瑞·戈比指出："自由时间是自由的、随意的时间，也是检验道德和伦理判断的基础。"美国著名学者莫蒂默·阿德勒说过，我们需要崇高的美德去工作，同样需要崇高的美德去休闲。休闲的本质是自由的，但"自由并不意味着放纵、无约束或无视一个人在闲暇中对自己、对他人和对社会所负的责任"。也就是说，人们的休闲方式必须符合社会价值规范，人们的休闲行为选择必须负责任、符合社会道德伦理，做到"休而有节""休而有礼"，这样才能促进社会的发展，才能确保个人发展的方向。滥用闲暇将损害健康、降低工作效率并破坏其公民意识，同时妨碍个人的发展与社会的进步，所以加强公民特别是青年一代的休闲伦理教育就显得至关重要。

正确的休闲伦理教育对人们的休闲生活、休闲行为有一个科学、全面、规范的教育与引导，不但可以提高人们的休闲质量，还可以教育人们通过创造性的休闲方式来表达自己的追求与理念，把自我发展和承担社会责任联系在一起，营造充满温馨的、友善的、互助的社会氛围，增强社会凝聚力，促成人与社会的和谐发展。人与自然的和谐也是人类自身发展的必然选择。"在一个资源日渐减少，生产需要日渐减少，生存空间日渐缩小的世界上，培养闲暇道德观已成为生存的必需条件。"全球生态环境问题日益突出，大气污染、酸雨、水污染、噪声污染、沙尘暴等灾害越来越严重，已经威胁到人类及整个生物圈的可持续发展。我们知道，野营可能导致森林被污染，甚至会引发火灾；全程沙漠越野赛车几乎不可避免地会破坏那些本已脆弱的生态环境；自然旅游景区的拓展、生态旅游的进一步开发是对生态资源的无情掠夺等。人类开始呼唤生态休闲。所以，休闲教育的价值正是在于不断提升休闲的层次，用健康的伦理道德和价值观来塑造人、培养人，最终给人的生命赋予意义。

13.2.3 培养人们良好的休闲技能

人们休闲层次不高、休闲质量低下除了与休闲观念有关之外，还与休闲技能有密切的关系。布赖特比尔指出，休闲教育是一个缓慢的、循序渐进的过程，需要传授一定的技巧并要练习这些技巧。缺乏休闲技能，人们就不可能实现高层次的休闲，只能把时间耗费在休息、聊天儿、逛街和看电视等活动上，甚至走上赌博、吸毒、抢劫的犯罪道路。因此，只有培养良好的休闲技能，人们才能够自由地安排自己的休闲活动、丰富自己的休闲生活，更加主动地参与社会生活，增强自己的精神体验。我们知道，很多休闲活动没有一定的技巧就不能享受其中的乐趣，而这些技巧是要通过正规学习才能掌握的。例如，诗歌、歌剧和芭蕾等"高层次文化"，不是每个人都能欣赏的，首先要求欣赏者要有较高的艺术修养和一定的鉴赏能力，而且要反复接触才能领略其中的奥妙。

"教育应该使得人们能够从其休闲中确保身心的充分休整，并丰富和完善人的个性。这样的一种目标要求人们能够利用通常的娱乐手段，如音乐、艺术、文学、戏剧和社会交往等，以及在每一个人那里都培养出一种或多种业余爱好。"多种业余爱好和休闲技能是充分利用和享受休闲的必要条件，同时也是自我发展的需要。例如，有的人选择诗书绘画、吹拉弹唱、体育锻炼、游山玩水、花草虫鸟、摄影收藏、学技进修、钻研制作等作为业余活动；有的人却沉湎酒色、吃喝嫖赌、热衷作恶、偷鸡摸狗、打架斗殴。任何活动，无论是内容还是过程，都蕴藏着一种文化，人们在业余活动中必定受到各种文化的熏陶，从而养成一种文化习惯，积累到人的个性中便成了一种素质。显而易见，健康有益的业余活动可培养人形成良好的素质，引导人向文明高尚发展；反之，则使人沾染邪气恶习，引导人走向颓废沉沦甚至罪恶。总之，休闲教育就是要引导人们在业余时间从事某种"行动"，而不是单纯地接受某种行为。

13.2.4 促进人的自由全面发展

党的二十大报告提出要"培养德智体美劳全面发展的社会主义建设者和接班人"，这给我们的休闲教育指明了方向。实现自我、促进人的自由全面发展是休闲教育的根本目标。人的自由全面发展既是个体发展的主动追求，也是社会发展对个体的根本要求，休闲教育的理想就是实现个体与社会协调发展、共同发展。真正的休闲以自由为本质，因此，休闲教育的本质应以自由为前提，增强对必然性的认识和对客观世界的改造，促使人们的个体生活得到解放，从平庸生活中摆脱出来，从"社会压力体系"中解脱出来，展示本原角色和本原自我，尽情发挥自由的精神感知世界，成就自我、实现自我。这才能够真正体现休闲的理想。

休闲教育不是以"谋生"为目的的，而是以"乐生"为目的，休闲教育正由"在休闲中受教育"向"在休闲中享受生活"转变。休闲教育是"成为人"的过程，休闲是一个人完成个人与社会发展任务的主要存在空间，是人的一生中一个持久、重要的展示自己价值的发展舞台。因为，在休闲时一个人是在一个几乎无限的序列中做出选择的。休闲有了正确的教育，休闲才不可能成为陷阱，闲暇时间也不会成为游手好闲、无所事事的时间，甚至成为从事吸毒、赌博等犯罪活动的时间。最终，人才可能拥有生命的原本意义。

13.3 休闲教育的内容

如果以人的发展为出发点，以人的情趣为线索，以知行相促、循序渐进的认知规律为依据组织、构建休闲教育，那么休闲教育的内容主要包括认识模块和活动模块两部分。认识模块包括界定休闲、休闲与人的发展、休闲资源的获得与利用、休闲计划及休闲道德修养等方面的内容，系统反映了实现人的全面发展所必需的休闲素养和休闲能力，为休闲活动的开展奠定了认识和理论基础。活动模块是休闲教育的主体，包括艺术欣赏、阅读明理、科技探索、运动健身、旅游博识、社会实践等若干方面，每一方面都兼顾知识性、活动性和人文性，它们共同构成了内容丰富、形式多样的休闲实践活动。

13.3.1 认识模块

1. 界定休闲

休闲教育的基础是让人们认识休闲，对休闲有全面、准确的认识。在此基础上形成自己的休闲价值观、休闲判断力等。休闲价值观是人们对闲暇时间价值趋向的认识。在休闲生活中，休闲价值观具有引导方向的重要作用。传统的休闲价值观是把休闲时间作为劳动时间的对立面来看的，这种观念认为劳动是辛苦的、压抑的，只有在休闲中才有快乐，从而把休闲与劳动割裂开来。休闲价值观的形成受到人的世界观、人生观、人生经历、知识水平等因素的限制，不同时代、不同地域也会有所不同。

2. 休闲与人的发展

休闲教育是个体通过学习如何利用可支配的自由时间，达到自我满足，发挥个人才能，提升生活质量的教育；是以人为本，以人的价值体现为本的教育；是一种体味圆满生活和美满人生的教育；是使人"成为人"的过程教育。人格的完整性，是指在教育中，让人格的各构成要素最大限度地发挥各自的作用与功能，塑造感觉敏锐、头脑睿智、情感丰富，集感性、理性与非理性于一身的"完整的人"。

3. 休闲资源的获得与利用

凡能引起休闲情趣的自然、人文、社会经济事物及现象都是休闲资源，包括自然资源、人文资源、文学艺术资源等。自然资源是指人类可以从自然界中直接获得的，并用于生产和生活的物质和环境，它包括水、土地、矿产资源、能源、生物资源，以及它们构成的空间景观、环境。人文资源也就是人类历史文化资源，它是人类在各种活动中创造的、把动态的历史用静态的实物体现出来的、能激起人们休闲动机的物质财富和精神财富的总和。文学艺术资源包括戏剧、诗歌、小说、散文、绘画、音乐、舞蹈、电影、曲艺、雕塑、建筑等。文学艺术资源借由休闲资源来创造休闲价值，实现幸福美好的生活，是休闲教育与休闲管理的基础。

4. 设计休闲计划

休闲计划是休闲生活实际践行的保证，休闲计划可以明确休闲的时间、空间、内容、主体等。相对而言，人的一生是短暂的，在有限的生命中，休闲时间同样有限并珍贵，若没有合理的休闲安排，这些宝贵的休闲时间会匆匆滑过，不留痕迹。休闲的安排可以是整块的休息时间，也可以是生活中的间隙，关键在于怎样把休闲贯穿于生命中。设计休闲计划的艺术就体现在这个方面。

案例分析 13.1

瑞士人的休闲计划

瑞士的商店和餐馆在周末都不营业，普通瑞士人一般下班回家，吃饭、看书、看电视，然后一觉睡到天亮，但是周末则一定要出门散步或锻炼。瑞士人一般周六一早出发到滑雪站或在自家山中的别墅度假，周日下午再回城准备第二天上班，所以一到周末，大城市里立刻变得非常安静。到了天气暖和的季节，人们就到城市附近的森林公园里野炊、钓鱼、烧烤，或者徒步登山，还有些人玩滑翔伞或者极限运动。反正瑞士人一定要充分利用休息日，要远离城市的喧嚣，呼吸大自然的新鲜空气，让自己完全放松。

在瑞士，休息是最重要的权利，"会休息的人才会工作"这句话，几乎被瑞士人当成座右铭。一位年轻朋友对自己能够进入政府部门工作自豪不已。在瑞士为政府工作，是不错的"铁饭碗"，福利条件好，工资待遇也不低，而且上班时间宽松，喝完两杯咖啡就几乎到了该下班的时候。喝咖啡是瑞士人当然的权利，各个写字楼的咖啡厅都是大家聚集闲聊的地方，学生们和老师们的课间休息就是去咖啡厅一起喝一杯咖啡，公司的同事也会时常溜到咖啡厅去休息。如果你去办事需要等待，别人也会建议你先去喝杯咖啡。总之生活不要太紧张，轻轻松松才是生活和工作的节奏。如何安排每年的休假更是瑞士人的头等大事，许多人通常在前一年就开始计划如何安排日程。他们通常不顾手头的工作进展，该休假就休假，就算老板多给加班费也不工作，天大的事情都得等度完假回来再办。瑞士人休假是纯粹的休息，不带手机、不穿西装，或者上山或者下海，完全换了一个生活环境。

(资料来源：董柘. 瑞士人基本不加班 [N]. 环球时报. 2009-12-11.)

5. 休闲道德修养

休闲道德修养是时代赋予休闲教育的新使命。休闲的本质是自由，但是"自由并不意味着放纵、无约束或无视一个人在休闲中对自己、对他人和对社会所负的责任"，自由是一种能力，自由与责任紧密相连。缺乏正确的休闲道德观，会导致人们拙劣地使用休闲时间，妨碍大多数人乃至社会的自由和发展。因此，培养正确的、高尚的休闲道德观是休闲教育的使命之一。只有那些具有崇高休闲道德修养的人才可能享受到休闲所带来的无与伦比的快乐。休闲道德是调节人们休闲活动的行为准则和伦理规范。建立和培养高尚的休闲道德观，可以陶冶人们美的气质与情操，可以增强人们的身心健康，为人们开凿生活的快乐源泉，使人生变得十分美好。作为调节人们休闲活动的必不可少的主调控器，休闲道德在休闲活动中的主体地位不容忽视。

13.3.2 活动模块

1. 艺术欣赏

艺术欣赏是指人们的感官接触到艺术作品产生审美愉悦，是对艺术作品的"接受"——

感知、体验、理解、想象、再创造等综合心理活动,是人们以艺术形象为对象,通过艺术作品获得精神满足和情感愉悦的审美活动。艺术欣赏包括影视欣赏、音乐欣赏、美术绘画欣赏、舞蹈欣赏、服装艺术欣赏等,每一种艺术欣赏都需要有"美的眼睛",即欣赏能力,才能真正领悟到美的真谛。

2. 阅读明理

阅读是一种与书中人物心灵对话的过程,多读书,可以充实我们的心灵。有人把阅读经典名著比作与伟大的哲人对话,"阅读一百本好书,就是和一百个有思想的人对话。"这种深层阅读中的思考,更能体现出人存在的价值。阅读是休闲生活中的重要组成部分之一,而阅读能力和阅读习惯是需要培养的。因此,休闲教育活动模块中必须包含阅读明理方面的内容,通过阅读训练,培养阅读习惯和阅读能力。

案例分析 13.2

美国人酷爱读书

美国权威调查机构 Harris(哈里斯)从 1995 年开始进行了全美范围的调查,要求人们说出自己业余时间最喜欢的 3 项活动。结果在 2005 年阅读以 35% 排在首位;看电视以 21% 排在次席;与家人和孩子玩以 20% 居第三位。这 3 项自 1995 年以来,每次调查都高居榜首。在美国,随处可见"见缝插针"的读书人:无论是在喧闹的地铁站台上或是车厢内,还是在静谧的公园里;无论是在充满闲情逸致的咖啡屋,还是在等待远行的机场大厅,不少美国人都会手捧一本书。

1. "读书屋"与纽约人的爱书情结

美国流传着一个与书有关的动人故事。20 世纪 30 年代,经济大萧条席卷美国,大批商人和知识分子失去了"饭碗"。他们无处可去,心中异常苦闷。为了唤起人们战胜困难的信心,纽约公立图书馆于 1935 年 8 月在布莱恩公园开辟了被称为"读书屋"的露天图书馆。不需要任何费用,不需要任何证明。在书本的陪伴下,失业的人们度过了最艰难的岁月。

"读书屋"在第二次世界大战期间停办了,但后来又被人们恢复起来。如今,每天有不少行人、居民或上班族来这里度过几个小时的读书时光。"我对这个公园,尤其是'读书屋'有一种特殊的情感牵挂。虽然在家里也非常舒适,但来这里的感觉似乎更好。"在附近一家公司上班的职员杰安娜说。和许多美国人一样,杰安娜有随身携带书以便随时阅读的习惯。她说,书可以填补她生活中的"空白点"。

2. 读书"从娃娃抓起"

今年 10 岁的吉扬一年半以前随父母从韩国移居美国。刚来时,他上课需要其他韩国学生当翻译。但半年后,他就可以完全听懂老师授课的内容,一年以后,他的英语阅读与写作水平直线上升。他母亲说,按照学校的要求,吉扬每个星期至少要读一本书,而且还要天天写读书心得,经过一年的训练,吉扬已经把阅读培养成了一个习惯。

> 美国政府非常重视学生阅读能力的提高。威廉·杰斐逊·克林顿总统在任时提出了"美国阅读挑战"运动。布什总统上任后,提出"不让任何一个孩子落在后面"的教育改革方案,并且将"阅读优先"作为政策主轴,拨款50亿美元的经费,希望在5年内让美国学生在小学三年级之前具备基本的阅读能力。
>
> 3. 阅读方式日趋多样
>
> 随着互联网的普及,美国人的传统阅读方式受到了很大冲击。有识之士在大声疾呼,美国必须掀起"传统阅读运动"。
>
> 美国国家艺术基金会最近进行的一项调查指出,青少年每周都要花掉61个小时上网,这几乎是他们清醒时间的一半。以前被认为是最喜欢读书的18～34岁的年轻人,现在是美国阅读量最少的人群。
>
> 纽约公立图书馆的一位管理人员告诉记者,目前美国人获取信息的渠道已经多样化。"纽约公立图书馆向人们提供各种类型的电子书下载,每天的下载量非常大。有的畅销书,我们不得不限制下载数量,如果不限制下载数量,传统的出版业肯定会受到很大的冲击。"
>
> [资料来源:佚名. 美国人为何爱读书. 新华每日电讯 [N],2007-04-29(08).]

3. 科技探索

科技探索包括宇宙天文、生物奇趣、历史考古、世界博览、自然地理、生命科学、科技新品、奇闻逸事、百科解密等。大自然创造了生命,生命演化出智慧,人类通过智慧认识世界和宇宙。科技探索展现给人们的是人类整个时间和空间中的奥秘,从科技探索中发现生命的足迹和秘密,开阔视野。人们在休闲生活中一方面可以通过了解科技新成果来认识世界和生命,另一方面可以亲身体验探索过程,在过程中体验生命和自然。

4. 运动健身

运动健身能有效地增强人们的体质,提高生产劳动效率;还能改善人们的体型、体态、陶冶人们的美好情操。运动健身还是要遵循一定的规律和科学之道的,否则会适得其反,损害健康。首先,要树立健康意识。把健康理念放在第一位,珍惜自己的生命,只有关注了健康,认识了健康,才有可能重视保健或健身。其次,健身之前先养"心"。心为体之魂,心态不好,心理不平衡,再好的保健措施也会失灵。最后,"顺其自然",养成"不养之养"的健康习惯。真正的健身之道,是把适应自身生理和心理需求的良性活动,无意间将其"规律"融入生活中。久而久之,这种良性活动自然而然成了一种生活方式和健身之法,这才是"不养之养"的长寿之道。

5. 旅游博识

许多人在闲暇时间都希望去旅游,一次激动人心或是安逸舒适的旅行都可以使我们得到极大的安慰。外出旅游不仅仅是一次简单的观光,还有着更为重大的意义:①旅游可以适当放松身心;②旅游可以拓宽眼界,增长见识;③旅游可以丰富生活阅历;④旅游能陶冶情操;⑤旅游可大大增强人成才的原动力。

案例分析 13.3

游山玩水上北大

家长对孩子的培养不能只是枯燥的说教与关在室内的"圈养","读万卷书,行万里路",也能为家庭教育打开一扇崭新的窗户。2011 年 7 月 24 日下午,《游山玩水上北大》的作者郭燕和她的儿子许维隆阐述了旅游行知教育的成功理念。从许维隆读一年级开始,郭燕就带着他天南地北地旅游,通过 20 年的游山玩水,实现了成功的家庭教育,收获了一个积极、健康、优秀、自信的儿子。

1. 旅游是一门活百科

"在孩子学习成长过程中追求的不只是成绩好,而是同时体验学习中的快乐。"郭燕认为,孩子在学习之初,对于抽象事物的理解能力较弱,对书本知识的理解与掌握有困难,而旅游行知教育是一种在旅行途中通过让孩子亲身感知、体验大千世界来获得知识的教育方式,这种教育方式收获到的知识是牢固的、不易遗忘的、能够学以致用的。

2. 通过旅游激发求知欲

对于一些不爱学习的孩子,家长可以通过旅游激发孩子的求知欲望。郭燕建议,家长在带孩子出去旅游时,让孩子事先做足准备。例如,查阅资料了解当地的地理条件、风俗民情等,把孩子"想去玩"变成"想去了解"。同时,在游玩的过程中,通过亲身体验,让孩子们更好地将书本上的抽象知识化为具体知识。郭燕特别推荐家长应常带小孩儿去科技馆,因为孩子的成长是需要玩具的,而科技馆里的设备便是孩子学习成长中的"大玩具",孩子可以在科技馆中获得很多小学的自然知识,以及初中的生物、物理、化学知识等。

3. 培养思维能力很重要

作为郭燕旅游行知教育的成功个案,她的儿子许维隆说,他并没有花太多时间在读书和做习题上,在中小学阶段,除了认真完成作业外,他从未参加过课外辅导班。"我的大部分时间都用来观察事物、开阔眼界、参加活动、广交朋友……这些对于培养我的思维,锻炼自我的表达和交流能力十分有帮助。"许维隆说。他在 4 年大学期间担任北京元培学院学生会主席、北京大学学生会学术部副部长,获全国大学生数学模型竞赛北京赛区一等奖。如今已被美国芝加哥大学录取,即将赴美读研。

(资料来源:叶琦,苏蔚.北大儿子是这样炼成的:读万卷书不如行万里路 [N]. 海峡都市报,2011-08-08.)

6. 社会实践

社会实践是教育教学内容的重要组成部分,是巩固所学知识、吸收新知识、发展智能的重要途径。它不受教学大纲的限制,大学生可以在这个课堂里自由驰骋,发挥自己的才能,开创自己的基业,充分利用在校期间以学习为主、学好和掌握科技知识的有利条件,在社会实践中磨炼自己,真正锻炼和提高自己的实际工作和适应能力。很多高校一直坚持理论与实践、校内与校外、专业与非专业等多种形式的实践活动,在实践中注意学生各方面素质的提高和实践能力的培养,既充实了教学内容,活跃了教学气氛,使大学生拓宽了社会视野，同时也缩短了理论与实践脱离的距离。为了适应市场经济的发展需要，为促进大学生尽快成长，给大学生多创造施展技能和才华的条件和环境，高校必须切切实实地把实践活动纳入教学中。

本 章 小 结

休闲教育是通过教育树立休闲意识，传递休闲技能，培养休闲习惯，实现人的自由全面发展的过程。

休闲教育的主要目标：培养人们科学的休闲观、强化人们正确的休闲伦理、培养人们良好的休闲技能、促进人的全面发展。

休闲教育的内容主要包括认识模块和活动模块两部分。认识模块包括界定休闲、休闲与人的发展、休闲资源的获得与利用、设计休闲计划及休闲道德修养等方面的内容。活动模块包括艺术欣赏、阅读明理、科技探索、运动健身、旅游博识、社会实践等方面的内容。

关键术语

休闲时间 (leisure time)

休闲行为 (leisure behavior)

休闲教育 (education for leisure)

知识链接

1. [美] J. 曼蒂，L. 奥杜姆. 闲暇教育理论与实践 [M]. 叶京，等译. 北京：春秋出版社，1989.
2. [美] 查尔斯·K. 布莱特比尔，托尼·A. 莫布莱. 休闲教育的当代价值 [M]. 陈发兵，刘耳，蒋书婉，译. 北京：中国经济出版社，2009.
3. 庞桂美. 闲暇教育论 [M]. 南京：江苏教育出版社，2004.
4. 刘海春. 生命与休闲教育 [M]. 北京：人民出版社，2008.

课 后 习 题

一、多项选择题

1. 休闲教育的目标主要包括(　　)。
   A. 培养人们科学的休闲观　　　　B. 强化人们正确的休闲伦理
   C. 培养人们良好的休闲技能　　　D. 促进人的自由全面发展

2. 如果以人的发展为出发点，以人的情趣为线索，以知行相促、循序渐进的认知规律为依据，组织、构建休闲教育，那么休闲教育的内容主要包括（　　）。
　　A. 认识模块　　　　　　　　　B. 活动模块
　　C. 谋生型休闲教育　　　　　　D. 乐生型休闲教育
3. 休闲教育的认识模块主要包括（　　）。
　　A. 界定休闲　　　　　　　　　B. 休闲与人的发展
　　C. 休闲资源的获得与利用　　　D. 设计休闲计划
　　E. 休闲道德修养
4. 休闲教育的活动模块主要包括（　　）。
　　A. 艺术欣赏　　　　　　　　　B. 阅读明理
　　C. 科技探索　　　　　　　　　D. 运动健身
　　E. 旅游博识

二、判断题

1. 美国休闲学者查尔斯·K. 布赖特比尔用一系列肯定句和否定句阐述了休闲教育的概念。　　　　　　　　　　　　　　　　　　　　　　　　　　　　　　　　（　　）
2. 美国休闲教育实践最基本也是最重要的价值取向就是"教给学生学会善于利用闲暇时间"。　　　　　　　　　　　　　　　　　　　　　　　　　　　　　　　（　　）

三、思考题

1. 谈谈休闲教育的重要性。
2. 调查一下你所在大学休闲教育的现状。

四、案例分析题

大学生休闲教育刻不容缓

　　2006 年，苏州大学针对入学新生开展了一场主题为"玩物不丧志——大学生休闲教育"的讲座。主讲人查佐明给学生们算了一笔账：以活到 80 岁、每周工作 30 小时、工作 35 年来计算人一生的时间，除去必需的睡眠和饮食时间，人们差不多有 1/3 的时间在闲暇中度过。而对于在校大学生来说，由于课程安排相对宽松，再加上寒暑假，大学生们每年有 170 天左右处于休闲状态。但是，大学生不懂休闲、不会休闲已经成了通病，不当的休闲方式正严重影响着大学生的学习和生活。

　　1. 现状：上网、逛街成休闲代名词

　　苏州大学机电工程学院的小王不久前办理了退学手续，退学的原因是迷恋网络游戏而不能自拔。因为性格内向，小王与同学的关系比较疏远，对学习缺乏兴趣，入学后不久便远离了健康的学习生活轨道而沉湎于网络游戏。老师的多次规劝、家人的眼泪甚至父亲在网吧门口的下跪，都没有把小王从网络游戏的深渊里拉回来。为了挽救他，学校建议他休学半年,但半年后依然不见任何效果,无奈之下他只好退学了。

与男生喜欢网络游戏相比,不少女生却将大把的业余时间花在了看影碟、看电视连续剧、读言情小说或从早到晚"扫街"购物上。"开学后,宿舍里的女孩都喜欢在周末逛商场,其实逛街很花费时间和精力,看到喜欢的东西就想买,一不小心就花了很多钱,结果生活费严重超支。"大一女生小刘说。

2. 高校:开展休闲教育势在必行

在我国,因为传统文化的影响,人们往往把休闲与"游手好闲"联系在一起。休闲教育仍然是一个不为大多数人所熟悉的新概念,许多高校根本就没有涉及。

查佐明说,他发现很多大学生并不懂得如何合理地安排自己的业余时间。有些学生一进大学就对自己放松了要求,玩过之后常常觉得疲惫不堪,根本提不起精神学习,严重影响了学业。大学生休闲的奢侈消费增多,校园中"月光族"和"负翁"的不断出现说明大学生不懂怎样休闲。对大一新生来说,开展休闲教育显得更为重要,这对他们4年的学习生活都将有积极的指导作用。他认为,对大学生开展休闲教育并不是鼓励他们不学习、去玩乐,而是希望能对大学生正确对待休闲时间起到正面的引导作用,最终是为了帮助他们健康快乐成长。"积极的休闲应当是让学生学会在紧张的学习中得到放松,让自己感到身心愉悦。参加学校的各类社团活动、积极参加体育锻炼、约上三五个好友出门旅游、钻研兴趣爱好、参加社会实践等都是积极的休闲生活方式。"查佐明告诉学生们。

3. 学生:明白了怎样积极地休闲

在听完休闲教育讲座后,大学生们觉得收获不小,纷纷对自己的休闲生活开始了反思。"和高中相比,大学给我们的自由很多,但听过讲座后,我感到大学4年的时间宝贵而有限,应该充分利用好。"新生小曹说。她认为,大部分同学高中时都已养成了每天学习、看书的习惯,现在少了老师的督促,反倒觉得无所事事。现在她已经通过面试加入了学校科学技术协会,打算好好锻炼自己的能力。

"我终于明白了应该怎样积极地休闲了。能在开学一周内就听到这样的教育讲座,我很幸运。"大一新生包盛楠说,自己过去对休闲的理解也仅仅停留在睡觉、看书、听音乐的层面上,讲座让她有耳目一新的感觉,她表示自己会合理安排好自己大学4年的时间。

(资料来源:丁姗. 大学生如何补上"休闲教育"课 [N]. 扬子晚报,2006-09-26.)

根据上述材料,分析下列问题:

(1) 结合自己周边情况,谈谈大学生休闲生活的现状。
(2) 谈谈大学生休闲教育的必要性和迫切性。
(3) 你觉得大学生休闲教育的内容应该有哪些?
(4) 大学生如何制订自己的休闲计划?

第 14 章　休闲管理

知识目标	技能目标
① 理解休闲管理的概念； ② 掌握休闲管理的内容； ③ 了解休闲管理的组织； ④ 了解休闲管理的法规	① 熟悉休闲管理的内容； ② 熟悉休闲管理的法规

芜湖棋牌室混乱局面何时休

棋牌室是供人们进行棋牌游戏的场所,是比较大众化的休闲娱乐场所。芜湖棋牌室为何日渐失去其应有的休闲娱乐功能,呈现出诸多问题?记者在采访中了解到,管理上的缺失导致了种种乱象的产生。

1. 管理处于"真空"状态

记者获悉,2005年年底前,开办棋牌室需由申请人向所在地的文体部门提出报告,并上报市体育局审批,发放行政许可证后方能经营。截至2005年年底,经市体育局审批发放行政许可证的有200多家。2006年,安徽省体育局转发国家体育总局通知,对棋牌室取消了行政许可。2007年,安徽省体育局又下发了《关于重申麻将不属于体育运动项目的通知》文件。自此,我市经营性棋牌室完全处于管理"真空"状态,没有任何一个部门对其进行行之有效的管理和约束。

市体育局体育产业科负责人曾向记者透露:"目前芜湖很多小区的棋牌室其实都属于无证经营。"由于不需要行政许可,开设棋牌室很"方便",加上每天可观的包间费或"抽头费",经营棋牌室成为一种没有准入门槛、投入不高、有一定市场、投资回报率高的行业,引得投资者纷纷投资经营。

记者从市体育局获悉,在2006年之前,市体育局颁发棋牌室经营许可证时,规定由物业协调,提供场所开办小区文体活动中心,内设棋牌室,供居民休闲娱乐。而现在,这种管理模式完全被打破,很多棋牌室甚至开到了居民楼内和小区架空层里。

采访中,多位市民表示希望尽快设置市场准入标准,结束管理"真空"状态,让棋牌室"回归"其文化休闲功能。

2. 混乱局面亟待整顿

市场"零准入"带来了混乱,扰民现象严重,卫生、消防不过关,易成为滋生赌博犯罪现象的温床。我市棋牌室正渐渐偏离初始的休闲娱乐轨道。该如何扭转目前的这种局面?采访中,相关部门负责人及多位市民表示,应该从"堵""疏"两方面着手,在取缔、整治现有不符合规定棋牌室的同时,充分重视市民正常的休闲娱乐需求,采用科学手段进行合理布点。

(1)"堵":建议由市体育局或市文化委员会牵头,公安、工商、环保、卫生等部门配合,对市现有棋牌室进行摸底登记,按照先整顿后规范的原则进行,并加大对利用棋牌室进行赌博违法犯罪活动的查处力度;按照国家相关政策法规,在棋牌室的市场准入、房屋选址、经营时间、经营范围、税收标准、卫生标准、安全标准、人员培训等方面制定出具体的管理细则,实行规范化管理,彻底改变"零准入"现状;建议在住宅小区、中小学200米范围内,应禁止开设棋牌室,对现已开设的棋牌室,应限期搬迁,超过限期仍未整改的应全部取缔。

(2)"疏":在对现有不符合规定的棋牌室进行取缔的同时,不可忽视市民正常的休闲娱乐需求。例如,住房和城乡建设委员会在进行相关规划时,可在合适场所适当设置棋牌室等休闲场所,并请相关部门进行有效管理,从而杜绝棋牌室"遍地开花"局面;整合现有群众文化活动资源，让更多市民享受文化建设和发展的成果；街道、居民委员会等可以多组织市民开展文体活动，让市民在健康、快乐的氛围中愉悦身心、陶冶情操。

（资料来源：赵丹丹. 芜湖棋牌室混乱局面何时休 [N]. 大江晚报，2010-09-24.）

思考：
(1) 棋牌休闲管理混乱的原因是什么？
(2) 我国的休闲管理应该从哪些方面着手管理？

管理活动作为人类最重要的一项活动，广泛地存在于现实的社会生活之中。人们通常按不同领域、不同专业的要求进行各种独特的管理。休闲产业包罗万象，错综复杂，如何高效率地利用资源并且高效益地实现目标呢？答案是要引入管理的思想。那么休闲到底可以被管理吗？如果休闲和游憩是关于个人体验的问题，那么人类的体验活动难以被管理，只有个体才是他们命运的主宰者，休闲管理者对人们的休闲活动无法提供承诺，个人进行管理的重要性远远大于由他人进行管理的重要性，尤其是像地方政府或其他组织这种无形的"地方"，以及如休闲管理者等的第三方。然而，管理是一种塑造环境、提供机会的工具，如果提供了这样的机会，大多数人就可以自行休闲——他们可以自行选择和处理。因此，从它在拓宽机遇、创造良好的环境和控制事态发展，以便吸引更多的人进行休闲并从中获益等方面来看，休闲管理是必要的，也是可行的。

14.1 休闲管理的内容

休闲管理是指休闲管理者通过实施计划、组织、领导、控制、创新等职能来协调他人的活动，使别人同自己一起实现休闲组织目标的活动过程。实质上，它是一种服务，即为人们提供一种满足休闲需要的保障和必要条件的服务，它需要不断地改善管理观念和方法。根据休闲管理的定义可知休闲管理主要包括以下内容。

1. 休闲资源与环境管理

一个地区的休闲资源与环境容量是休闲活动开展的基础，其中休闲资源空间分布的密集程度和品质高低及环境保护得是否完整直接影响区域整体吸引力的高低和可持续发展能力，也直接关系到休闲参与者的体验质量，因此对休闲资源与环境的管理是休闲管理的重要内容。

国家旅游局下发《景区最大承载量核定导则》

自上海外滩发生拥挤踩踏事件后，公共场所承载量再次引发公众的关注。自《中华人民共和国旅游法》第 45 条规定"景区接待旅游者不得超过景区主管部门核定的最大承载量"之后，2015年1月5日国家旅游局又下发了《景区最大承载量核定导则》，进一步要求各大景区核算出游客最大承载量，并制定相关游客流量控制预案。《导则》指出，最大承载量，是指在一定时间条件下，在保障景区内每个景点旅游者人身安全和旅游资源环境安全的前提下，景区能够容纳的最大的旅游者数量。景区应结合国家、地方和行业已颁布的相关法规、政策、标准，采用定量与定性、理论与经验相结合的方法核定最大承载量。《导则》同时给出了明确的测算方法和公式供参考。

这能否帮助景区抵挡人山人海呢？记者采访发现，对于《导则》能否真正"限流"，仍需迈过多道坎。

安徽大学旅游管理系主任李经龙分析认为，目前景区最大承载量核定与游客数量信息统计的主体都是各景区经营管理方自己，但对于利益驱动的市场主体而言，难以保证动态显示的客流量信息就是真实可信的。"这就是为什么看起来游客数量没超过最大承载量，但却发生严重拥堵的主要原因。因此，景区最大承载量和游客真实数量信息的发布需要第三方机构的介入与游客的参与。"

"目前人数预警具有滞后性，应该加强预警信息发布的前置，不能等人到了景区门口，才去限流，效果大打折扣。"中南民族大学旅游管理系教授黄金铸认为，只有做好前置性预测，才能真正实现"限流"。

不少游客和专家认为，"人山人海"的背后是"扎堆休假"，其本质是全民带薪休假尚没有完全推广落实。在此状况下，"限流"不能仅依赖"一纸导则"，公共节假日的"人山人海"必须依靠更加精细化的管控客流措施来应对。

李经龙说，加快探索推广预约旅游的方式。景区一方面可以事先按照最大承载量放号，另一方面保证实时公布接待游客信息。"但目前国内整个旅游行业机制不健全、运行不规范甚至信用程度低的现状，是景区、旅行社不敢贸然尝试'预约旅游'的直接原因。但这些可以通过完善的制度设计进行防范，比如黑名单制度、提前确认付款等方式。"

(资料来源：张紫赟."最大承载量核定导则"能否抵挡景区"人山人海".新华网[2015-01-13].)

2. 休闲与游憩规划

休闲与游憩规划对于从事游憩、休闲行业的组织来说是至关重要的工作，然而其在休闲管理中的作用往往被大大低估。休闲业所提供的每一项服务或者业务部门所涉及的工作，都是以令人满意的方式向人们提供享受休闲时光或获得难忘经历的机会，这种机会就是通过规划来实现的。

3. 休闲服务设备管理

休闲服务企业设备设施管理的任务繁重而艰巨，管理的任务就是要使休闲服务设备设施发挥最佳使用效率，为企业创造最优经济效益。休闲服务企业设备设施管理的任务，具体体现在以下几个方面。

(1) 合理选择设备，使设备配置与企业的等级、规模和接待对象相适应。
(2) 制定管理制度，做好设备维修和保养工作，保证业务经营活动的需要。

(3) 对设备和设施进行更新和改造。

(4) 加强设备使用过程中的技术经济分析,提高设备使用率。

4. 休闲服务质量管理

休闲服务质量是指休闲服务工作能够满足被服务者需求的程度。休闲企业只有不断提升服务质量才能赢得消费者的青睐。要保证休闲服务质量的管理,一般要注意以下几个方面。

(1) 优良的服务态度。服务态度是反映服务质量的基础,优质的服务是从优良的服务态度开始的。

(2) 完好的服务设备。服务设备可以直接反映休闲服务质量的物质技术水平。

(3) 灵活的服务方式。其核心是如何给顾客提供各种方便。

(4) 娴熟的服务技能。服务人员的操作技能娴熟与否,从一个侧面反映出其业务素质的高低和服务质量的好坏。

(5) 科学的服务程序。实践证明:娴熟的服务技能,加上科学的操作程序,是优质服务的基本保证。

(6) 快速服务效率。不仅体现了服务人员的业务素质,也体现了休闲中心的管理效率。

(7) 专业化的员工。没有专业化的员工,其他服务设备、服务项目都谈不上完好,服务技能也就不可能娴熟。因此,专业化的员工是服务质量的根本保证。

5. 休闲人力资源管理

对于休闲行业中的任何一个组织来说,员工,不管是全职员工、兼职员工还是志愿服务者,都是组织最重要的资源,是组织最有投资价值的项目。休闲企业需要招聘其所需的员工,对其进行培训和培养,使他们在为企业贡献其自身才能的同时,也实现自己的人生价值。休闲人力资源管理是科学地运用现代管理学、社会学、心理学等原理,对休闲业人力资源进行有效的开发、管理、使用和激励,从而最大限度地挖掘员工的潜在能力,使其积极性、主动性和创造性得到最大的发挥,使有限的人力资源得到最佳组合和配置的管理活动。

6. 休闲与游憩市场营销

休闲与游憩市场营销是指通过对休闲产品和休闲服务进行规划、设计、包装、促销及分销,说服消费者购买休闲产品,并给营销组织带来利益。其中主要包括地区或企业市场形象策划、休闲市场划分及选择目标市场、休闲市场定位、采取适当的营销组合策略等。

7. 休闲趋势研究

休闲趋势研究在休闲管理中的应用广泛,包括预测未来消费者最可能的休闲活动及参与者规模;减少将来制定决策时的风险因素;从战略上规划休闲服务及设施;密切关注可能下降或增长的地区;监测过去数年里休闲参与者对服务、设施及活动的反映;为制定未来的设施、服务及活动的营销策略提供信息。

14.2 休闲管理的组织

休闲管理的组织是为了加强对休闲业的引导和管理，适应休闲业的健康、稳定、迅速、持续发展而建立起来的，具有行政管理职能或协调发展职能的专门机构。不同类型和不同层次的休闲组织在地方、国家乃至世界休闲业发展的进程中都起着不可忽视的推动作用。

14.2.1 休闲组织的分类

通常情况下，休闲组织主要有以下两种分类方法。

第一种分类以休闲组织的职能范围为划分标准，将其分为国际性休闲组织、国家级休闲组织和地方性休闲组织。国际性休闲组织是个较为宽泛的概念，除了包括那些来自多个国家，并为多国利益工作和服务的全面性专门休闲组织之外，还包括其工作范围部分地涉及国际休闲事务的国际组织，以及专门涉及休闲事务某些方面工作的专业性休闲同业组织。国家级休闲组织是一个国家中为国家政府所承认，负责管理或促进协调全国休闲事务的组织。地方性休闲组织则是指代表地方政府对当地休闲业进行管理的组织机构，或服务于地方休闲业的发展而专门成立的休闲组织。

第二种分类以休闲组织的职能性质为划分标准，将其分为休闲行政组织和休闲行业组织。休闲行政组织属于官方组织，是由国家专门设置负责管理休闲事务且具有行政效力的政府部门，它是代表国家政府或地方政府行使其对休闲发展干预职能的载体。休闲行业组织是一种非官方组织，它是指由有关企事业单位和社团组织在平等自愿的前提下组成的各种行业协会。就其组织性质而言，它们属于非营利性的社会组织，具有独立的社团法人资格。

14.2.2 休闲组织的职能

在不同的国家，由于休闲业发展水平的差异，休闲行政组织和休闲行业组织在管理和协调休闲事务方面的地位和作用也有所差异。一般来说，处于休闲业发展的初期、或休闲业发展水平较低的国家，作为政府部门存在的休闲行政组织对国家休闲事务的干预力度较大，对其休闲业的发展起决定性作用；而在休闲业比较发达、私人休闲企业非常活跃的国家和地区，具有独立法人地位的半自决性质的休闲行业组织更适合于行使全国性休闲组织的职能。

1. 休闲行政组织的职能

休闲行政组织的主导职能是调控与管理。具体而言，其基本职能主要包括以下几个方面。

(1) 确定休闲业在国民经济发展中的地位，制定休闲发展的战略目标与规划，对休闲业进行综合平衡和宏观调控。

(2) 拟定休闲业发展的方针政策、行政法规、制度规范和行业标准并组织实施，协调各休闲发展部门的利益和关系。

(3) 运用行政职权，控制休闲业的发展规模与速度，保持休闲服务质量。

(4) 负责国内休闲市场的宏观管理和国际休闲市场的宣传促销与推广拓展。

(5) 对从事休闲业务的企事业单位实施行业管理，依法进行审批和监督检查。

(6) 调查研究和统计分析休闲业的供需状况，帮助制定营销策略。

(7) 管理与指导休闲教育培训与就业。

美多部门联合组建新机构促进户外休闲产业发展

2011 年，奥巴马政府宣布将组建一个新的部门与美国联邦政府、州政府及各机构代表一起协调、推动户外休闲产业在公有土地上的发展机会。

作为白宫"美国大户外倡议"的一部分，美国内政部、农业部、商务部、美国陆军及白宫环境质量委员会共同签署了一项谅解备忘录，以建立专门主管户外休闲产业的联邦内部委员会。

"户外产业全年给美国经济大约带来 7 300 亿美元的收入，户外休闲产业成为提振美国经济和增加就业的重要部分，"美国内政部部长在声明中表示，"户外休闲产业联邦内部委员会将推动我们实现美国大户外倡议的目标，让更多美国人尤其是青少年走入大自然。"

(资料来源: faye. 美多部门联合组建新机构促进户外休闲产业发展. 户外资料网 [2011-06-20].)

2. 休闲行业组织的职能

休闲行业组织的主导职能是服务与促进，这些职能主要有以下几种。

(1) 就休闲发展战略及方针政策等向国家休闲主管部门提供建议和咨询。

(2) 作为行业代表，与政府机构或其他组织协商洽谈有关事宜。

(3) 联系各休闲企业，研究行业经营管理，协调发展中存在的问题并采取相应措施加以解决。

(4) 建立行业信息交流中心，鼓励使用新知识、新技术，搞好行业内休闲开发和市场营销。

(5) 提供行业间的技术指导，制定成员共同遵守的经营标准、行规会约，并据此进行仲裁与调解。

(6) 就行业内的数据统计、预测、开发及其他问题开展研讨。

(7) 组织并举办专业研讨会、培训班和专业咨询。

(8) 广泛交流信息与经验，阻止行业内部的不合理竞争等。

14.2.3 国际性休闲组织

为加强世界各国休闲组织间的协作，更大限度地发挥休闲业在促进国际交流、促进世界和平方面的积极作用，各种国际性休闲组织应运而生。

1. 世界休闲组织

世界休闲组织(World Leisure Organization，WLO)成立于1952年。作为全球性的非政府组织，其成员和参加者主要来自全球休闲领域的企业、研究者、组织等。该组织是一个具有联合国咨询地位的非官方机构，与联合国教科文组织和有关国家、地区的官方、非官方机构有着良好的合作关系。其宗旨是致力于发掘和创造各种有利条件，让休闲成为人类成长、发展和幸福的动力。

2. 旅游和休闲教育协会

欧洲旅游与休闲教育协会(European Association for Tourism and Leisure Education，EATLE)成立于1991年，其宗旨在于开展各种跨国性的旅游和休闲教育活动。1996年，该协会被欧洲委员会指定为旅游和休闲学科领域内的"欧洲主题网络"。它提供了一个促进教育人员和学生之间交流、跨国性研究及学校课程和学科发展的平台。目前，旅游和休闲教育协会已经有来自70个国家的300多个成员机构加入。该协会在欧洲、亚太地区和非洲都设有分支机构，并正在积极筹建美国的协会分支机构。

3. 澳洲休闲研究协会

澳大利亚、新西兰休闲研究协会(Australian and New Zealand Association for Leisure Studies，ANZALS)成立于1991年，是澳大利亚和新西兰之间的跨国性非政府组织，其宗旨是促进学术交流，与业界合作，加强国际联系，提倡休闲政策。该协会的主要成员和参加者是休闲研究者和业界人士。其主要活动：每3年召开一次大会，不定期举办地区性会议；发行出版物；提供咨询服务和教育项目。

4. 亚太国际休闲文化中心

亚太国际休闲文化中心(Asia-Pacific International Leisure Culture Center，APILCC)成立于2007年5月，是在中国北京正式登记注册的法人机构，专业从事休闲文化及相关产业的国际交流与合作。目前，亚太国际休闲文化中心在美国、加拿大、日本、新加坡、韩国、马来西亚等地设有代表处。

14.2.4 我国主要的休闲组织

在我国，休闲产业的发展尚处于起步阶段，并且由于其涵盖的行业范围十分广泛，目前尚未确定一个专门的部门来对休闲产业实行统一的管理，但部分休闲娱乐类行业主要是由旅游管理部门予以管理。虽然我国的休闲行政组织较少，但是行业组织却相对较多，尤其是以休闲研究为主要目的的组织和协会数量较多。

1. 世界休闲组织中国分会

世界休闲组织中国分会、中国休闲产业联盟成立大会于2008年4月6日在北京举行，会议确定了世界休闲组织中国分会、中国休闲产业联盟的组织框架、章程及管理办法和各项制度。本次会议对于促进中国休闲产业未来发展，进一步推动中国休闲组织同国际接轨，以及加强国际合作起到了积极作用。

2. 全国休闲标准化技术委员会

经国家标准化管理委员会批准，2009年11月10日，全国休闲标准化技术委员会在北京成立，这是世界范围内第一个休闲标准化技术委员会。会议通过了《全国休闲标准化技术委员会章程》《全国休闲标准化技术委员会秘书处工作细则》，研讨了《休闲标准体系》《全国休闲标准化技术委员会2009—2014年工作计划》。全国休闲标准技术委员会主要负责传统特色休闲方式开发与保护、现代休闲创意与服务、主题休闲俱乐部、休闲节庆活动、休闲咨询服务等领域国家标准的制定、修订工作，其工作领域与世界休闲组织相关联。

3. 中国旅游协会休闲度假分会

中国旅游协会休闲度假分会是2009年6月经民政部批准，于同年12月29日成立的社团组织。中国旅游协会休闲度假分会推广积极向上的休闲文化，树立健康休闲观念，促进业界沟通，提高休闲度假服务水平，坚持中国特色与面向世界相结合，为促进中国休闲度假的可持续发展做出贡献。

4. 中国自然辩证法研究会休闲哲学专业委员会

按中国自然辩证法研究会常务理事会2006年的工作部署，中国自然辩证法研究会于2007年成立了中国自然辩证法研究会休闲哲学专业委员会。

14.3 休闲管理的法规

在公共休闲服务过程中，有很多领域与法律法规有着紧密的联系。法律法规是公共部门或权力机关管理休闲和游憩服务业的重要手段。英美等西方发达国家近300年来制定了大量与休闲有关的法律法规，走在了世界的前列。它们在运动、公园和游憩领域的立法实践具有以下四方面的特点：一是历史悠久，二是数量众多，三是跨越多个管理和实践领域，四是成效明显。这些法律法规有力地推动和鼓励了这些国家休闲服务业在产品和服务供应方面的增长，刺激并满足了休闲消费者的需求，保护了自然环境和文化环境、休闲设施，保障了休闲服务业各相关方的合法权益，以规范为手段，极大地促进了整个休闲服务行业的健康有序发展。但是，由于我国休闲产业发展较晚，专门的休闲管理法律法规尚未出台，相关的规章制度仅散见于旅游、体育、文化等管理部门。

14.3.1 旅游管理相关法规

旅游法是旅游业发展到一定历史阶段的产物,它随着旅游业的发展而产生,并随着社会的发展,最终完成其历史使命。2013年,《中华人民共和国旅游法》正式颁布实施。我国旅游管理相关法规见表14-1。

表14-1 我国旅游管理相关法规

编号	法规名称	颁布时间	颁布部门
1	《中华人民共和国旅游法》	2013.4.25	全国人大
2	《中华人民共和国自然保护区条例》	1994.10.9	国务院
3	《中国公民出国旅游管理办法》	2002.5.27	国务院
4	《风景名胜区条例》	2006.9.19	国务院
5	《旅行社条例》	2009.2.20	国务院
6	《导游管理办法》	2017.11.1	国家旅游局
7	《大陆居民赴台湾地区旅游管理办法(修订)》	2011.6.20	国家旅游局、公安部、国务院台湾事务办公室
8	《边境旅游暂行管理办法》	1996.3.8	国家旅游局
9	《旅行社责任保险管理办法》	2010.11.25	国家旅游局、中国保险监督管理委员会
10	《中外合资经营旅行社试点经营出境旅游业务监管暂行办法》	2010.8.29	国家旅游局、商务部
11	《旅游投诉处理办法》	2010.5.5	国家旅游局
12	《旅行社条例实施细则》	2009.4.3	国家旅游局
13	《旅行社质量保证金存取管理办法》	2009.6.29	国家旅游局
14	《国家旅游局行政许可实施暂行办法》	2006.11.7	国家旅游局
15	《中国公民出境旅游突发事件应急预案》	2006.4.25	国家旅游局
16	《旅游规划设计单位资质等级认定管理办法》	2005.7.6	国家旅游局
17	《旅游景区质量等级评定管理办法》	2005.7.6	国家旅游局
18	《旅游饭店星级的划分与评定》	2010.10.18	国家质检总局、国家标准化管理委员会
19	《导游人员等级考核评定管理办法(试行)》	2005.6.3	国家旅游局
20	《导游人员管理实施办法(修订)》	2005.6.3	国家旅游局
21	《旅游突发公共事件应急预案》	2005.7	国家旅游局
22	《出境旅游领队人员管理办法》	2002.10.28	国家旅游局
23	《导游人员管理实施办法》	2001.12.27	国家旅游局
24	《旅行社投保旅行社责任保险规定》	2001.5.15	国家旅游局
25	《旅游发展规划管理办法》	2000.10.26	国家旅游局
26	《旅游统计管理办法》	1998.5.15	国家旅游局
27	《旅行社办理旅游意外保险暂行规定》	1997.5.13	国家旅游局
28	《重大旅游安全事故处理程序试行办法》	1993.4.15	国家旅游局

续表

编号	法规名称	颁布时间	颁布部门
29	《重大旅游安全事故报告制度试行办法》	1993.4.15	国家旅游局
30	《旅游安全管理暂行办法》	1990.2.20	国家旅游局
31	《旅游资源保护暂行办法》	2007.9.4	国家旅游局
32	《国家级森林公园管理办法》	2011.5.20	国家林业局(原为林业部)
33	《中华人民共和国森林公园管理办法》	1993.12.11	原林业部
34	《地质遗迹保护管理规定》	1995.5.4	地质矿产部
35	《国家湿地公园管理办法(试行)》	2010.2.28	国家林业局(原为林业部)
36	《国家城市湿地公园管理办法(试行)》	2005.2.2	建设部
37	《水利风景区管理办法》	2004.05.10	水利部
38	《国家重点公园管理办法(试行)》	2006.3.31	建设部

14.3.2 体育运动相关法规

1995年8月29日,《中华人民共和国体育法》正式通过并颁布,这是新中国体育事业发展的一座里程碑。我国体育运动的行政法规主要有《公共文化体育设施条例》《反兴奋剂条例》《奥林匹克标志保护条例》,部门规章主要有以下几类。

(1) 群众体育:《健美操活动管理办法》《轮滑活动管理办法》《健身气功管理办法》等。
(2) 竞技体育:《拳击运动竞赛管理办法》《严禁举重运动员使用禁用药物的规定》等。
(3) 体育场地、物资:《全国体育场地维修专项补助经费管理办法》《体育器材设备审定办法》《射击运动枪支弹药管理办法》等。
(4) 体育经济:《全国水上体育经营活动管理暂行规定》《经营性武术组织管理规定》等。
(5) 其他:《外国人来华登山管理办法》《国内登山管理办法》《航空体育运动管理办法》等。

14.3.3 文化艺术相关法规

我国与文化相关的法律有两部,即《中华人民共和国文物保护法》和《中华人民共和国非物质文化遗产法》。国务院颁布的文化行政法规有《娱乐场所管理条例》《广播电视管理条例》《信息网络传播权保护条例》《公共文化体育设施条例》《中华人民共和国水下文物保护管理条例》《营业性演出管理条例》《互联网上网服务营业场所管理条例》《出版管理条例》《传统工艺美术保护条例》《印刷业管理条例》《电影管理条例》《文物特许出口管理试行办法》等。文化部颁布的部门规章主要有《营业性演出管理条例实施细则》《音像制品出版管理规定》《互联网等信息网络传播视听节目管理办法》《美术品经营管理办法》《互联网文化管理暂行规定》《在华外国人参加演出活动管理办法》《涉外文化艺术表演及展览管理规定》《营业性歌舞娱乐场所管理办法》《外商投资电影院暂行规定》《国家级非物质文化遗产保护与管理暂行办法》《古遗址古墓葬调查发掘暂行管理办法》等。

本 章 小 结

休闲管理是指休闲管理者通过实施计划、组织、领导、控制、创新等职能来协调他人的活动，使别人同自己一起实现休闲组织目标的活动过程。

休闲管理的内容包括休闲资源与环境管理、休闲与游憩规划、休闲服务设备管理、休闲服务质量管理、休闲人力资源管理、休闲与游憩市场营销、休闲趋势研究。

休闲组织的类型主要有两种划分方法：以职能范围为划分标准，休闲组织可以分为国际性休闲组织、国家级休闲组织和地方性休闲组织；以职能性质为划分标准，休闲组织可以分为休闲行政组织和休闲行业组织。

国际性休闲组织主要有世界休闲组织、旅游和休闲教育协会、澳洲休闲研究协会、亚太国际休闲文化中心；我国主要的休闲组织有世界休闲组织中国分会、全国休闲标准化技术委员会、中国旅游协会休闲度假分会、中国自然辩证法研究会休闲哲学专业委员会。

休闲管理的法规包括旅游管理相关法规、体育运动相关法规、文化艺术相关法规。

 关键术语

休闲管理 (leisure management)

休闲组织 (leisure organization)

休闲法规 (leisure regulations)

 知识链接

1. 范钰娟. 休闲服务政府供给的对策研究 [D]. 南昌：南昌大学，2008.
2. 李仲广，卢昌崇. 基础休闲学 [M]. 北京：社会科学文献出版社，2004.
3. 可妍. 休闲服务供给的中外比较研究 [D]. 北京：北京第二外国语学院，2006.
4. [英] 乔治·托可尔岑. 休闲与游憩管理 [M]. 田里，董建新，曾萍，等译. 重庆：重庆大学出版社，2010.
5. [美] 麦克林，赫德，罗杰斯. 现代社会游憩与休闲 [M]. 梁春媚，译. 北京：中国旅游出版社，2010.
6. 陈来成. 休闲学 [M]. 广州：中山大学出版社，2009.

课 后 习 题

一、多项选择题

1. 以职能范围为划分标准，休闲组织可以分为（　　）。

　　A. 国际性休闲组织　　　　　　　　B. 国家级休闲组织

C. 地方性休闲组织　　　　　　　D. 休闲行政组织
　　E. 休闲行业组织
2. 以职能性质为划分标准，休闲组织可以分为（　　）。
　　A. 国际性休闲组织　　　　　　　B. 国家级休闲组织
　　C. 地方性休闲组织　　　　　　　D. 休闲行政组织
　　E. 休闲行业组织
3. 休闲管理的内容除了包括休闲资源与环境管理、休闲与游憩规划之外，还包括（　　）。
　　A. 休闲服务设备管理　　　　　　B. 休闲服务质量管理
　　C. 休闲人力资源管理　　　　　　D. 休闲与游憩市场营销
　　E. 休闲趋势研究

二、思考题

1. 谈谈休闲管理的重要性。
2. 展望休闲管理发展的趋势？

三、案例分析题

青岛各海水浴场难题难解　摩托艇乱窜遮阳伞收高价

原本应属于游客晒太阳和休憩的沙滩却被众多的无证商贩占据，原本该是游客尽情嬉戏的游泳区却是摩托艇横冲直撞……公共空间被"霸占"是岛城浴场的普遍现象。

1. 沙滩空间　六浴"伸舌头"吃"黄牌"

2012年8月24日上午9时30分，青岛海水浴场专项整治指挥部对岛城各大海水浴场进行突击检查。在第六海水浴场，从通往沙滩的台阶上就开始设置了临时搭建的商摊。再往里走，这一现象更为突出。几乎所有的淋浴室和更衣室门前都"伸出舌头"，摆放了一个个大大小小的摊位，售卖着游泳衣等商品。因为涨潮，浴场的沙滩本身就不大，这些"伸出来的舌头"几乎挤占了整个浴场沙滩，让游客们无处休憩。青岛海水浴场专项整治指挥部向第六海水浴场亮出了"黄牌"。

记者调查发现，由于产权不清及管理混乱等原因，很多浴场沙滩上的摊位属于无证经营，而且还存在"三不管"的尴尬境遇。这也是浴场摊位屡禁不止的一个重要原因。青岛海水浴场专项整治指挥部相关负责人表示，将会同工商行政管理局、城管、物价等多个部门及浴场管理部门，对浴场现有摊位进行"大洗牌"，将违规摊贩清理出浴场，同时还将结合浴场管理办法，出台浴场摊位的规范要求，其中包括要限定数量及规范它们的设置。

2. 摩托艇　"大洗牌"清理无证经营

在水里，摩托艇横冲直撞也扰乱了游泳区的秩序，使得海水浴场险象环生。"我们对浴场摩托艇的经营是有严格的限制和规定的。所有浴场的摩托艇必须经过我们的审批才能投入经营,而且经营的时候必须严格在我们划定的航道里运行。不允许其他浴场擅自经营摩托艇,更禁止摩托艇穿过防鲨网,威胁游泳者的人身安全。"参与检查的青岛港航管理局工作人员说。目前,市区沿海的浴场总共审批了23艘摩托艇,其中,一浴有8艘,石老人海水浴场有15艘。后期,将对浴场的摩托艇经营进行"大洗牌",清理那些无证经营的"黑摩托艇"。

3. 遮阳伞　一小时租金最高达80元

颜色鲜艳的遮阳伞本是海水浴场中一道靓丽的风景,在海边游玩的游客们都喜欢租一把遮阳伞来躲避强烈的紫外线照射。然而,遮阳伞的"高身价"让游客们望而却步。许多经营者看到太阳伞如此受欢迎,于是将租金一涨再涨,甚至是漫天要价。记者调查发现,金沙滩浴场的遮阳伞有的一小时租金到了80元钱。与此同时,这些"遮阳伞"因为漫天要价而往往闲置,也成了"霸占"浴场空间的一个因素。对于遮阳伞的乱象,青岛海水浴场专项整治指挥部相关负责人表示,后期将联合物价及浴场管理部门对遮阳伞租金问题进行专项整治。根据目前的情况,针对市民反映的问题,酝酿出台一个浴场遮阳伞"最高租金",制定一个比较合理的最高限价来统一执行。

(资料来源:佚名. 青岛各海水浴场难题难解　摩托艇乱窜遮阳伞收高价[N]. 青岛晚报,2012-08-25.)

根据上述材料,分析下列问题:

(1) 青岛各海水浴场管理混乱的原因是什么?

(2) 可以采取哪些整顿措施?

第15章 休闲时代

知识目标	技能目标
① 了解休闲时代的形成条件； ② 理解休闲时代面临的挑战； ③ 掌握休闲时代的特征； ④ 了解休闲时代的愿景	① 分析休闲时代的必备条件； ② 分析休闲时代面临的挑战； ③ 展望休闲时代的休闲特征

中国的休闲时代从未真正到来

在欧洲,很多国家的生活节奏都很悠闲,即便有几天假期,人们通常也都是以日常休闲为主的,一般不会出现像中国那样的突击消费。很多餐馆、商店在周末和假期都关门休息。人们大多三五成群聚在一起喝咖啡。相反,很多中国人却在休闲时把自己安排得很忙,失去了休闲本身的意义。

对大多数中国人来说,他们缺乏的不是休闲时间,而是休闲文化。调查显示,中国人平均每日的休闲时间达到了6个小时以上。这意味着所有人可以在每天的1/4时间里想干什么就干什么,想怎么休闲就怎么休闲。

中国人在闲暇时光里都在干些什么呢?注重吃喝。中国人把节日和朋友的聚会变成吃喝的代名词,于是有人感叹,中国人的休闲观念、休闲产业和休闲文化需要长时间培养。也就是说,想要让休闲真正成为生活的一部分,中国人还需要一个进入"状态"的过程。

在西方,休闲被视为一门重要的学科领域。意大利人没有过黄金周的概念,但若翻开日历,意大利每年法定节假日很多,包括与天主教有关的圣诞节、复活节及圣母升天节,还有各地护城纪念日等。意大利人每年节假日之多在欧洲联盟成员国内名列前茅。在法定节假日,不仅意大利政府机构和办公室关门,而且就连一些在市中心繁华地段经营商店的老板们也放着生意不做,缩短营业时间或干脆关门歇业,举家老小走出喧嚣的城市,到乡下呼吸新鲜空气。

运动是欧洲年轻人最主要的休闲活动。人们觉得,年轻时应该投资健康,树立"锻炼终生"的观念,不能无限制地透支健康。特别是上班族,面对的生活、工作压力很大,通过锻炼可以舒缓紧张情绪,否则,只能在年老时再"花钱买健康"。

原来,中国人认为是最平常不过的"休闲",在西方却有着深厚的人文背景。被称为"休闲之父"的亚里士多德认为,休闲是"对要履行的必然性的一种摆脱",是一种不需要考虑生存问题的心无羁绊的状态,他甚至认为,"人唯独在休闲时才有幸福可言"。换言之,真正意义上的"休闲",是自由选择的,具有精神性的,非功利的。

休闲也受各个国家的文化影响。例如,德国人的啤酒、法国人的海滩、美国人的运动,对其他国家的人来说就是休闲。而真正适合中国人的休闲方式是什么,还有待进一步地摸索。

休闲不仅仅是社会现象,更是人们享受生活的一种社会权利。陶渊明"采菊东篱下,悠然见南山"的心境,羡煞了古今中外多少人。但陶渊明也解释过了,"问君何能尔?心远地自偏。"也就是说,能否真正进入休闲状态,关键要看个人修为。如果人们出去旅游时要随身携带笔记本电脑看股票涨落,在大剧院听音乐会时还在打电话讨论工作,这样的"休而不闲"或"闲而不休"状态,都是未能了解"休闲"的真谛。

生活中总有一些琐事让我们杂乱无章。其实,我们完全可以做到正视心中的自我需求,在平凡生活中开辟另一种视角,让生活变得休闲而愉悦。

(资料来源:孙晓华. 中国的休闲时代从未真正到来. 星岛环球网 [2011-11-11].)

第 15 章 休闲时代

> 思考：
> (1) 休闲时代有什么特征？
> (2) 我国进入休闲时代了吗？
> (3) 休闲时代对我们意味着什么？

20世纪末，美国著名的未来学家格雷厄姆·T. T. 莫利托预测"休闲是新千年全球经济发展的五大推动力中的第一引擎，新千年的若干趋势使得'一个以休闲为基础的新社会有可能出现'，到2015年前后，发达国家将进入'休闲时代'，一半的GDP将产生于休闲业，六成以上的从业人员将就职于休闲业，人类一半以上的时间和金钱将投入休闲业。休闲将在人类生活中扮演更为重要的角色"。新千年的第一个10年过去了，休闲产业取得了举世瞩目的成就，目前，全世界休闲行业每年创造的产值大约在30 000亿美元。其中，美国旅游业每年的产值就达6 210亿美元，提供了1 000多万个就业机会，近30万个公共服务职位，与休闲产业相关行业的消费总量更是可观。美国人已有1/3的时间、1/3的收入、1/3的土地面积用于休闲。2015年，美国休闲产业的从业人员已占整个社会劳动力的80%~85%。预测中的那个休闲时代如期而至。一个个鲜活的数据真切地触动着我们的心弦，休闲时代诱人的前景更是让人跃跃欲试。那到底什么是休闲时代，我们离休闲时代还有多远？

15.1 休闲时代的临近

休闲时代的到来，其实不是指一个人类普遍不生产的时代的来临，而是说一个人类把生产的能量和生产发展的内驱力都释放到消费性领域中的经济时代的来临。因为与发达国家在经济社会方面有着巨大差距，如果说2015年发达国家进入了休闲时代，我国可能还需要更长时间才能步入休闲时代，但目前种种数据和迹象表明：我国正蓄势待发全面迎接休闲时代的到来。

15.1.1 休闲时代的第一阶梯——个人收入提高了

实行改革开放以来，中国经济一直保持高速发展的势头，人均收入更是节节攀升。国家统计局数据显示，2016年全年我国大陆国内生产总值达744 127亿元，年末总人口为138 271万人，我国大陆人均GDP达到8 113美元。人均收入的不断增加极大地刺激了人们休闲需求的萌发。

15.1.2 休闲时代的第二阶梯——闲暇时间增加了

众所周知，在继1999年、2007年两次调整之后，我国法定节假日已增至115天，再加上2008年1月1日《职工带薪年休假条例》和9月18日《企业职工带薪年休假实施办法》的发布和实施，我国居民一年中平均休假时间超过1/3，人们的休闲权利得到法律保障，标志着我国公民的假期真正开始向分散休假模式进行转变。带薪休假是对公民休息权的尊重，是社会文明的一种标志。带薪休假制度在国外已实行多年且比较成熟，对休闲产业的纵深发展产生了深远意义，所以我国带薪休假条例的出台和逐步落实，是推动我国迈入休闲时代的一次重大改革，必将促进我国休闲产业再上一个新台阶。

15.1.3 休闲时代的第三阶梯——休闲意识觉醒了

一方面，党中央、国务院高度重视休闲旅游业的发展。2009年，国务院出台了《关于加快发展旅游业的意见》，明确提出要把旅游业培育成国民经济的战略性支柱产业和人民群众更加满意的现代服务业。2011年，国务院把每年的5月19日确定为"中国旅游日"。目前，全国有27个省区市将旅游业定为支柱产业或第三产业的龙头产业。最近，上海、北京、江苏、云南、新疆等省区市又明确提出把旅游业率先建设成为战略性支柱产业。另一方面，我国居民的休闲意识越来越强，近几年逐年递增的休闲旅游人数就是最有力的证明。2000年我国国内旅游接待总人数为7.44亿人次。2017年上半年，国内旅游人数为25.37亿人次，比上年同期增长13.5%；入境旅游人数为6 950万人次，比上年同期增长2.4%；出境旅游人数为6 203万人次，比上年同期增长5.1%。

15.1.4 休闲时代的第四阶梯——休闲政策出台了

我国实行的是"政府主导型"旅游发展战略，虽然目前还没有一个综合的休闲或游憩法案，但《国家旅游局关于加强旅游工作的意见》(1988)、《国家旅游局关于积极发展国内旅游业的意见》(1993)、《国务院关于进一步加快旅游业发展的通知》(2001)、《国家旅游局关于进一步促进旅游业发展的意见》(2007)、《国家旅游局关于大力发展入境旅游的指导意见》(2007)、《文化部、国家旅游局关于促进文化与旅游结合发展的指导意见》(2009)、《国务院关于加快发展旅游业的意见》(2009)、《国务院关于促进旅游业改革发展的若干意见》(2014)、《国家旅游局关于促进智慧旅游发展的指导意见》(2015)、《国务院办公厅关于进一步促进旅游投资和消费的若干意见》(2015)、《国务院办公厅关于进一步扩大旅游文化体育健康养老教育培训等领域消费的意见》(2016)等一系列文件的出台，为休闲旅游业的发展保驾护航，从根本上改善了休闲的软硬环境、促进了休闲产业结构优化。同时，国务院2013年印发的《国民旅游休闲纲要》和《中华人民共和国旅游法》，也必将会为休闲产业带来更大的发展机遇。

15.2 休闲时代的挑战

美好的休闲时代给我们带来了许多欣喜与憧憬，但欣喜之余我们必须正视客观环境带给我们的诸多挑战：人口爆炸、人口老龄化、环境恶化、全球变暖、快速城市化、技术发展以及贫富差距悬殊等，都无不提醒着人们，这些因素的变迁将会在很大程度上影响休闲时代的格局。

15.2.1 人口爆炸

联合国统计显示,世界人口从 10 亿人增长到 20 亿人用了一个多世纪,从 20 亿人增长到 30 亿人用了 34 年,而从 1987 年开始,每 12 年就增长 10 亿人。截至 2015 年年底,全球人口已经达到 77 亿人。人口爆炸对人类的休闲产生了深远的影响。

第一,休闲政策发生改变。从推行"野外娱乐"到限制物资高消费的休闲方式。假如世界上以购物为乐的人再多出 1 倍,他们的消费就将对环境造成额外的压力。假如计划游览黄山的人再多出 1 倍,山上就得建一座城市,以便为游客提供食宿。为此,2013 年 10 月 1 日施行的《旅游法》就明确规定:景区应当公布景区主管部门核定的最大承载量,制定和实施旅游者流量控制方案,对景区接待旅游者的数量进行控制;景区在旅游者数量可能达到最大承载量时,未按规定公告或者未向当地政府报告,未及时采取疏导、分流等措施,或者超过最大承载量接待旅游者的,由景区主管部门责令改正,情节严重的,责令停业整顿一个月至六个月。

第二,服务对象发生改变。类似中国的人口大国,出现了新兴的中产阶层,这些人想通过出国旅游寻求休闲经历,他们渴望有更多的机会去接触自然环境、了解不同的历史,并领略独特的异国风光。这样,像黄石这样的国家公园管理部门就要对公园一贯的操作规程做相应调整。公园的礼品店将起到重大的作用,因为按照许多亚洲国家的传统,旅游归来要为朋友带回小礼物。此外,工作人员要学说中文。

第三,休闲质量发生改变。人数增长所导致的拥挤状况要求管理部门对该项活动进行更多的组织,他们必然降低有关活动的质量。这一变化还将提高私人空间的需求量,并在其他许多方面左右人们的活动经历。有经济基础的人可以通过新的途径支付更多的钱来避开人群,享受个人空间。在自然中独处可能需要更大的开支,结果只有那些经济基础好的人才能享有这种亲身经历。

第四,休闲参与度发生改变。人口增长还可能意味着休闲将不再是积极地参与,而是越来越接近消遣,以及对各种休闲服务的演示,对世界上那些生活拮据的人而言,情况更是如此。大多数休闲活动都要求参与者购买特殊器材并支付费用。相比之下,电视转播带来的消遣和其他消极的休闲比较便宜。而且,部分娱乐场所的入场人数受到严格控制。许多人无法积极地参与休闲,而是被抛向电视–电脑型的消遣方式,被抛向毒品及其他的消极活动。还有些人将通过高科技手段,如虚拟现实和博物馆式的场景演示,来替代亲身经历。

第五,野外休闲地发生改变。世界人口的成倍增长将导致野生动植物栖息地的锐减。那些对环境解析、自然中心、户外娱乐、森林娱乐和其他相关活动感兴趣的人尤其会意识到这一变化。

15.2.2 人口老龄化

我国的计划生育政策实施至今,人口数量得到有效的控制,但也造成人口结构失调。例如,老年人口数量的比例在不断增加。联合国衡量老龄化程度的指标:以 65 岁及以上老年人口比例在 7% 以上的即为人口老龄化。按此标准,我国在 2001 年 65 岁及以上人口占全国总人口的 7.10%，就步入了老龄化社会。我国人口的年龄构成见表 15-1。

表 15-1　我国人口的年龄构成

年份	总人口/万人	0～14 岁		15～64 岁		65 岁及以上	
		人口数	比重/%	人口数	比重/%	人口数	比重/%
1982	101 654	34 146	33.59	62 517	61.50	4 991	4.91
1987	109 300	31 347	28.68	71 985	65.86	5 968	5.46
1990	114 333	31 659	27.69	76 306	66.74	6 368	5.57
1995	121 121	32 218	26.60	81 393	67.20	7 510	6.20
1996	122 389	32 311	26.40	82 245	67.20	7 833	6.40
1997	123 626	32 093	25.96	83 448	67.50	8 085	6.54
1998	124 761	32 064	25.70	84 338	67.60	8 359	6.70
1999	125 786	31 950	25.40	85 157	67.70	8 679	6.90
2000	126 743	29 012	22.89	88 910	70.15	8 821	6.96
2001	127 627	28 716	22.50	89 849	70.40	9 062	7.10
2002	128 453	28 774	22.40	90 302	70.30	9 377	7.30
2003	129 227	28 559	22.10	90 976	70.40	9 692	7.50
2004	129 988	27 947	21.50	92 184	70.92	9 857	7.58
2005	130 756	26 504	20.27	94 197	72.04	10 055	7.69
2006	131 448	25 961	19.75	95 068	72.32	10 419	7.93
2007	132 129	25 660	19.42	95 833	72.53	10 636	8.05
2008	132 802	25 166	18.95	96 680	72.80	10 956	8.25
2009	133 450	24 659	18.48	97 484	73.05	11 307	8.47
2010	134 091	22 259	16.60	99 938	74.53	11 894	8.87
2011	134 735	22 164	16.45	100 283	74.43	12 288	9.12
2012	135 404	22 287	16.46	100 403	74.15	12 714	9.39
2013	136 072	22 329	16.41	100 582	73.92	13 161	9.67
2014	136 782	22 569	16.50	100 398	73.40	13 815	10.10
2015	137 462	22 715	16.52	100 361	73.01	14 386	10.47
2016	138 271	23 008	16.64	100 260	72.51	15 003	10.85

（资料来源：中华人民共和国国家统计局，2017 年中国统计年鉴 [M]. 北京：中国统计出版社，2016.）

而随着社会的全面进步和健康生活意识的广泛普及，我们已经不能期望未来老年人退休后会与早期的老年人那样做同样的事——无所事事或与电视为伴或与孤独为伍，而且日益延长的寿命及整体健康水平的提高，让越来越多的老年人并不认为退休就是用来放松和简化生活方式的一段时期，而是可以根据自己的意愿迎接挑战，完成个人成长的延续。所以说，虽然人口老龄化将对社会保障体系和公共服务体系产生很大的压力，但却是一个十分可观的休闲大军，老年人对各种游憩和休闲的需求将不断增长，未来不论是政府还是各种企业与非营利机构都将面临如何为老年人提供休闲服务的难题。诚然，社区老年活动中心、老年大学等传统服务是有必要的，但这些很难吸引那些认为自己很独立的大量老年人，他们追求的是新潮体验和更大的挑战。另外，健康的老年人可以从那些针对目标选择及优化的活动中受益，而受更多健康条件限制的老年人则应该从适合的、设施完备的活动中受益。不论何种途径，所有服务机构和组织都必须明白一个事实，那就是未来老年人的需求与以前任何一代相比都更加多样化，其期望也更高。

15.2.3　环境恶化

我国经济长期保持高速增长，在这个过程中，我国有相当长时间没有摆脱高投入、高消耗、重污染、低产出的传统发展模式，所造成的环境问题，如雾霾现象频发、水土流失严重、沙漠化迅速扩展、草原退化加剧、森林资源锐减、生物物种加速灭绝、固体废弃物存放量过大、垃圾包围城市、环境污染向农村蔓延等非常严重，使得我国环境形势十分严峻，不容乐观。与此同时，经济高速发展，城市化、工业化导致建设用地过快增长。加上城市不合理的"摊大饼"外延式扩张，小城镇用地也存在严重的不经济现象，使得有限的土地得不到有效配置，造成土地资源的巨大浪费。一方面，日益增长的休闲需求对现有游憩设施、休闲区域的巨大压力已不容忽视；另一方面，我国休闲用地锐减及休闲环境持续恶化的现状让人堪忧。这都将是休闲时代面临的巨大挑战。

15.2.4　全球变暖

地球大气层的升温将影响到世界各地的休闲参与风格，甚至连立法都无法像它这样限制我们的自由。完全暴露在烈日下的户外娱乐将变得非常危险，在中午左右的这段时间内尤为如此。因此，在进行户外娱乐时，人们的着装、活动方式和活动场所都将发生改变。

臭氧层的破坏也将影响到娱乐场所的设计。游泳池、高尔夫球场、网球场和其他传统的户外设施都将受到冲击，这些地方需要搭建更多的遮阳物。许多休闲场所要保持更加凉爽的温度。这需要与更精巧的建筑设计和更多的树木或其他植被覆盖很好地结合起来。而且，部分休闲场所将向地下发展。

旅游业也将受到直接的影响。潮水上涨导致的海滩被侵蚀将毁掉许多旅游景点，尤其是那些海岸较平缓的地带。即使只有几摄氏度的气温上升，它一方面足以使滑雪胜地化为乌有，另一方面又很可能使赤道以南地区的气候变得更为宜人。此外，洪水和严重的暴风雨也将给许多旅游景区带来麻烦。

全球变暖改变了人们对阳光的原有看法。在阳光下晒出"健康色"或是"日光浴"将不再受到大众的欢迎。以日光为招牌的旅游景点，如西班牙的阳光海岸，将不得不重新命名。

旅游业及绝大多数户外娱乐活动的成功在很大程度上取决于人们能否自由地并以合理的价格外出旅行。温室效应将迫使人们对旅行，尤其是对那些助长变暖趋势的旅行方式进行一定的限制。人们将不断地对这些污染性的交通方式进行限制，或者提高税率，或者对其采取不予鼓励的态度。相关的休闲旅行可能会受到控制，或是被取缔。

臭氧层的破坏还会在诸多方面影响到狩猎和捕捞活动。许多野生动物会随着气温增长而消失，有的可能会绝种，有的则可能向气候凉爽的地区迁徙。为挽救数量不断减少的迁徙动物，狩猎和捕捞活动可能将被取缔。相反，某些地区会由于当地动物数量的突然增长对这两种活动采取鼓励措施。

已被海水淹没的威尼斯圣马可广场（刘秀茹摄）

15.2.5 快速城市化

快速城市化对我国城镇居民的休闲生活已经产生了不可忽视的影响。当代中国的城市化进程，是我国社会、经济生活中的一件大事，同时对国际社会也有重大的影响。诺贝尔经济学奖得主约瑟夫·斯蒂格利茨认为，"中国的城市化与美国的高科技发展将是深刻影响21世纪人类发展的两大主题"。改革开放以来，我国的城市化率从1978年的17.92%上升到2016年的57.35%（按城镇人口占全国总人口比重计算）。根据联合国的估测，我国的城市化率在2050年将达到72.9%。快节奏的现代城市生活让我们不禁要对"城市，让生活更美好"产生怀疑。

快速城市化对北京市居民休闲生活的影响

2016年，北京市城市化率86.30%，仅次于上海市的88.02%，位居全国第二。城市化的增长速度远快于城市基础设施的完善速度，这给北京市市民的休闲生活带来了诸多的不便。

1. 人满为患

北京市统计局数据显示，2016年北京市常住人口为2 172.9万人，常住人口密度为每平方公里 1 324 人。而根据社保部门的数据估算得出,北京市的常住人口实际上将达 2 900 万人。在北京市的主城区内人满为患,诸多休闲活动都难以开展。

2. 交通堵塞

由于北京市属于单中心城市结构,政府、金融、教育、医疗、商业等服务部门基本都集中在城区,随之聚集到城区的大量人流、物流、车流大大超出了基础设施的承载能力,由此造成严重的交通拥堵现象。近年北京市新获得了一个外号"首堵"。单中心加大了城区交通压力,而交通拥堵又大大削弱了城市中心区的扩散和辐射功能,由此形成恶性循环。2016 年末北京全市机动车保有量为 571.8 万辆,比上年末增加 9.9 万辆。交通拥堵的局面使得人们难以出行,制约了人们休闲活动的正常开展。

3. 购车困难

2008 年北京市奥林匹克运动会尝试实行"按车牌尾号每周停车一天"的政策后,交通拥堵状况依然没有改善,车反而越来越多。时下,北京市地方政府又酝酿推出"限制外来人口买车""买车人必须先拥有车位""收拥堵费""摇号购车"等政策。这些政策都极大地增加了市民购车的困难,进而限制了人们的自驾休闲活动。

4. 人情淡漠

北京市城市化的发展使得城市人口迅速增加,人与人之间的关系发生微妙变化,居住格局发生迥然变化,随着这些变化产生的是都市人情淡漠的现象。首先,人口增加,人与人之间深刻、频繁的接触机会少了。其次,居住格局改变。随着城市化的发展,衡量城市化水平标准之一的高楼大厦开始四处林立,一种称为"筒子楼"的居民房开始取代原先的老式房子,人们没有机会也不愿有机会和不认识的人认识,这就增加了人们之间的冷漠感。最后,我国在城市化进程中以社区制取代单位制,而在城市化进程未完全实现的情况下,社区制发展不成熟,社区功能发挥不完全,使得居住在社区中的来自不同地域、不同工作性质、不同背景等的人没有共同的话题和共同的生活体验,进而沟通较少。都市人情淡漠使得城市居民的休闲生活缺乏温情,人这一重要的休闲构成要素的生命力表现不够活跃,这样使休闲伙伴难寻,休闲氛围缺乏人性化。

5. 休闲空间不足

目前,北京市面临着人们休闲需求与日俱增和设施供给严重不足之间的矛盾日益突出的问题,游憩场地的数量不足和休闲空间的质量不高现象比较明显。另外,在寸土寸金的时代,北京市公共休闲空间的数量与规模也越来越难以保障。休闲空间不足使得市民休闲不再是积极地参与,而是接近消遣,以大众传媒为主体的休闲生活成为绝大多数人的首要选择,电视 - 电脑型消遣方式普遍存在于人们生活中。

6. 闲暇时间减少

2010 年 6 月 6 日,中国科学院发布了《2010 中国新型城市化报告》,对内地 50 座城市上班花费时间(从家到单位单程)进行了排名。其中,北京市居民上班平均花费的时间最长,为 52 分钟。另外,再加上出行时间还有等车时间,这样上班花费时间比统计出的还要多。随着城市规模的扩大,上班花费时间呈增长趋势,将减少城市居民真正有效的休闲时间。

7. 休闲环境恶化

随着城市化进程的推进,城市人口迅速增长,大规模工业生产活动和繁忙拥挤的交通,产生大气污染、垃圾污染、噪声污染、热辐射污染、光污染、微生物污染等各种污染现象，整体城市环境中自然成分缺失，而危害物增加，对人们的休闲生活产生了许多不利的影响，人们的着装、活动方式和活动场所将发生很大改变。

8. 休闲消费专业化

休闲消费专业化首先体现在休闲消费知识的专业化上，缺少相应的休闲专业知识和技能的人将不再能够轻松体会到个中乐趣。在当今的都市社会中，人们的休闲选择空前丰富，许多休闲活动已经成为专业化的活动，需要付出更多的专业训练才能得到其中的乐趣，如高尔夫、瑜伽、跆拳道等。休闲消费专业化还表现在人们在休闲过程中所使用的设备和场地等硬件设施上。休闲消费中出现这种专业化倾向固然是因为人们生活水平提高、可支配收入增加，但从社会阶层分化的角度来看，仍然可以视为一种不同人之间、不同亚文化群体之间的区隔行为。与其他消费相比，它不仅仅是一种投入金钱的炫耀性消费，更是一种生活方式的差异与休闲文化的差别。

15.2.6 技术发展

技术不仅改变了人们的生产生活方式，也在多方面影响着人们的游憩和休闲。如今的国人，把更多的时间用在了沟通和媒体设备的使用上，如电视、MP4、智能手机等，而非其他活动上。关于技术是如何影响个人、家庭、工作和社区的，手机是一个很好的例子。另外，信用卡及网上数字化支付方式的使用，让虚拟购物成为常态生活方式，同时互联网的快速传播性与受众的广泛性，让很多人的兴趣和特长得以被广泛认可，成就了很多的"草根明星"和"平民话题"。

因此，技术的变化带给我们一些启示。例如，青少年与上一代人相比，参加的传统休闲活动在减少，而更多的是以技术为主的活动，如改编与分享音乐、制作视频、通过互联网和即时通信软件与同龄人联系等。另外，随着信息技术的发展、社会生活节奏的加快，一些新兴工作方式（在家办公）不断出现，休闲与工作的界限越来越模糊。所以，在未来可预见的时间内，我们的休闲游憩内容和方式将深深地打上科学技术的烙印。

15.2.7 贫富差距悬殊

第二次世界大战以来，全球收入不动产计算增长了700%，但其中绝大部分所得都落在了仅占世界人口总数1/5的最富有的人手中。自1960年以来，这部分人的收入在全球总收入中的比重从70%上升到85%。这样一来，占世界人口1/5的人便拥有了超出全球4/5的财富，其他人手中的份额则相应减少；占世界人口20%的最穷的人的收入比例从2.3%降到1.4%。

穷人中最穷的人正在对自然资源进行过度的掠夺：他们仅仅为了获取燃料便任意砍伐热带雨林，而且那些背井离乡的农民也完全靠刀耕火种谋生。所有类似的破坏行为都将导致自然资源的枯竭，它们对环境造成的破坏相当于发展中国家另外30亿人所造成的全部自然资源损失。世界资源协会的阿兰·哈蒙德曾经指出：如果贫穷的国家实在没有任何其他东西可供出口，那么他们只好出口自己的苦难——其形式为毒品、疾病、恐怖主义、移民和环境恶化。

2013 年，美国科幻影片《极乐空间》就鲜明地展示了这样的两大阵营。故事发生在 2159 年，在地球生态已经遭到严重破坏、不适宜人类生存的未来时空，两大阶级的人泾渭分明：富人们生活在无污染的人造空间站 Elysium（极乐世界），剩下的穷人们则在废料成堆、人口过剩、遭到严重破坏的地球上苟延残喘。

如果贫富悬殊过大，我们就只能为分属贫富阶层的两部分人提供迥然不同的娱乐和休闲方式。一旦真是如此，主管娱乐场、公园、文化、体育和其他有关休闲业的服务部门将不得不发展一条双重服务路径——一套策略专门针对社会上的有产阶层，一套则面向穷人。譬如，一处肮脏不堪、污染严重的公园是向穷人开放的，而另一区域内洁净自然的公园只接待有钱的游客；又如，商业领域将为有钱人提供旅游业，而将毒品和电视推销给穷人。

15.3 休闲时代的特征

休闲时代是人类社会发展的高级社会形态，其衡量的标准主要包括两个方面：一是休闲时间，人们用于休闲的时间应该占到全部活动时间的 50% 以上；二是休闲支出，人们用于休闲活动的消费支出也应占到日常消费总支出的 50% 以上。总之，在休闲社会里，人们的生活轴心将由以工作为主要生活方式转变为以休闲为中心的生活方式。具体来说，休闲时代具有以下几大特征。

15.3.1 休闲与工作的界限逐渐消失

社会学家奇克和伯克指出，随着社会潮流的发展，人们将不能依据一个人经常从事什么活动来确定这个人是在工作还是在休闲，休闲与工作的区别在于个人对这种活动的态度及这种活动对个人的意义。因此，工作和休闲之间的差别不再是一个概念性的差别，也不在于所涉及的具体活动和具体人员的不同。两者的根本差异在于它们所涉及的社会组织形式不同。在把某个人活动的社会组织形式了解清楚之前，我们很难判断这个活动是工作还是休闲。正是在这一意义上，有很多学者预测，工作与休闲之间的界限在不久的将来会逐渐消失。休闲即工作、工作即休闲的现象更加普遍。

15.3.2 休闲资源的可利用性大大提高

交通工具的发展对休闲产生了跨时代的影响，尤其是汽车、高速铁路和飞机的发展极大地方便了空间移动，节省了时间，降低了成本，既促进了休闲的大众化，也扩大了休闲活动的时空半径。交通工具的普及对周末旅游和工作日晚间的野外娱乐的大众化起到了很大的促进作用。在发达国家，观光大客车、汽车租赁业的普及极大地便利了游客的休闲活动，游客先乘飞机到达目的地，再乘坐租赁汽车继续他们的旅行。以高速、方便、安全、经济的飞机为代表的大型化旅游方式，对休闲地域的扩大产生了跨时代的影响。飞机的迅捷性缩短了旅行时间，使远距离旅行变得便捷。

另外，电脑将信息以电子化的方式传播到千家万户，对大众的休闲方式产生了极为深刻的影响，也使大众休闲化成为可能。如今，我们可以通过电脑便捷地得到过去必须通过休闲杂志和报纸等大众媒体才能获得的信息。电脑游戏的普及对年轻人的休闲方式及活动也产生了极大的影响。

15.3.3　休闲方式选择的日益多元化

随着工业化进程的发展，从服饰到正规教育，从饮食到娱乐，人们方方面面的生活都已经变得更加标准化。随着科技在工业生产中的普遍应用，标准化造就了大众生产、大众消费、大众传媒、大众教育和大众休闲等社会现象。工作领域的标准化导致生活领域的标准化。同样，工作的集中化也导致了其他生活领域的集中化。巨型保健中心、包价旅游、电视剧及其他形形色色的休闲方式，都无不打上了标准化和集中化的烙印。

然而，随着信息社会和知识社会的到来，休闲时代这种弹性化、分散化和个人化的生活方式将越来越受到人们的欢迎和重视。所有这些取消集中化、避免标准化的尝试，都是阿尔文·托夫勒所说的"后标准化意识"的表现。后标准化意识也从分散化资源中获取越来越多的信息，所谓的大众传媒有可能解体，而针对特定群体的新闻简报、杂志、电子邮件、影印文字材料、家用电脑、袖珍录音带、家庭微型办公室、其他的电缆网络服务设备及其他新型通信方式将得到广泛的应用，其结果是人们的信息传播途径日趋分散化、休闲方式日趋个性化。

相应地，与标准化相适应的群体文化将逐渐被一种更强调多样化和个性化的文化所取代，我们将从中感受到更多新鲜事物的刺激，对自我的认识也将发生改变。在后工业化社会中，多元文化对休闲行为形成了种种影响。多元文化强调休闲活动是个人选择的、使其快乐的任何活动，它只承认法律的约束。休闲活动只能表明休闲者个人的兴趣或"生活方式"，并不代表某种文化。一波一波的时尚和新创造的休闲活动将促使人们不断地追新求异，人们一边加速对休闲体验的消费，一边考虑什么更值得消费。

15.3.4　休闲经历日益故事化

我们在业余时间将购买各式各样的故事：工作日结束后，增强家庭亲和力的故事。这个鼓舞人心的故事可能被主题餐馆所讲述，也可能被主题景区所讲述，还有可能在情感奔泻的摇滚音乐会或者体育赛事上流传。正如我们锻炼肌肉以保持强健的体魄一样，我们还锻炼情感以防止它处于饥渴状态，这种情感健身仿佛是一种与生俱来的需要。当然还有人把讲故事本身作为娱乐消遣。人们讲述故事，以寓言作为维系共同凝聚力和吸引力——放弃小我，摆脱束缚——的纽带。

梦想社会的休闲产品

哥本哈根未来研究院的 7 名工作人员相聚在富于创造力的圆桌前,开始讨论梦想社会的休闲消遣,每人举出一种休闲消遣的方式,但是要新鲜离奇一点。这 7 个提议的共同点是你度假时不是你自己,而是成了另外一个人。

(1) 在闲暇时间你成了产品,就像电影《完全复活》一样,你暂时成了另外一个人(我们指的是角色)。今天,受到经济萧条威胁、面临失业的矿工将成为热点旅游对象。"当一个星期的矿工",体会上一代人的生活,深入到矿工生活中去。

(2) 做一次访问贫民区之旅,扮演一周的贫民。旅行社将为你提供破旧褴褛、带点异味的装备。你将从底层观察大都会和城市人,体会到另外一部分人怎样在人们的歧视中挣扎谋生,用帽子乞讨、接受施舍是什么心情。或者在监狱里度过一周,毕竟,大多数人没有体验过监狱的滋味,所以需要这种经历,而这个机会应该首先提供给那些希望尝试一下犯罪会带来什么后果的年轻人。

(3) 做一次未来之旅。首先,你要选出一年,计算你那时候的年龄。接下来的问题是那时你做什么工作?你的生活是什么样子?然后旅行社为你布置背景。这对旅行社来说是个巨大挑战,不过他们可以付钱向咨询公司讨一些对未来战略的现实性建议,制片厂是未来工厂的理想场所。

(4) 回到童年。你将置身于一所模仿 5 岁孩子周围环境的房子中,这所房子比一般房屋大两倍——房门高达 9 英尺 (1 英尺 =0.304 8 米),你几乎够不着门把手,看家犬 6 英尺高。这是将为人父母的人度过一个下午的好办法。

(5) 重温历史上的伟大战役。法国军队与反法同盟交锋的滑铁卢之战需要雇 100 000 个群众演员才能大规模再现历史。不过可以重新创造出一部分场景,电影公司可以支付大部费用。此外,世界上所有军事历史学家都将买票来当观众,因为你没赶上 1815 年 6 月那个雨天,所以重新扮演一下是最妙的主意。

(6) 充当一回鲁滨孙。被放逐到荒无人烟的小岛上,检验一下你的求生本领;看你能否搭起小棚子,采集食物,找到淡水,并克服孤独。这个经历将让你认识到自己是多么依赖于现代科技,对基本求生规则掌握的知识多么可怜。你往往会发现,学校教育并没给你带来多大好处。

(7) 去墨西哥或泰国度一次假,但是要当墨西哥人或泰国人。你是一个本地人,也被他们当成本地人。你和他们一起生活,从内部经历每一天,因而,你有可能从另一个角度——当地人的角度来看游客。

(资料来源:[丹]罗尔夫·詹森. 梦想社会 [M]. 王茵茵,译. 大连:东北财经大学出版社,2003.)

15.3.5　休闲的地位越来越重要

现代社会的特点是工业技术发达、信息化程度高、人的寿命延长、劳动时间缩短、失业率增加，甚至有人会提前退休。现代社会的特点不同于以前的工业社会，因此我们称之为后工业社会。在后工业社会，随着社会整体结构的变化，每个人会有更多的闲暇时间，而休闲不再取决于人们的选择，而是作为基本权利被赋予人们，而且休闲作为提高生活质量的核心因素，其作用也会越来越大。

目前，美国已经经历了三次大革命：第一次是18世纪美国独立的政治革命；第二次是20世纪前后的大生产革命；第三次是20世纪50年代以后的休闲革命。而休闲革命则是从最根本上改变了人类价值体系及生活方式的契机。工业社会把重点放在工作上，主要关心以工作为中心的绩效主义、禁欲及生理、经济方面欲望的满足；而后工业社会则把重点转移到休闲上，追求以休闲为中心的享乐主义、欲望的满足及精神、人格需求的实现。在未来真正的休闲社会，休闲的中心地位将会加强，人们将会更充分地认识到休闲的真正意义，休闲不再仅仅是劳动力恢复身心的手段，更是作为生活的组成要素和追求新体验和新知识的自我开发的时间。

15.3.6　休闲的权利得以实现

在传统观念中，人们崇尚吃苦耐劳的奉献精神，既没把"休假"作为自己的权利来追求，更没有把休闲作为一件"正事"来看待。但在休闲观念已渐入人心的当代社会，休闲将逐渐成为人的基本权益，而且在价值判断上逐渐认为自我实现的愿望并不仅仅局限于工作领域，也可以在休闲活动(如志愿服务)中得到满足。许多欧美人把个人休闲权利置于较高的地位，他们认为，平日辛苦工作、积攒收入的目的大半是休假，因为只有在休假中才能摆脱工作杂事带来的困扰和压力，使人回归自我，暂别异化状态，恢复人性。这些个人权利、回归自然等现代社会伦理正在逐步深入人心。休假、出门旅游和户外运动等休闲生活已经成为现代人生活中不可缺少的一部分，已经完全融入人们的生活方式中。现代社会的法定假期、公共休闲政策、法规和制度很多，休闲正成为现代人的基本生活权利。

15.4　休闲时代的愿景

15.4.1　个人的全面发展

休闲时代，具有足够支付能力和充足闲暇时间的个体可通过自发的、政府的、私人的、商业的、医疗的、教育的团体等提供的休闲服务与管理，来满足多样性和个性化的休闲需求，促进个人的全面发展，具体表现在以下几个方面。

(1) 成就一种生活方式，锻造一种生活态度。休闲时代，人们不再视休闲为工作间隙的必要休息和恢复工作能力的手段，而是具备了强烈的休闲意识，摒弃不健康的休闲方式，不断丰富休闲内容，提高休闲质量，休闲成为人们的一种生活方式，"工作是为了更好地休闲"成为真实写照。那时候,每个人的休闲权利都得到充分保障:小孩儿可以尽情享受童年的乐趣,中年人不再只为生活奔波忙碌,老年人迎来了生命中的另一次起航。

(2) 提升个人能力。休闲带给人们的不仅仅是快乐或愉悦,还能提升人们自我认知、创造性思维与独立解决问题的能力、人交际的能力,以及其他个人成长的重要方面。

(3) 挖掘个人潜能。休闲更能帮助人们挖掘生理和心理的全部潜能,增强自信心,实现作为人的完整性。

15.4.2 社会的全面进步

休闲时代,通过游憩服务机构提供休闲服务与管理,可以满足多方面的社区需求,实现社会的全面进步,具体如下。

(1) 重视环境保护,提升区域魅力。不同的区域通过整体规划构建和完善公园及户外场所网络,打造一批休闲景点,并鼓励以积极的环境态度和策略来改善自然环境和人文环境,使我们生活的区域成为更具有吸引力的居住地和游览场所。

(2) 提高生活品质,促进个人、家庭发展。通过为社区中所有年龄、背景、经济阶层的居民提供令人愉悦的、有益的休闲环境来提升其生活质量,并且通过各种渠道和方式积极鼓励居民参与到各种社会志愿性活动、服务项目或节庆活动,提升居民的自豪感和精神风貌来加强居民的社区主人翁意识,最终促进个人身体、情感、智力、精神、社交的健康发展和家庭团结与幸福。

(3) 丰富文化生活,改善群体关系。通过政府机构、行业机构推动美术、表演艺术、特殊节事、文化项目等的全面发展,丰富居民的精神文化生活,同时通过共有的游憩和文化体验,改善具有不同民族、种族、宗教背景的社区居民之间的群体关系和不同代际人群间的关系,促进社会和谐。

(4) 抵制青少年犯罪,维持社会稳定。鼓励各种组织机构通过提供富有挑战性的项目,为年轻人提供积极有益的、充满乐趣的游憩机会,以及其他必要服务来防止或减少自由时间内的破坏行为或反社会行为,同时提高认识自我、与人交往、适应社会的能力,促进青少年的全面发展,那么"少年强,社会强"目标的实现则指日可待。

(5) 满足特殊人群的需求,确保休闲时代人人平等。休闲时代中,每个人都享有休闲的权利,残疾人也不例外。由于身体残疾或心理的障碍使得他们的休闲项目和方式将有别于一般项目,未来既可以通过治疗环境中的治疗式游憩服务,也可以通过针对各类残疾人的社区服务项目来满足这些特殊人群的需求,真正实现休闲面前人人平等。

(6) 带动就业,繁荣经济。休闲将成为未来的第一大产业,是未来商业投资的最大热点,也是社区或地区收入与就业的最重要的渠道。

本 章 小 结

随着个人收入的提高、闲暇时间的增加、休闲意识的觉醒和休闲政策的酝酿,休闲与人们的关系越来越密切。

我们必须清醒地认识到人口爆炸、人口老龄化、环境恶化、全球变暖、快速城市化、技术发展以及贫富悬殊等因素的变迁将会在很大程度上影响休闲时代的格局。

休闲时代的特征：休闲与工作的界限逐渐消失、休闲资源的可利用性大大提高、休闲方式选择的日益多元化、休闲经历日益故事化、休闲的地位越来越重要、休闲的权利得以实现。

休闲时代人们共同的愿景：个人的全面发展和社会的全面进步。

关键术语

休闲时代 (leisure time)

休闲社会 (leisure society)

知识链接

1. [美] 麦克林，赫德，罗杰斯. 现代社会游憩与休闲 [M]. 梁春媚，译. 北京：中国旅游出版社，2010.
2. [英] 乔治·托可尔岑. 休闲与游憩管理 [M]. 田里，董建新，曾萍，等译. 重庆：重庆大学出版社，2010.
3. [韩] 孙海植，安永冕，曹明焕，等. 休闲学 [M]. 朴松爱，李仲广，译. 大连：东北财经大学出版社，2005.
4. [美] 杰弗瑞·戈比. 21世纪的休闲与休闲服务 [M]. 张春波，陈定家，刘风华，译. 昆明：云南人民出版社，2000.
5. [丹] 罗尔夫·詹森. 梦想社会 [M]. 王茵茵，译. 大连：东北财经大学出版社，2003.
6. 马勇，周青. 休闲学概论 [M]. 重庆：重庆大学出版社，2008.
7. 陈来成. 休闲学 [M]. 广州：中山大学出版社，2009.

课 后 习 题

一、多项选择题

1. 休闲时代具有（   ）的特征。
   A. 休闲与工作的界限逐渐消失　　B. 休闲资源的可利用性大大提高
   C. 休闲方式选择的日益多元化　　D. 休闲的地位越来越重要
   E. 休闲的权利得以实现

2. 除了人口爆炸、人口老龄化之外，休闲时代还面临（   ）的挑战。
   A. 环境恶化　　　B. 全球变暖　　　C. 快速城市化
   D. 技术发展　　　E. 贫富悬殊

3. 下面属于休闲时代愿景的是（   ）。
   A. 个人的全面发展　　　　　　B. 政府开明
   C. 商业发达　　　　　　　　　D. 社会的全面进步

二、思考题

1. 休闲时代下，休闲产业发展的趋势是什么？
2. 休闲时代下，休闲管理会有哪些新的举措？

三、案例分析题

梦想社会的闲暇时光

随着世界人口和财富的增长，可供享受的自然风光越来越难以寻觅。到2020年，陆地上的野生动物保护区将减少，显示在地图上只有几个分散的小点。20世纪以来兴建的公路、建筑和熙熙攘攘的人群不但侵入了人猿泰山的领地，还将其夷为平地。因此，野生自然景观越来越罕见。不过有一个领域还保持着完整，没有受到人类的破坏，那就是大海。因此，水下旅游会成为21世纪的重要旅游项目。

另一种可能性就是水下旅馆，从中可以欣赏连绵不断的水下风光。目前还只有一所水下旅馆，就是佛罗里达州凯洛格的朱尔斯旅馆，不过很快就会出现越来越多的水下旅馆，旅馆房间叫作"海底房间"。这些是新型旅游的可能性，不过像在大珊瑚礁跳水、在巴塔哥尼亚研究食人鲸、在大洋洲欣赏蓝鲸、在马来西亚观看海龟这些活动增长得太快，以至于应该对其稍加约束。

过去10年里，巡航旅游稳步增长。这种曾被视为富人专宠的轻松加奢侈的假日如今也可以为大多数人所享受，仅仅出于这个原因，旅游也将不可避免地发生新的进步。纯粹的摆谱成为不必要的；巡航旅游必须有一个主题、一个想法、一种情感目标——如家庭旅行。

当野生自然不再是一个问题而是需要保护的东西时，"生态旅游"也就出现了，它意味着游客不给其所游览的自然胜地造成负担。再过10~20年，这个词会大量使用于广告中，然后再次消失——不是因为它不时髦了，而是因为我们都自觉地爱护自然了。虽然关于是否应该保护自然胜地的问题还相持不下，但是所有人都赞同原始形态的大自然是宝贵财富。因此，应该为我们的子孙后代保留自然。

我们已经看到了症结所在：陆地上的自然宝地不是所剩无几，就是距离愿意出钱参观的人太远。因此，未来另一个增长点是把自然搬上舞台：建立人工动物园和国家公园，可以在冬天喂养动物。因此，我对年轻人的一句忠告就是别追求"塑胶业"——像在《毕业生》里一样，而是投身于"自然和贴近自然的东西"。20年内，人类必须挽救许多自然宝地，创造大量人工景观——狩猎公园、雨林、热带草原等。

未经开垦的自然日渐贫乏，这就提出了一个有意思的问题：到哪里去寻找它。很显然，有一个答案是非洲。虽然从物质角度看，非洲是最贫瘠的大陆，然而它奇迹般地拥有无数未开采的自然宝地。刚果民主共和国的雨林所带来的财富将超过铜和钻石的收入，当然目前还做不到这一点。将来会出现小型远征队"沿着斯坦利的足迹"进行生态旅游，然后，游人源源不断地涌入此地。

下一个旅游胜地将是近乎渺无人烟的地方：撒哈拉沙漠、戈壁滩和南极荒原。说到南极，那里已经开发了旅游业。当我写下这些文字时，正有22人向南极进发，他们每人出资

22 000美元,是首批在南极跳伞的人。其中一个人对《户外》杂志说:"别人认为我们把生命当儿戏,而事实上我们怀着对生命的无比渴求,我们想经历一切。"只有在理性的信息社会,才有必要为自信地挑战生命寻找借口。

另外,将有越来越多的人被野生动物所吸引。我们都想看到近在咫尺的猿猴,非洲有几个地方可以做到这一点,还有东南亚婆罗洲和苏门答腊岛,这些地区将出现大型旅馆。其他人类喜爱的动物聚集地也一样,这些动物有老虎、狮子、大象、大熊猫等。

剧院、芭蕾舞、音乐会、音乐片,这些都是未来的一部分。然而,在梦想社会它们必须更加煽情,和观众互动。也许将来要新建一些这样的建筑物以纪念莎翁时代,像寰球剧院一样。那个时候,观众席上欢声笑语不断——不像今天的中产阶级竭力保持庄重。你可以随意向演员提出你的意见,他们也会亲切地答复你。然而,今天,似乎大多数人都在表演自己,看戏成了一场只有参与者的表演,不知道究竟谁是观众。

在大城市,游戏规则是规模经济。超级大城市:纽约、伦敦、巴黎和柏林将吸引来最多游客。今后,我们可能还要把莫斯科、北京和悉尼包括到全球中心里。要把这些都市看作形象鲜明的主题公园:巴黎是饮食享乐派的花花世界,柏林象征着历史与政治的主题,纽约代表着10 000种生活方式,而伦敦则是娱乐购物天堂。在给一个城市重新定义过一个或多个主题后,城市官员可以制定战略:我们将发展哪种休闲消遣?

大型博物馆也面临着一场革命。它们必须创造出活力四射、栩栩如生的形象,这些形象来自过去或现在。博物馆将雇用主题公园的设计师——他们在布置戏剧化展览方面比专家还要娴熟。最后,我们还要注意一下伟大而永恒的自然和人文奇迹:科罗拉多大峡谷、埃及金字塔、中国万里长城、玛雅寺庙、印度阿格拉的泰姬陵及澳大利亚的艾尔斯岩石。日益便捷的交通使越来越多的人可以参观到这些地方。

未来另一个常用词就是政治旅游。国际上的多事之地将成为那些不满足于二手消息、希望亲临冲突现场的人的目的地。政治旅游可以从"战争旅游"到文化旅游,目的是了解一种文化及其背景知识。

很快,我们就可以在亲身前往游览度假地之前先进行一次虚拟旅行。大大小小的旅游景点都提供光盘形式的导游手册或者网址指南,你用不着担心交通和天气就可以单击鼠标欣赏纽约街景了。这还不是现实,而是一种附带地址和电话号码的营销手段,你自己就可以预订机票、旅馆和剧院门票。旅行代理将面临巨大挑战,因为他们渊博的旅行知识一度是他们存在的理由,而现在大众都可以获得这种知识。

(资料来源:[丹]罗尔夫·詹森.梦想社会[M].王茵茵,译.大连:东北财经大学出版社,2003.)

根据上述案例,分析下列问题:

(1) 梦想社会的休闲有什么特征?

(2) 畅想一下梦想社会的休闲时光还会以哪些形式呈现出来?

参 考 文 献

[1] [美] 麦克林，赫德，罗杰斯. 现代社会游憩与休闲 [M]. 梁春媚，译. 北京：中国旅游出版社，2010.

[2] [美] J. 曼蒂，L. 奥杜姆. 闲暇教育理论与实践 [M]. 叶京，等译. 北京：春秋出版社，1989.

[3] [美] 托马斯·古德尔，杰弗瑞·戈比. 人类思想史中的休闲 [M]. 成素梅，等译. 昆明：云南人民出版社，2000.

[4] [美] 杰弗瑞·戈比. 21世纪的休闲与休闲服务 [M]. 张春波，陈定家，刘风华，译. 昆明：云南人民出版社，2000.

[5] [英] 肯·罗伯茨. 休闲产业 [M]. 李昕，译. 重庆：重庆大学出版社，2008.

[6] [英] 克里斯·布尔，杰恩·胡思，迈克·韦德. 休闲研究引论 [M]. 田里，董建新，等译. 昆明：云南大学出版社，2006.

[7] [英] 乔治·托可尔岑. 休闲与游憩管理 [M]. 田里，董建新，曾萍，等译. 重庆：重庆大学出版社，2010.

[8] [英] 曼纽尔·鲍德·博拉，弗雷德·劳森. 旅游与游憩规划设计手册 [M]. 唐子颖，吴必虎，等译校. 北京：中国建筑工业出版社，2004.

[9] [澳] 维尔. 休闲和旅游供给：政策与规划 [M]. 李天元，徐虹，译. 北京：中国旅游出版社，2010.

[10] [韩] 孙海植，安永冕，曹明焕，等. 休闲学 [M]. 朴松爱，李仲广，译. 大连：东北财经大学出版社，2005.

[11] [加] 埃德加·杰克逊. 休闲的制约 [M]. 凌平，刘晓杰，刘慧梅，译. 杭州：浙江大学出版社，2009.

[12] [丹] 罗尔夫·詹森. 梦想社会 [M]. 王茵茵，译. 大连：东北财经大学出版社，2003.

[13] 李仲广，卢昌崇. 基础休闲学 [M]. 北京：社会科学文献出版社，2004.

[14] 马勇，周青. 休闲学概论 [M]. 重庆：重庆大学出版社，2008.

[15] 郭鲁芳. 休闲学 [M]. 北京：清华大学出版社，2011.

[16] 陈来成. 休闲学 [M]. 广州：中山大学出版社，2009.

[17] 刘嘉龙，郑胜华. 休闲概论 [M]. 天津：南开大学出版社，2008.

[18] 王婉飞. 休闲管理 [M]. 杭州：浙江大学出版社，2009.

[19] 楼嘉军. 休闲新论 [M]. 上海：立信会计出版社，2005.

[20] 唐湘辉. 休闲经济学：经济学视野中的休闲研究 [M]. 北京：中国经济出版社，2009.

[21] 王琪延. 休闲经济 [M]. 北京：中国人民大学出版社，2005.

[22] 卿前龙. 休闲服务与休闲服务业发展 [M]. 北京：经济科学出版社，2007.

[23] 魏小安. 旅游业态创新与新商机 [M]. 北京：中国旅游出版社，2009.

[24] 张雅静. 休闲文化生活支持体系研究 [M]. 北京：中国社会出版社，2010.

[25] 庞桂美. 闲暇教育论 [M]. 南京：江苏教育出版社，2004.

[26] 吴承忠. 国外休闲经济发展与公共管理 [M]. 北京：人民出版社，2008.

[27] 李军岩，曹亚东. 休闲服务管理营销概论 [M]. 沈阳：辽宁大学出版社，2011.

[28] 张新平. 关于闲暇教育的几个问题的思考 [J]. 教育研究，1987(02).

[29] 李经龙，张小林，郑淑婧. 休闲消费的类型与层次及其引导研究 [J]. 旅游研究，2007，2(01).

[30] 徐锋. 国外休闲产业的发展现状与加快我国休闲产业发展的对策 [J]. 商业经济与管理，2002(09).

[31] 刘海春. 论马克思的人本理想与休闲教育目标 [J]. 自然辩证法研究，2005，21(12).

[32] 王红. 生命因休闲而精彩——如何正确认识休闲及构建休闲道德体系 [J]. 中州学刊，2002(02).

[33] 于昆. 高校闲暇教育的缺失及构建 [J]. 中国青年研究，2009(03).

[34] 梁东标，蒋亚辉. 论家庭的闲暇教育 [J]. 中国家庭教育，2002(03).

[35] 刁桂梅. 开展闲暇教育促进社区发展 [J]. 河北大学成人教育学院学报，2007，9(04).

[36] 张棘. "乐生型"社区闲暇教育模式构建研究 [J]. 成人教育，2010(05).

[37] 黄翠. 浅析我国城市化进程中的城市病——以城市人情冷漠为探索基点 [J]. 湖南工业职业技术学院学报，2010，10(06).

[38] 王琪延. 制约我国休闲经济发展的10大问题 [J]. 小康，2007(01).

[39] 田心. 当中国百姓休闲时间增加之后——学者关注休闲理论三大焦点 [N]. 中国青年报，2002-11-04.

[40] 姜琳. 景区涨价：别剥夺群众"看风景的权利" [N]. 新京报，2009-08-28.